R 24502

Paris
1786

Pluquet, Abbé François-André-Adrien

Traité philosophique et politique sur le luxe

Tome 1

R. 3210. f.^{les}
8. B. 1.

R

TRAITÉ

PHILOSOPHIQUE

ET POLITIQUE

SUR LE LUXE

CATALOGUE

Des Ouvrages de M. l'Abbé Pluquet, qui se vendent chez les mêmes Libraires.

Examen du Fatalisme, ou Exposition et Réfutation des différens systèmes de fatalisme qui ont partagé les Philosophes sur l'origine du Monde, sur la nature de l'Ame, et sur le principe des actions humaines, 3 vol. in-12. 9 liv.

Mémoires pour servir à l'histoire des Egaremens de l'Esprit humain par rapport à la Religion Chrétienne, ou Dictionnaire des Hérésies, des Erreurs et des Schismes, 2 vol. in-8. 9 liv.

De la Sociabilité, 2 vol. in-12. 5 liv.

Les livres Classiques de l'Empire de la Chine, recueillis par le Père Noel, précédés d'Observations sur l'origine, la nature et les effets de la Philosophie morale et politique dans cet empire, 4 vol. in-18. 7 liv. 4 sols.

Et en papier vélin d'Annonay. 16 liv.

Les Tomes 5 et 6 sous presse.

TRAITÉ
PHILOSOPHIQUE
ET POLITIQUE
SUR LE LUXE.

Par M. l'Abbé PLUQUET.

Quæ si voles frequenter cogitare, id ages ut sis felix, non ut videaris; ut tibi videaris, non aliis.
SENEC. Ep. 110.

TOME PREMIER.

A PARIS,

Chez { BARROIS l'aîné, Libraire, quai des Augustins, n°. 19.
{ BARROIS le jeune, Libraire, quai des Augustins, n°. 18.

M. DCC. LXXXVI.
AVEC APPROBATION, ET PRIVILÈGE DU ROI.

TRAITÉ
PHILOSOPHIQUE
ET POLITIQUE
SUR LE LUXE.

Il y a peu de sujets sur lesquels les sentimens soient aussi partagés que sur le luxe; ici on le croit pernicieux; là il est regardé comme nécessaire au bonheur des hommes et à la prospérité des états: les uns le jugent funeste aux républiques, et avantageux ou même nécessaire dans les monarchies: les autres pensent qu'il fait également fleurir tous les états: ceux-ci prétendent qu'il est toujours bon en lui-même, et qu'il ne devient dangereux que par la mauvaise administration de la chose publique; ceux-là soutiennent que

Tome I. A

quelque précaution que l'on prenne, le luxe s'introduit nécessairement dans les sociétés politiques, et qu'après les avoir élevées au plus haut point de richesse, de grandeur et de gloire, il les dégrade, et les replonge dans la pauvreté, dans la foiblesse et dans le malheur. Enfin on assure qu'il y a un luxe modéré, toujours utile, que l'on doit autoriser, ou plutôt encourager; et un luxe excessif, que l'on ne doit jamais permettre.

Les hommes s'accordent ordinairement sur les idées claires et simples. Tous reconnoissent que le tout est plus grand que sa partie ; que la ligne perpendiculaire est la plus courte de toutes celles que l'on peut tirer d'un point à une autre ligne droite.

Il faut donc qu'il y ait de l'obscurité dans les principes que l'on a établis sur cette matière ; que la question des avantages et des désavantages du luxe n'ait pas été posée avec assez de précision ; qu'on ait négligé quelques idées nécessaires pour la résoudre, ou que l'on y en ait fait entrer d'étrangères qui l'obscurcissent; ou enfin, qu'il y ait dans le mot luxe, de l'ambiguité qui empêche que les personnes qui se contredisent sur ce sujet, ne s'entendent et ne s'accordent.

J'ai donc pensé que l'on n'avoit point établi les principes qui doivent fixer nos idées sur les effets du luxe, et que ses avantages ou ses inconvéniens étoient encore une question à examiner, ou un problême à résoudre.

Il n'y en a point de plus importante en morale ou en politique; mais il m'a paru que pour dissiper l'obscurité qui semble l'envelopper, il falloit, pour ainsi dire, la décomposer ou la partager, considérer le luxe dans l'homme, et ensuite dans les sociétés politiques; s'assurer des effets qu'il produit essentiellement sur l'homme, avant que de passer à l'examen de son influence sur les sociétés politiques.

Le parti que l'on prend sur cette dernière question dépend évidemment de l'examen de la première.

La prospérité ou le malheur des états politiques, dépend des qualités des membres qui les composent. Si le luxe donne aux hommes des qualités, des talens, des inclinations qui les rendent capables de procurer le bonheur, la prospérité des états, et la félicité des particuliers, le luxe est utile ou même nécessaire ; mais si le luxe donne des qualités contraires à cet objet, il est essentiellement dangereux pour les sociétés et pour les particuliers : ni la politique, ni la philosophie ne peuvent empêcher qu'il ne leur devienne funeste.

Il faut donc, comme je l'ai dit, examiner le luxe dans l'homme, avant que de le considérer dans un état civil ; le traiter comme principe moral, avant que de le considérer comme ressort politique ; et le connoître en philosophe, avant que de l'interdire ou de l'encourager comme magistrat et comme administrateur de la chose publique.

La recherche des effets du luxe dans l'homme et dans les sociétés, seroit une connoissance stérile, ou même affligeante, si le luxe étoit un mal essentiel et irrémédiable ; si rien ne pouvoit en garantir ou en corriger l'homme, et en préserver les sociétés, ou l'en extirper lorsqu'il s'y est établi : j'ai donc recherché si l'on pouvoit en effet trouver ou espérer de découvrir un préservatif ou un remède contre le luxe, soit pour l'homme, soit pour les sociétés.

Voilà les objets que je traite dans cet ouvrage. Il sera divisé en trois parties : dans la première, je considérerai le luxe dans l'homme : dans la seconde, je le considérerai dans les sociétés politiques : et dans la troisième, je rechercherai s'il est possible de le prévenir ou de l'éteindre, et par quels moyens.

Je ne me dissimule pas ce que l'on peut dire sur l'inutilité de mon travail, dans un temps où toutes les nations de l'Europe se portent avec une espèce de fureur vers le luxe, où dans tous les états les administrateurs de la chose publique semblent avoir réduit la politique à la connoissance des moyens de faire fleurir le commerce et les arts de luxe.

Mais peut-être arrivera-t-il un temps où les administrateurs de la chose publique soupçonneront la nécessité d'examiner si en effet le luxe est utile ou nuisible aux sociétés politiques, et alors il ne sera peut-être pas absolument inutile qu'il y ait un ouvrage où l'on ait réuni les vues des politiques, des philosophes et des législateurs les plus illustres, sur le luxe, où l'on ait recueilli les faits et les observations que l'histoire et l'expérience fournissent sur cet objet, et où l'on suit peut-être une méthode capable de répandre quelque jour sur cette grande question.

D'ailleurs la connoissance des avantages ou des dangers du luxe n'est pas importante seulement pour les administrateurs de la chose publique; elle est importante pour le père de famille, pour le simple citoyen, par les rapports qu'elle a avec l'administration de sa fortune, avec le gouvernement de sa famille, avec l'éducation de ses enfans, avec sa conduite personnelle; autant d'objets dont son bonheur dépend, quels que soient les principes et la politique des administrateurs de la chose publique.

Malgré les progrès du luxe chez toutes

les nations et dans toutes les conditions, il est encore des pères de famille, des citoyens qui lisent, qui réfléchissent, qui desirent de s'éclairer sur les effets du luxe, sur la réalité du bonheur qu'il promet, et qui sentent combien il est important pour eux et pour leur famille, d'avoir sur ces objets des idées justes et des principes sûrs. J'espère que la lecture de cet ouvrage ne sera pas inutile pour ces personnes; et j'ose leur dire avec Senèque: Si vous pensez fréquemment aux choses qu'il renferme, vous serez capables de vous rendre heureux en effet, et non en apparence, à votre jugement même, et non à l'opinion d'autrui. *Quæ si voles frequenter cogitare, sic ages ut sis felix, non ut videaris, et ut tibi videaris, non aliis.* SENEC. Ep. 110.

PREMIÈRE PARTIE.

Du luxe considéré dans l'homme.

Il n'est pas possible de faire un pas dans la recherche des effets du luxe considéré dans l'homme, sans connoître sa nature : c'est le premier objet dont je dois m'occuper.

Après avoir déterminé la nature du luxe, je rechercherai les besoins auxquels il assujettit l'homme, les passions qu'il allume en lui, son influence sur les inclinations sociales ; en un mot, ses effets sur le cœur humain.

L'homme n'est pas un être sensitif que la nature abandonne à la direction de l'instinct, ou aux impressions des objets qui l'environnent ; elle l'a doué d'une raison qui doit l'éclairer sur les moyens de satisfaire les besoins auxquels elle l'assujettit, réprimer ses passions, diriger ses inclinations. J'examinerai donc les effets du luxe sur l'esprit humain, sur les facultés intellectuelles de l'âme ; s'il les développe ou s'il les éteint, s'il les applique à des connoissances utiles, et s'il élève l'homme aux vérités qui doivent le guider, et aux principes qui conduisent à la bienfaisance, à la justice, à la paix et à la vertu.

L'homme est capable d'habitudes et d'inclinations permanentes, qui font en lui ce que l'on appelle le caractère, qui est comme l'essence particulière de chaque homme, parce qu'il le fixe, pour ainsi dire, dans une manière d'être constante et durable, qui le distingue de tous les autres êtres, et même des individus de son espèce.

Ainsi, pour connoître dans toute son étendue les effets du luxe sur l'homme, il faut examiner quel caractère il lui donne.

Eclairés par ces connoissances, nous serons en état de nous assurer des effets du luxe par rapport au bonheur de l'homme, et ce sera le quatrième objet de la première partie.

Nous résoudrons par ce moyen la question ou le problème de l'utilité ou des dangers du luxe considéré dans l'homme et dans ses rapports avec la morale, dont l'objet est de conduire l'homme à la vertu et au bonheur.

La solution de ce problème moral aura un autre avantage; elle nous procurera les connoissances, et si je peux parler ainsi, les données nécessaires pour résoudre le problème politique de l'utilité ou des dangers du luxe par rapport aux sociétés politiques, un des objets les plus importans par rapport au bonheur des peuples et du genre humain.

SECTION Ire.

DE LA NATURE DU LUXE.

CHAPITRE I.

De l'origine des contestations qui se sont élevées sur l'utilité du luxe, et des opinions qui ont partagé les Philosophes et les Politiques sur ce sujet et sur la nature du luxe.

L'UTILITÉ ou les dangers du luxe ne forment point chez les anciens l'objet d'une contestation. Les législateurs, les politiques, les philosophes le regardent unanimement comme un excès également funeste aux hommes et aux empires; il n'eut pour défenseurs que les sophistes, et les sectateurs d'Epicure; et leur doctrine ne subsista que comme une opinion ou comme un système philosophique, mais décrié, et dont l'utilité en politique étoit si peu vraisemblable, que même au milieu de la corruption de Rome, tous les écrivains lui attribuent sans hésiter la perte de la vertu antique, les malheurs du peuple, et la destruction de la puissance romaine.

Les Barbares qui conquirent les provinces de l'empire Romain, prirent du luxe qu'ils y trouvèrent, tout ce que leur rudesse, leur grossièreté, leur ignorance et leur férocité leur permirent d'en prendre; mais ils anéantirent les arts et les sciences; on ne s'occupa ni des principes de la morale, ni de ceux de la politique, et encore moins de l'examen de la nature et des effets du luxe.

La religion chrétienne qui s'étoit établie, et qui subsistoit malgré ce désordre affreux, conservoit seule les vrais principes de la morale, et ses ministres ne s'occupèrent qu'à inspirer aux conquérans, de l'humanité, à leur donner des mœurs. On étoit alors fort éloigné de songer à discuter philosophiquement la nature et les effets du luxe : on ne le combattit que comme un excès condamné par la religion, et contraire aux vertus qu'elle recommande, et aux devoirs qu'elle prescrit.

Le zèle des ministres de la religion ne fut pas inutile ; les mœurs s'adoucirent, les peuples se civilisèrent, et l'on s'efforça de sortir de l'ignorance profonde dans laquelle on étoit enseveli : on établit des écoles; mais on ne s'y occupa que de l'étude des écrivains grecs ou latins, et l'on adopta servilement toutes les opinions que l'on crut découvrir dans leurs ouvrages.

Lorsque Bacon et Descartes eurent attaqué l'empire de la philosophie ancienne, ils dirigèrent les efforts de l'esprit vers l'étude de l'histoire naturelle, de la métaphysique et de la géométrie. La morale et la politique furent de toutes les sciences les moins cultivées, et le luxe ne fut point l'objet des recherches des philosophes ou des littérateurs. On ne troubla point les ministres de la religion dans le droit et dans la possession de le combattre.

Cependant l'impulsion donnée aux esprits vers la lumière et vers l'instruction, le calme et la tranquillité dont on jouissoit dans les états de l'Europe, conduisirent à l'étude, et à l'amour des arts utiles et agréables: on vit des établissemens et des encouragemens pour ces arts comme pour les sciences et pour les lettres. L'industrie s'anima chez tous les peuples de l'occident, et devint une source de commodités et de plaisirs, un principe de richesses et de puissance ; elle donna aux États où elle fleurissoit, un caractère de grandeur et de prospérité, qui en imposa, et qui porta tous les souverains à favoriser les arts et l'industrie qui ont pour objet les commodités, les plaisirs, le faste et la magnificence.

Tel fut l'effet que produisit l'état de splendeur, de puissance, de gloire et de prospérité auquel le commerce et le luxe élevèrent la république de Venise. Toutes les nations de l'Europe, animées successivement par cette émulation, et dirigées par cette politique, se sont transportées dans les trois autres parties du globe, pour en tirer les plus riches et les plus agréables productions, que chacune d'elles distribue ensuite aux autres pour de l'argent, ou pour des productions agréables ou nécessaires qui lui manquent; de sorte que dans tous les pays, on peut jouir, et l'on jouit en effet des productions de toute la terre et de tous les arts (1).

Le luxe semble donc avoir donné une nouvelle vie à l'Europe, et décider aujourd'hui de la puissance et de la prospérité des états, aussi bien que de la félicité des peuples et du bonheur des hommes.

Des philosophes et des politiques, qui n'envisagèrent le luxe que sous cette face, le jugèrent utile; ils le supposèrent éteint

---

(1) Histoire de la Ligue de Cambrai, l. 1. Conquêtes des Portugais, par Lafiteau, l. 1. Histoire générale des voyages, Introduction. Recueil de voyages, par Bergeron, &c.

dans les états, et ils crurent voir anéantir leur force, et leur félicité s'éclipser au moment même de l'extinction du luxe, et conclurent qu'il étoit nécessaire pour la prospérité, et même pour la conservation des états : telles sont les idées qui ont conduit Mandeville à son opinion sur la nécessité du luxe dans les sociétés politiques.

Cependant la religion combattoit le luxe comme un vice funeste aux mœurs et aux vertus que la religion prescrit.

Mandeville ne fut point arrêté par cette considération : il reconnut que le luxe étoit un vice ; mais il prétendit que ce vice étoit nécessaire à la conservation et à la prospérité des états.

Les théologiens Anglois attaquèrent le sentiment de Mandeville, et soutinrent que les vices, et en particulier le luxe, étoient également contraires à la religion et au bonheur des états.

Le luxe, qui n'avoit été jusqu'alors que l'objet du zèle des théologiens et des moralistes religieux, devint le sujet d'une discussion philosophique et politique, sur laquelle on a adopté l'opinion de Mandeville ou des théologiens Anglois; mais avec les différences et les modifications que produisent, dans les opinions philosophiques, les idées particulières de ceux qui les embrassent, et le point de vue où chacun se place. Ainsi, au moins selon mes connoissances, ce n'est que depuis Mandeville, que l'on a recherché et discuté philosophiquement et politiquement la nature du luxe, pour en prouver, ou pour en combattre l'utilité, et c'est à cette époque que je commencerai l'examen des différentes notions ou définitions qu'ont données ses partisans ou ses ennemis; car c'est à ces deux sentimens que l'on peut réduire les opinions qui ont partagé les philosophes et les politiques sur le luxe, malgré la diversité qu'elles présentent au premier coup-d'œil.

Chapitre II.

De l'idée que les Apologistes du luxe donnent de sa nature.

Selon Mandeville, » tout ce qui n'est

» pas absolument nécesaire pour la sub-
» sistance, est du luxe. (1) «

D'après cette définition, celui qui se construit une cabane a du luxe, parce qu'absolument il pourroit exister en se réfugiant dans une caverne ou dans le creux d'un arbre : celui qui mange du pain a du luxe, quelque grossier que soit ce pain, parce qu'absolument il pourroit subsister avec du gland, du bled broyé, des légumes ou des fruits : par la même raison, celui qui mange une livre de pain par jour est un homme de luxe, lors même qu'il n'a point d'autre aliment, parce qu'absolument il pourroit subsister avec une demi-livre de pain : or, toutes ces conséquences qui naissent de la définition de Mandeville, sont non-seulement contraires aux idées que l'on attache au mot *luxe*, mais encore fausses.

En effet l'idée du luxe renferme essentiellement celle d'un excès et du superflu.

Ce qui n'est pas absolument nécessaire pour subsister, peut être nécessaire pour

––
(1) Remarque L. sur la fable des abeilles.

exister sainement ; et ce qui est nécessaire pour exister sainement, n'est ni un excès, ni du superflu.

La définition que Mandeville donne du luxe est donc non-seulement contraire à toutes les idées reçues, elle est encore fausse.

Il convient lui-même qu'elle est très-rigide, et il avoue qu'il ne l'adopte que parce qu'il ne sait où s'arrêter, et qu'il n'y auroit point de luxe, s'il ne donnoit pas ce nom à tout ce qui n'est pas absolument nécessaire pour exister.

Eh! quelle idée peut-on se former du luxe, lorsque l'on entend par ce mot tout ce qui n'est pas nécessaire pour exister?

Rien n'est plus incertain ni plus difficile à déterminer que *ce qui est absolument nécessaire pour exister.*

Ces mots ont rapport non-seulement à la nature des alimens, des vêtemens, de l'habitation, mais encore à la quantité des alimens, à leur qualité, à la forme du vêtement, à la dimension et à la construction de l'habitation. Qui déterminera tous ces objets ? Et s'il est impossible de les déterminer, peut-on se former une idée du luxe d'après la définition qu'en donne Mandeville ?

Si tout ce qui n'est pas nécessaire à la subsistance mérite le nom de luxe, il n'y a pas, comme le remarque Mandeville lui-même, » un homme, ni un » peuple, pas même entre les sauvages » qui vont nus, qui ne tombe dans quel- » que espèce de luxe, puisqu'assurément » il n'y en a aucun qui n'ait raffiné, à » quelques égards, sur les besoins de « leurs premiers ancêtres, ou qui n'ait » ajouté quelque chose, soit dans la dis- » position de leurs huttes, soit dans les » apprêts de leur nourriture ; addition » dont on s'étoit fort bien passé (1). «

Le luxe est donc au milieu des sociétés les plus chétives, les plus pauvres, les plus paresseuses, les plus indolentes, les plus misérables : il n'est donc point de l'essence du luxe de rendre les états heureux et puissans, comme Mandeville le prétend.

―――――――――――
(1) Remarque L. sur la fable des abeilles.

M. Melon, qui pensoit comme Mandeville sur l'utilité du luxe, en donne une définition qui paroît diamétralement opposée ; il définit le luxe, » une somp- » tuosité extraordinaire que donnent les » richesses et la sécurité du gouverne- » ment (1). «

En suivant cette définition, le gourmand, le voluptueux, l'homme efféminé plongé dans la mollesse, s'il étoit sans pompe et sans magnificence, n'auroit point de luxe.

D'ailleurs, qu'entend M. Melon par une somptuosité extraordinaire donnée par les richesses et par la sécurité du gouvernement ?

N'y a-t-il point de somptuosité extraordinaire en Russie et en Turquie ? Sont-ce les richesses et la sécurité du gouvernement qui donnent cette somptuosité, ou dira-t-on qu'elle n'est pas du luxe dans ces états ?

Si le luxe est une somptuosité extraordinaire, une somptuosité ordinaire n'est

---

(1) Essai politique sur le Commerce, c. 9.

donc pas du luxe ; ce qui est contraire à l'idée que tout le monde attache au mot luxe.

Mais accordons à M. Melon qu'il n'y a point de luxe sans une somptuosité extraordinaire, et voyons ce qu'il entend par une somptuosité extraordinaire.

» Celui, dit-il, qui se trouve dans l'a-
» bondance, veut jouir ; il a là-dessus des
» recherches que le moins riche n'est pas
» en état de payer ; et cette recherche
» est toujours relative au temps et aux
» personnes : ce qui étoit du luxe pour
» nos pères, est à présent commun, et ce
» qui l'est pour nous ne le sera plus pour
» nos neveux. Des bas de soie étoient du
» luxe du temps de Henri II ; et de la
» faïence l'est autant, comparée à la terre
» commune, que la porcelaine comparée
» à la faïence.

» Le paysan trouve du luxe chez le
» bourgeois de son village ; celui-ci chez
» l'habitant de la ville voisine, qui lui-
» même se regarde comme grossier,
» par rapport à l'habitant de la capitale,

» plus grossier encore devant le cour-
» tisan (1). «

La somptuosité est donc extraordinaire, ou parce qu'elle procure des choses qu'un plus pauvre ne peut se procurer, ou parce qu'elle procure des choses inconnues ou rares dans le siècle et dans le pays où l'on est.

Ainsi, non-seulement le paysan trouve du luxe dans le bourgeois de son village, mais encore l'artisan qui habite une maison de terre, qui est vêtu d'un drap grossier, et qui porte de gros souliers, a une somptuosité extraordinaire par rapport au manouvrier qui est vêtu de toile et qui porte des sabots, comme celui-ci jouit d'une somptuosité extraordinaire par rapport à celui qui n'est couvert que de haillons, et qui marche nu-pieds; de sorte qu'il y a somptuosité extraordinaire, et par conséquent luxe, par-tout où il y a quelque chose au-delà de ce qui est nécessaire pour subsister : le luxe n'est

---

(1) Essai politique sur le commerce, c. 9.

donc pas, comme le dit M. Melon, une somptuosité extraordinaire donnée par les richesses et par la sécurité du gouvernement.

Ainsi l'explication que M. Melon donne de sa définition, est contradictoire avec la définition même ; et sa définition, expliquée par lui-même, se réduit à la définition de Mandeville, dont elle paroissoit d'abord fort différente.

» Le luxe, dit M. de Montesquieu, est
» toujours en proportion avec l'inégalité
» des fortunes. Si, dans un état, les ri-
» chesses sont également partagées, il
» n'y aura point de luxe, car il n'est fondé
» que sur les commodités que l'on se
» donne par le travail des autres. « (1)

Ainsi, selon M. de Montesquieu, les commodités que l'on se procure par le travail des autres, ne sont point du luxe, mais elles lui servent de fondement : le luxe est donc quelque autre chose que ces commodités, mais on ne dit point ce que c'est.

----

(1) Esprit des Loix, l. 7, c. 1.

Si le luxe est fondé sur les commodités que l'on se procure par le travail des autres, pourquoi ne peut-il pas exister où les fortunes sont égales ? Ne peut-on pas aimer les commodités sur lesquelles le luxe est fondé, quoique cependant les fortunes soient égales ? Avec des fortunes égales, les citoyens ne peuvent-ils pas être, ou avoir des artisans et des artistes habiles dans les différens arts ou métiers, et se procurer réciproquement les commodités qui font le fondement du luxe ?

L'inégalité des fortunes n'est donc pas la cause unique et essentielle du luxe, en prenant ce mot dans le sens que lui donne ici M. de Montesquieu.

Pourquoi dire que les commodités que l'on se procure par le travail des autres sont le fondement du luxe ?

Un homme qui se procureroit ces commodités par son travail, n'auroit donc point de luxe, quoiqu'il eût beaucoup de choses superflues, et tout ce qui sert de fondement au luxe ; ce qui est absolument contraire aux idées reçues, et même aux principes de M. de Montesquieu.

En

En effet, dans le même chapitre que je viens de citer, il dit : » Pour que les » richesses restent également partagées, » il faut que la loi ne donne à chacun » que le nécessaire physique : supposant » le nécessaire physique égal à une som- » me donnée, le luxe de ceux qui n'ont » que le nécessaire physique sera égal » à zéro. «

Ainsi, selon M. de Montesquieu, tout homme qui a au-delà du nécessaire physique a du luxe : or on peut, dans un état où les fortunes sont égales, avoir beaucoup au-delà du nécessaire physique, et par conséquent du luxe.

Si l'on pouvoit tirer une définition du luxe de ce que dit l'Auteur de l'Esprit des Loix, ce seroit celle-ci : *Le luxe est tout ce qui est au-delà du nécessaire physique.*

Mais M. de Montesquieu ne dit point en quoi consiste ce nécessaire physique, ni quelles en sont les bornes ; il paroît même supposer que ce nécessaire physique est arbitraire, et qu'il n'a point de bornes fixes, ni de caractère déterminé, puisque le luxe vient, selon lui, non de la fortune des citoyens, mais de l'inégalité de leurs fortunes, de manière qu'un citoyen qui auroit des possessions et des richesses cent fois plus grandes que ses besoins, et qui se procureroit des commodités de toute espèce, n'auroit point de luxe si ses concitoyens en avoient le double.

Tout ce que l'Auteur de l'Esprit des Loix dit sur le luxe se ressent de la notion qu'il en donne : tantôt il le regarde comme l'effet de la seule vanité, et semble le réduire au faste ; tantôt c'est une impétuosité du cœur vers toutes les espèces de voluptés (1).

Ici, il dit qu'il en résulte des biens très-nombreux ; là, il prétend qu'il produit une incommodité générale ; qu'il tourne l'esprit vers l'intérêt personnel, qu'il corrompt les mœurs, qu'il porte les hommes à toutes les barbaries, en un mot, qu'il détruit toutes les vertus ci-

_____

(1) L. 7, c. 1.

viles : et cependant il le croit nécessaire dans les monarchies (1).

Le luxe est l'objet d'un des discours politiques de M. Hume. Selon lui, le » luxe est un mot dont la signification » est très-incertaine ; en général, il » signifie une grande recherche dans ce » qui peut flatter les sens (2). «

Si le luxe est une grande recherche de ce qui peut flatter les sens, cette recherche n'est donc pas du luxe, lorsqu'elle n'est pas grande, et l'on peut rechercher les objets qui flattent les sens sans avoir du luxe.

Quand et comment cette recherche commence-t-elle à être grande ? Ne falloit-il pas déterminer ce point, pour pouvoir donner une idée du luxe, et pour pouvoir en parler raisonnablement ? Comment distinguer ce qui est du luxe et ce qui n'en est pas ? Comment distinguer un luxe modéré et un luxe excessif, lorsqu'on n'a pas déterminé en

---

(1) L. 12, c. 2, l. 7, c. 4.
(2) Discours second.

quoi consiste la grandeur de cette recherche, puisqu'elle constitue l'essence du luxe ?

Cette grande recherche des objets qui flattent les sens, a une cause : pour bien connoître le luxe, il falloit découvrir cette cause, et c'est ce que M. Hume n'a point fait ; voilà pourquoi il tombe en contradiction avec lui-même, lorsqu'il veut déterminer l'essence ou la nature du luxe innocent et du luxe vicieux.

» Ces délicatesses, dit-il, ne sont des » vices que lorsqu'on s'y livre aux dépens » de quelque vertu, comme la libéralité, » la charité (1). «

Je demande à M. Hume, comment un homme attentif et fidèle à suivre les inspirations de la libéralité et de la charité, peut se livrer à une grande recherche de ces délicatesses, c'est-à-dire des objets qui flattent les sens ? N'est-il pas évident que cette recherche ne devient grande que lorsque les exercices de la

---

(1) Ibid.

libéralité et de la charité ne suffisent pas au bonheur de l'homme ? qu'il ne se livre par conséquent à une grande recherche de ces délicatesses, qu'aux dépens de quelqu'une de ces vertus ?

Celui qui a la vertu de la libéralité et de la charité, ne se livre pas plus à cette grand recherche des délicatesses des sens, que l'avare, parce que cette grande recherche des délicatesses des sens est aussi contraire à son bonheur qu'à celui de l'avare.

Si le luxe est une grande recherche des objets qui flattent les sens, n'est-il pas évident que l'homme de luxe donnera à l'exercice et à la pratique de la libéralité et de la charité, moins de temps que celui qui ayant ces vertus n'auroit point de luxe ? C'est donc une contradiction que de dire que le luxe innocent ne porte préjudice à aucune vertu, et que les siècles de luxe sont les plus vertueux (1).

Si les siècles de luxe sont les plus

---

(1) Ibid, p. 155.

B iij

heureux et les plus vertueux, les hommes sont donc heureux par la pratique des vertus ; comment donc M. Hume dit-il que dans une nation où personne ne cherche les délicatesses du luxe, les hommes tombent dans l'indolence et perdent tout goût pour la vie (1) ?

S'il n'est point de bonheur pour les hommes privés de ces délicatesses qui flattent les sens, la pratique, l'exercice de la bienfaisance, de la charité, des devoirs de la vie, des vertus sociales, ne procurent donc à l'homme aucun plaisir qui l'attache à la vie ; ou si l'homme goûte du plaisir dans la pratique des vertus civiles et sociales, l'homme qui n'a point les délicatesses qui flattent les sens peut donc avoir du goût pour la vie ?

Si, dans une nation qui ne recherche point les délicatesses qui flattent les sens, les hommes sont sans goût pour la vie, les vertus sociales ne peuvent donc rendre l'homme heureux ? Il ne

---

(1) Ibid, p. 65.

peut l'être que par les superfluités qui flattent les sens ; l'homme qui veut nécessairement être heureux et qui veut l'être toujours, ne se portera donc jamais à la pratique des vertus au préjudice de la jouissance de ces superfluités, et il les recherchera toujours au préjudice des vertus et de ses devoirs? C'est donc encore une contradiction dans M. Hume, que de supposer un luxe innocent qui s'accorde avec la pratique de toutes les vertus.

On trouve dans le livre intitulé *de l'Esprit*, une discussion assez étendue sur le luxe; et voici ce qu'il dit de sa nature.

» Comme le mot luxe est vague,
» n'a aucun sens déterminé, et n'est
» ordinairement qu'une expression rela-
» tive, il faut d'abord attacher une idée
» nette à ce mot *luxe*, pris dans une
» signification rigoureuse, et donner
» ensuite une définition du luxe, con-
» sidéré par rapport à un particulier.

» Dans une signification rigoureuse,
» on doit entendre par luxe toute espèce

» de somptuosité, c'est-à-dire, tout ce
» qui n'est pas absolument nécessaire à
» la conservation de l'homme. Lorsqu'il
» s'agit d'un peuple policé et des parti-
» culiers qui le composent, ce mot de
» luxe a une toute autre signification;
» il devient absolument relatif : le luxe
» d'une nation policée est l'emploi de ses
» richesses, à ce que nomme superfluités
» le peuple avec lequel on compare cette
» nation : c'est le cas où se trouveroit
» l'Angleterre par rapport à la Suisse.

» Le luxe dans un particulier est pa-
» reillement l'emploi de ses richesses à
» ce que l'on doit appeler superfluités,
» eu égard au poste que cet homme
» occupe dans l'état et au pays dans lequel
» il est. Tel étoit le luxe des Bourva-
» lais (1). «

Cet Auteur reconnoît donc deux sortes de luxe, l'un absolu, et l'autre relatif.

Par le luxe absolu, il entend, comme Mandeville, tout ce qui n'est pas nécessaire pour subsister. J'ai fait voir que

---

(1) Discours 1, c. 3.

cette définition ne signifie rien, et que si elle signifie quelque chose, elle est fausse.

Le luxe relatif est de deux sortes, selon cet Auteur: celui des nations comparées entre elles, et celui des particuliers comparés avec le poste qu'ils occupent dans cet état.

Mais si, dans une signification rigoureuse, le luxe est l'usage de ce qui n'est pas absolument nécessaire à la conservation, pourquoi, dans une nation policée, n'est-il que l'emploi des richesses, à ce que nomme superfluités le peuple avec lequel on compare cette nation, de sorte que l'Angleterre n'ait du luxe que parce qu'on compare sa manière de vivre avec celle de la Suisse?

En suivant cette définition, pour faire disparoître le luxe de l'Angleterre, il ne faut point de lois somptuaires; il suffit de comparer cet état avec Rome sur la fin de la république et sous les empereurs: ce qui est contraire à toutes les idées reçues, et ce qui fait du luxe un être imaginaire.

B v

Cet Auteur dit que le luxe d'un particulier est l'emploi de ses richesses, à ce que l'on doit nommer superfluités, eu égard au poste qu'il occupe dans un état et au pays dans lequel il vit.

Mais qui déterminera ce qu'on doit nommer superfluités, par rapport au poste que l'on occupe? et comment le luxe de Bourvalais peut-il servir à déterminer ce que l'on doit nommer superfluités, eu égard au poste qu'un homme occupe dans un état?

Selon cette définition, la profusion, la délicatesse, la somptuosité de Lucullus, des rois de Perse, des empereurs Romains, n'étoient pas du luxe.

On trouve les mêmes idées sur le luxe, dans l'ouvrage intitulé, *De l'homme et de son éducation*.

Mais dans ce dernier ouvrage, on tire de la définition du luxe des conséquences toutes différentes.

Dans le livre de l'Esprit, on regarde l'utilité ou les dangers du luxe, comme un problême; mais dans le livre sur l'homme et sur son éducation, on le

croit nécessaire. » Il est évident, dit-on,
» que les esprits ne peuvent être arrachés
» à une stagnation nuisible à la société,
» que par les superfluités ; et la nécessité
» du luxe est démontrée (1). «

Le luxe, dans le chapitre troisième, est un terme comparatif, qui n'offre à l'esprit aucune idée nette et précise. Au chapitre quatrième, il est un terme très-positif, qui exprime quelque chose de précis et de déterminé, savoir, l'amour des superfluités, ou le desir d'augmenter ses commodités telles qu'elles soient.

L'Auteur dit dans le chapitre quatrième, que cet amour du luxe est nécessaire pour former de grands hommes dans l'art de la guerre et de l'administration ; et cependant il dit, au chapitre douze, que Sparte étoit sans luxe, et qu'elle étoit heureuse.

Enfin, après avoir dit que Sparte étoit sans luxe, le même Auteur dit que Sparte étoit dans un état de luxe par rapport à quelques contrées.

---

(1) P. 71, note a.

L'Auteur des Elémens du commerce reconnoît qu'il est très-difficile de donner une définition du luxe qui satisfasse tous les lecteurs, il croit que cette difficulté vient des idées accessoires que chacun attache à ce mot.

Il ne compte donc pas donner une définition qui réunisse tous les suffrages ; il prétend seulement expliquer ce qu'il entend par le mot *luxe*.

Cependant il remonte à l'origine du luxe, et croit la trouver dans le desir que l'homme a de se procurer une vie commode, et dans l'inégalité essentielle et nécessaire des conditions et des fortunes, qui donnent plus de moyens à quelques hommes qu'à d'autres de se procurer des commodités. « Le luxe, » dit-il, pourroit être défini avec la plus » grande précision dont il soit suscep- » tible ; *l'usage que les hommes font de la* » *faculté d'exister agréablement par le tra-* » *vail d'autrui* (1). »

Mais si le luxe est l'usage de la faculté

---

(1) Elémens du commerce, part. 2, ch. 1.

d'exister agréablement par le travail d'autrui, quiconque ne fait pas ses souliers, son pain, ses habits, est un homme de luxe, et quelque passion qu'il ait pour la parure, pour la bonne chère, il seroit sans luxe, s'il faisoit lui-même sa cuisine, ses ajustemens, ses habits, tandis que le misérable, qui achète le pain noir avec lequel il assouvit sa faim, seroit un homme de luxe; car c'est exister agréablement, que d'assouvir sa faim, même avec du pain noir, soit qu'on l'achète, soit qu'on le reçoive en don, soit qu'il soit une dette.

Le Dictionnaire Encyclopédique définit le luxe : *L'usage que l'on fait de ses » richesses pour se procurer une existence » agréable.* «

Comme personne n'a jamais fait usage de ses richesses que pour se procurer une existence agréable, il faudroit convenir qu'il n'y a point d'homme qui n'ait du luxe, sans excepter celui qui se borneroit au nécessaire le plus rigoureusement absolu.

Le riche, qui, content du nécessaire,

emploie son argent, son temps, ses talens au soulagement des malheureux, de ses concitoyens malades ou affligés, parce que c'est un plaisir pour lui que de les rendre heureux, et qui, pour se procurer ce plaisir, se prive de toutes les superfluités, seroit un homme de luxe, et l'emploi de ses richesses en faveur des malheureux, seroit du luxe.

Le défaut essentiel de cette définition consiste, ce me semble, en ce qu'elle est vague, et non propre au luxe : elle convient bien mieux à l'amour du bonheur en général, qui fait rechercher tout ce qui rend notre existence agréable, qu'au luxe, qui est une manière particulière de rendre notre existence agréable.

L'Auteur de cet article, ayant envisagé le luxe seulement comme le desir de rendre son existence agréable, a jugé qu'il étoit compatible avec les vertus civiles et patriotiques ; d'où il conclut que le luxe ne peut devenir vicieux que dans les mauvais gouvernemens.

Il est bien vrai que l'amour du bonheur,

ou le désir de rendre son existence agréable par l'usage que l'on fait des richesses et de l'industrie, n'est incompatible avec aucune vertu ; mais le luxe est une manière particulière de rendre son existence agréable ; et pour juger si le luxe est utile ou nuisible, il falloit examiner si cette manière de rendre son existence agréable, ou si ce systéme de bonheur est compatible avec les vertus civiles et patriotiques : ce n'étoit qu'après cet examen que l'Auteur pouvoit juger si le luxe est en soi bon ou mauvais, et s'il ne devient nuisible que par les vices du gouvernement.

L'éloge de M. Colbert, qui a remporté le prix, au jugement de l'Académie Françoise, s'explique ainsi sur la nature du luxe :

» La loi des propriétés produisit des
» inégalités de fortune ; ces inégalités
» de fortune entraînèrent des inégalités
» de jouissances, et la supériorité des
» unes sur les autres fut exprimée par
» ce mot *luxe* (1). «

―――――――――――――――――――
(1) Eloge de Colbert, p. 42.

Le luxe est donc, selon l'Auteur de l'Eloge, la supériorité des jouissances d'un homme sur les jouissances d'un autre homme.

Il y a donc du luxe par-tout où il y a supériorité de jouissances : ainsi un homme qui a plus d'appétit et un meilleur estomac, mais qui ne mange cependant que ce qui lui est nécessaire pour se porter bien, a du luxe, s'il y a un homme qui ait moins d'appétit et qui mange moins que lui : par la même raison, un homme qui n'a que ce qui est nécessaire pour subsister, a du luxe par rapport à celui qui n'a pas absolument tout ce qui est nécessaire pour subsister, puisqu'il a une supériorité de jouissance ; et celui qui n'a que ce qui est nécessaire pour subsister, a du luxe par rapport à celui qui n'a que le quart de ce qui est nécessaire pour subsister, car il a une supériorité de jouissance sur le second.

Si la supériorité de jouissance fait l'essence du luxe, il n'y a donc point de luxe où il y a infériorité de jouissance ;

ainsi Apicius, inférieur en jouissances à Lucullus, n'avoit point de luxe; et Lucullus, inférieur en jouissances au roi de Perse, n'étoit plus un homme de luxe.

Le sentiment de l'Auteur de l'Eloge de Colbert sur la nature du luxe, se réduit à l'opinion de Mandeville, ou à celle de l'auteur du livre de l'Esprit, que je crois avoir réfutée.

Quant à son opinion sur l'origine du luxe, elle n'est point différente de celle de M. de Montesquieu ; et tout ce que j'ai dit sur le sentiment de l'Auteur de l'Esprit des Loix, s'applique facilement à l'opinion de l'Auteur de l'Eloge de Colbert.

Je bornerai ici l'examen des définitions du luxe, données par ses apologistes, parce que toutes les autres rentrent dans celles que je rapporte.

Chapitre III.

De l'idée que les ennemis du luxe donnent de sa nature.

Les Théologiens et les Moralistes

Anglois attaquèrent les principes de Mandeville sur le luxe ; ils combattirent sa définition, et en donnèrent d'autres.

M. Bluet, un des premiers agresseurs, convient que si tout ce qui n'est pas absolument nécessaire pour subsister est du luxe, on ne peut détruire le luxe sans porter un grand préjudice aux sociétés ; mais il pense que cette notion est fausse.

» Toutes les productions de la terre,
» dit-il, ont été destinées au service de
» l'homme ; et la capacité qu'il a de les
» mettre à profit et de les perfectionner,
» lui a été donnée par la nature pour le
» mettre en état de se rendre la vie pré-
» sente douce et agréable, par rapport
» à ce qui n'intéresse point le bonheur
» d'une autre vie (1). «

Ainsi, toutes les productions des arts d'agrément, qui ont rapport aux plaisirs des sens ou aux commodités de la vie, ne deviennent du luxe que lorsqu'elles intéressent le bonheur de l'autre vie :

---

(1) Dictionnaire de Chauffepied, article *Mandeville*.

voilà la borne qui sépare l'abondance permise, du luxe.

Mais quelle est cette borne, ou quel est l'espèce ou le degré d'abondance qui intéresse le salut ? Voilà ce qui constitue la nature du luxe, et c'est ce que M. Bluet ne dit pas.

» Le luxe, selon lui, consiste dans
» l'excès de l'aise et du plaisir, dans l'abus
» de l'abondance, dans les dépenses plus
» grandes que ne le comportent l'état et
» la fortune de ceux qui les font (1). «

Ainsi, dans ces principes, on pourroit vivre comme Lucullus, et n'avoir point de luxe.

Le luxe consiste, dit-on, dans l'excès de l'aise et du plaisir. Soit ; mais où commence l'excès ? voilà ce qu'il falloit déterminer, pour faire connoître la nature du luxe.

Selon M. Varburton, Mandeville s'étant proposé de prouver que le vice est utile aux sociétés, a évité d'entrer dans le détail des différens vices, et a fixé son choix

---

(1) Ibid.

sur le luxe, le plus propre à donner quelque degré de vraisemblance à son paradoxe.

En effet, si, comme Mandeville le prétend, le luxe est tout ce qui n'est pas absolument nécessaire pour subsister, on ne peut éteindre le luxe sans anéantir les sociétés; et le Christianisme, qui condamne le luxe, est préjudiciable aux états politiques: ce que Mandeville vouloit persuader.

Or Mandeville prétend qu'on ne peut donner une autre définition du luxe que celle qu'il en donne, et par conséquent il prétend avoir prouvé que le luxe est nécessaire, et que le Christianisme qui le proscrit est dangereux en politique.

Le triomphe de Mandeville s'évanouit, selon Varburton, si l'on substitue à sa définition du luxe, la définition suivante.

» Le luxe consiste à user des biens de
» la Providence d'une manière qui tourne
» au préjudice de celui qui en use, en
» lui faisant tort, soit dans sa personne,
» soit dans ses biens, ou au préjudice de

» ceux que l'on est obligé de secourir et
» d'assister (1). »

M. Varburton a très-bien démêlé le but du sophisme de Mandeville, mais sa définition ne caractérise pas le luxe.

Un ambitieux, un avare, un vindicatif, un intrigant, fait usage des biens de la Providence, à son préjudice et au préjudice des autres ; cependant on ne peut pas dire que l'usage que ces différentes personnes font des biens de la Providence soit du luxe.

Tout homme qui mange un aliment qui lui donne une indigestion, use des biens de la Providence d'une manière qui lui fait tort dans sa personne ; dira-t-on que l'usage de cet aliment soit du luxe ?

D'ailleurs, cette définition dit plutôt les effets du luxe qu'elle n'en fait connoître la nature ; car il y a une raison pour laquelle l'homme fait usage des biens de la Providence à son préjudice, ou au préjudice de ceux qu'il doit assister.

---

(1) Discours sur l'union de la morale, etc. ; par Silhouet, t. 1, diss. 3.

Or cette raison est en effet le principe du luxe, elle seule peut en expliquer la nature; et c'est ce que M. Varbuton n'a pas recherché.

L'Auteur de divers traités de morale et de politique a très-bien remarqué que malgré les écrits publiés sur le luxe, ce mot étoit encore une expression vague, et que n'en ayant point fixé la signification, on l'avoit approuvé ou condamné selon l'idée que l'on attachoit à ce terme. Cependant il s'est contenté lui-même d'une définition vague et peu claire.

» Le luxe, dit-il, est l'abus des richesses;
» il consiste dans la dépense pour une su-
» perfluité de fantaisie, disproportionnée
» avec les facultés et l'état de celui qui
» dépense (1). «

Un homme qui, à force d'argent, fait un parti, trame un complot, obtient des places dont il n'est pas digne, gagne un procès injuste, abuse certainement de ses richesses; mais cet abus n'est pas du luxe.

---

(1) Traité troisième.

Le luxe n'est pas toute espèce d'abus des richesses, mais un abus d'une espèce particulière, qu'il falloit déterminer.

Cet abus consiste, dit l'Auteur, dans la dépense pour une superfluité de fantaisie, disproportionnée avec les facultés et l'état de celui qui dépense.

Mais la nature a-t-elle marqué la dépense que telle ou telle condition doit faire ? Est-ce sur les facultés ou sur la condition que cette dépense doit se régler ? Qui est-ce qui constitue cette disproportion de la dépense avec la fortune ou l'état d'une personne ?

On trouve dans un ouvrage intitulé *Systéme social*, une violente déclamation contre le luxe, et peu de connoissance sur sa nature.

» Le luxe et le faste, dit-on, sont
» des productions indigènes des monar-
» chies ; il a toujours fallu aux Princes
» une étiquette hautaine, un appareil
» imposant, une splendeur apparente,
» faite pour éblouir le vulgaire, et lui
» donner une haute idée de celui qui le

» gouverne ; le despotisme sur-tout,
» incapable de se distinguer par une gran
» deur réelle, voulut toujours y suppléer
» par la pompe extérieure et par la magni-
» ficence : d'ailleurs, pour s'attirer la
» vénération des peuples, il fallut aux
» divinités terrestres des temples ma-
» gnifiques, des ustensiles précieux, des
» ornemens recherchés, afin de séduire
» les regards des mortels prosternés à leurs
» pieds.

» Les grands, que leurs emplois appro-
» chent de la personne des rois, voulurent
» les imiter, et se rendre comme eux
» recommandables par leur magnificence.
» Les peuples admirèrent l'éclat des
» cours brillantes, et ne firent pas ré-
» flexion que tout ce vain appareil étoit
» le produit de leurs travaux, et que
» la splendeur du trône et le faste des
» cours étoient souvent la cause de leur
» misère, et les marques de leur propre
» servitude. Chaque citoyen s'efforça
» d'imiter, soit de près, soit de loin,
» ceux que les préjugés lui faisoient re-
» garder

» garder comme les vrais possesseurs et
» les distributeurs de la félicité (1). «

Delà l'Auteur conclut, que *le luxe est une émulation de dépense et de richesses.* Voilà quelle est l'origine et la nature du luxe dans les monarchies; mais, selon le même auteur, le luxe a une toute autre origine chez les nations.

» Le luxe d'une nation, dit-il, est un
» effet naturel de la progression des desirs
» et des besoins de l'homme. Il songe
» d'abord à contenter ses besoins natu-
» rels ; dès que ceux-ci sont remplis,
» son imagination féconde se met en
» travail pour en forger de nouveaux, ou
» pour diversifier les moyens de les satis-
» faire. Le Sauvage et l'homme des champs
» ne songent qu'aux moyens de subsister ;
» ils ne sont pas difficiles sur les alimens
» propres à appaiser leur faim, ils n'ont
» pas sous les yeux des exemples capables
» d'exciter leur jalousie. Le manœuvre, le
» pauvre, le laboureur sont contens,
» quand ils ont du pain. L'homme opulent

---

(1) Système social, part. 3, ch. 2.

» qui veut se distinguer par ses richesses,
» ou réveiller son appétit usé, a besoin
» de ragoûts piquans, et met le globe
» entier à contribution pour couvrir sa
» table ou pour surpasser ceux qui se
» distinguent par des festins (1). «

On nous a donné d'abord le luxe comme un effet de la vanité; on nous le donne ici comme l'effet du progrès des desirs de l'homme, qui ne peut se contenter de ce qu'il a, et qui veut nécessairement quelque chose de mieux. Cependant, dans ce même endroit, on nous dit que le laboureur est content de sa nourriture tant qu'il n'a pas sous les yeux des exemples capables d'exciter sa jalousie. Le luxe n'est donc pas l'effet naturel de la progression des desirs et des besoins de l'homme.

Et si l'homme ne songe qu'aux moyens de subsister et se contente d'alimens propres à appaiser sa faim, ensorte qu'il ne desire d'autres alimens que parce qu'il a devant les yeux des exemples capables d'exciter sa jalousie, comment le luxe

---

(1) Ibid.

de la table a-t-il commencé parmi les hommes ? Qui a excité la jalousie du premier qui s'est livré à cette espèce de luxe ?

Enfin l'Auteur prétend que l'oisiveté contribue à faire naître le luxe, parce qu'elle conduit à l'ennui.

Voilà donc trois causes différentes du luxe : la vanité, la progression naturelle des desirs et des besoins de l'homme, et l'ennui, qui ont déterminé l'Auteur du Système social à définir le luxe *une émulation de dépense et de richesses*.

On confond visiblement les effets du luxe avec sa nature ; on n'en montre pas la vraie origine, et l'on se contredit dans ce que l'on avance sur ses causes.

On dit que le luxe a sa source dans la vanité, dans la progression des desirs de l'homme ; mais on ne dit point où commence le luxe dans cette progression. On dit que le luxe naît de l'ennui ; mais on ne dit pas si tout ce que l'homme fait pour éviter l'ennui est du luxe.

M. l'Abbé de Condillac a recherché la nature du luxe dans son ouvrage sur *le*

Commerce et sur le Gouvernement considérés relativement l'un à l'autre.

» Le luxe, dans la première acception
» du mot, dit-il, est la même chose
» qu'excès, et quand on l'emploie dans
» ce sens, on commence à l'entendre ;
» mais lorsque nous oublions cette pre-
» mière acception, et que nous courons,
» pour ainsi dire, à une multitude d'idées
» accessoires, sans nous arrêter à aucune,
» nous ne savons plus ce que nous vou-
» lons dire. Substituons pour un moment
» le mot d'*excès* à celui de luxe.

Il distingue ensuite deux sortes d'excès,
» les uns qui ne le sont que parce qu'ils
» paroissent tels aux yeux d'un certain
» nombre ; les autres, qui le sont, parce
» qu'ils doivent paroître tels aux yeux de
» tous.

» C'est dans ces derniers, dit M. de
» Condillac, que je fais consister le luxe.
» Voyons donc les choses qui doivent
» paroître un excès aux yeux de tous.

» Quelque recherchées que les choses
» aient pu paroître dans les commence-
» mens, elles ne sont point un excès,

» lorsqu'elles sont de nature à devenir
» d'un usage commun ; alors elles sont
» une suite du progrès qu'il est impor-
» tant de faire faire aux arts, et il
» viendra un temps où tout le monde
» s'accordera à les regarder comme né-
» cessaires.

» Quand, au contraire, les choses de
» nature à ne point être communes sont
» réservées pour le plus petit nombre,
» à l'exclusion du plus grand, elles doi-
» vent toujours être regardées comme un
» excès.

» Le luxe consiste donc dans les choses
» qui paroissent un excès aux yeux de
» tous, parce qu'elles sont, par leur na-
» ture, réservées pour le petit nombre,
» à l'exclusion du plus grand. «

Au début de M. l'Abbé de Condillac, j'ai cru que j'allois trouver une connoissance précise et claire de la nature du luxe; mais j'ai trouvé qu'il abandonnoit la méthode simple qu'il s'étoit prescrite, et qu'il étoit tombé dans le défaut qu'il reproche avec raison à ceux qui l'ont précédé, savoir, de courir après des idées accessoires qui m'ont semblé rendre sa définition vague et incertaine.

1°. L'avare, parcimonieux et avide, qui possède de grandes terres et qui entasse des sommes prodigieuses d'or et d'argent, commet un excès aux yeux de tous, parce que les grandes terres et les trésors immenses qu'il possède et qu'il augmente sans cesse, sont de nature à être réservées pour le petit nombre, à l'exclusion du plus grand nombre.

Cependant les terres et les trésors possédés par l'avare parcimonieux, ne sont pas du luxe.

2°. M. l'Abbé de Condillac dit » que » le luxe consiste dans les choses qui » paroissent un excès aux yeux de tous, » parce qu'elles sont, par leur nature, » réservées pour le petit nombre, à l'ex- » clusion du plus grand. «

Mais une chose paroît-elle un excès aux yeux de tous, et devient-elle un excès, parce qu'elle est réservée pour le petit nombre, à l'exclusion du plus grand nombre ?

Non, sans doute; car toutes les marques

distinctives du souverain, des grands, des magistrats, sont réservées pour le petit nombre, à l'exclusion du plus grand nombre ; et cependant elles ne sont pas du luxe.

Ainsi, pour qu'une chose soit jugée un excès par tous, et pour qu'elle soit du luxe, il faut qu'elle ait quelqu'autre qualité que d'être réservée au plus petit nombre, à l'exclusion du plus grand, et c'est cette qualité qui fait que cette chose est aux yeux de tous un excès, et du luxe. Or M. l'Abbé de Condillac ne dit point quelle est cette qualité.

3°. M. l'Abbé de Condillac dit que le luxe consiste dans l'usage des choses qui paroissent un excès aux yeux de tous.

Mais comment peut-on savoir qu'une chose est un excès aux yeux de tous, et qu'entend-on par ces mots : *aux yeux de tous ?* Sont-ce les yeux de tous les habitans de la terre ? sont-ce ceux de tous les membres de la société, ou enfin les yeux de tous les hommes raisonnables ? Entend-on par tous, ou la collection des individus, ou le plus grand nombre ? Comment s'assurer qu'une chose est un excès aux yeux de tous, lorsqu'on laisse ces mots dans le vague et sans en déterminer le sens et l'étendue ? Peut-on, d'après cette définition, s'assurer quand l'usage d'une chose est un excès ?

4°. Dans une société livrée au luxe, l'usage d'aucune chose n'est un excès aux yeux de tous, et par conséquent il n'y auroit point de luxe dans cette société. Il n'y en avoit point chez les Sybarites, parce que l'usage des choses réservées à un petit nombre, à l'exclusion du plus grand, n'étoit point un excès aux yeux des Sybarites; et par les mêmes raisons, il n'y en auroit point aujourd'hui chez les nations où le luxe domine, parce que l'usage des choses réservées au petit nombre, à l'exclusion du plus grand nombre, n'y est point un excès aux yeux de tous.

Tous les Auteurs qui ont écrit sur le luxe, au moins ceux qui me sont connus, ont adopté quelqu'une des définitions que je viens d'exposer.

Chapitre IV.

De la nécessité de rechercher de nouveau la nature du luxe, et de la méthode qu'il semble que l'on doit suivre dans cette recherche.

Aucun des Auteurs dont je viens d'exposer les sentimens sur le luxe, n'en explique la nature ; presque tous le reconnoissent, et j'ai prouvé que, d'après leurs définitions, on ne pouvoit se former une idée précise du luxe, ni assigner distinctement son caractère essentiel.

Non seulement leurs définitions sont vagues, et les mots qui les expriment n'offrent à l'esprit aucun objet déterminé, mais encore il n'en est aucune qui soit propre au luxe, parce que chacun de ceux qui le définissent ne considère que quelqu'un de ses rapports, et n'en a pas une idée complette.

Voilà pourquoi même, sans entrer dans l'examen philosophique de ces définitions, aucune ne satisfait l'esprit du lecteur, ni même de l'auteur ; voilà pourquoi, en raisonnant d'après leurs définitions, on n'en trouve aucune qui ne conduise à des conséquences fausses, et presque toujours contradictoires avec les principes de l'auteur.

Il semble que chacun d'eux ait déterminé la nature du luxe, d'après le sentiment qu'il avoit adopté sur son influence relativement au bonheur de l'homme ou des sociétés, et selon qu'il vouloit le justifier ou le combattre. C'est ainsi que Mandeville, pour prouver sa nécessité, le fait consister dans tout ce qui est au-delà du nécessaire absolu.

Varburton, au contraire, qui le croyoit opposé à la religion et nuisible à l'homme, le définit un abus des dons de la Providence, préjudiciable aux autres ou à soi-même.

On a conçu la nature du luxe d'après les effets qu'on lui attribuoit, au lieu de juger par sa nature des effets qu'on devoit lui attribuer.

Il n'est donc pas possible d'adopter aucune des définitions du luxe données jusqu'ici ; il faut nécessairement examiner sa nature ; elle seule, bien connue, peut nous éclairer sur la vérité des éloges qu'on donne au luxe, et des imputations dont on le charge ; et c'est d'elle seule que l'on doit tirer la solution de toutes les questions que l'on peut former relativement au luxe ; elle seule peut nous guider dans ce labyrinthe de faits opposés, et d'observations contradictoires dont ses adversaires et ses apologistes étayent leurs opinions ; car les effets ou les propriétés d'une chose naissant de sa nature, et en étant des suites ou des conséquences, on ne peut lui attribuer des effets ou des propriétés, qu'autant que l'on connoît sa nature. J'ai donc cru qu'il étoit indispensable de rechercher de nouveau la nature du luxe, et que pour la découvrir, il falloit remonter à son origine, non seulement dans les sociétés politiques, mais encore dans le cœur de l'homme ; c'est dans le moment de sa formation qu'il faut, pour ainsi dire, le saisir pour connoître sa nature.

Pour procéder plus sûrement dans cette recherche, il faut considérer l'homme dans l'état de la plus grande simplicité, et placé sur la terre uniquement avec les besoins primitifs auxquels la nature l'assujettit, et avec les facultés qu'elle lui accorde pour les satisfaire ; le suivre dans l'usage qu'il fait de ses facultés et dans le progrès de ses ressources pour subvenir à ses besoins et pour remédier aux incommodités et aux maux auxquels sa condition naturelle le rend sujet ou l'expose ; enfin le considérer parvenu à un état d'abondance, de sécurité et d'exemption de tous les besoins qui naissent de son organisation, de sa foiblesse ou de sa sensibilité ; car c'est visiblement à ce moment que le luxe a pu naître et est né dans le cœur de l'homme.

C'est en suivant cette méthode que je vais rechercher l'origine du luxe, et sur les idées qu'il m'offrira dans cet instant, former sa définition.

Si je ne me suis pas égaré dans cette recherche, la définition que je donnerai ne sera ni vague ni arbitraire, elle exprimera d'une manière claire la nature du luxe.

Les anciens Législateurs qui avoient, pour ainsi dire, assisté à la naissance du luxe, n'avoient point d'opinions différentes sur sa nature ni sur ses effets. En remontant à l'origine du luxe, nous serons à peu près dans la même position; et si je ne produis pas dans mes lecteurs la même unanimité sur le luxe et sur ses effets, j'espère au moins qu'ils m'entendront, et que je ne me contredirai ni dans ma définition, ni dans les conséquences que j'en tirerai.

CHAPITRE V.

De l'origine du luxe.

Nous supposons l'homme dans la plus grande simplicité, et par conséquent foible et désarmé au milieu d'une foule d'animaux carnaciers. Ses membres sensibles et délicats ne sont point défendus contre le choc des corps et l'intempérie des saisons, par un cuir impénétrable, ou par une peau garnie de poils ou de duvet, comme les animaux. L'action violente des élémens porte des atteintes douloureuses sur ses organes ; ils sont blessés par l'aspérité des corps dont il s'approche, ou sur lesquels il s'appuie.

Dans un état si triste, si fâcheux et si affligeant, il craint cependant la mort ; il aime la vie, il recherche le plaisir, il veut nécessairement être heureux, et il veut l'être toujours.

Le sentiment de sa foiblesse, la vue de son indigence lui masque d'abord la vaste étendue des desirs renfermés dans son cœur, et la grandeur de sa fin ; lorsqu'il considère son état, bien loin de se croire destiné à un bonheur sans interruption, il se juge né pour le malheur et pour la mort.

Ainsi les anciens Thraces pleuroient sur la naissance d'un enfant, en considérant la carrière de peines et de maux qu'il avoit à parcourir.

Cependant, la crainte et l'instinct ont uni l'homme à ses semblables, et les hommes réunis ont senti moins vivement l'horreur de leur sort : le besoin de se défendre leur a bientôt appris à faire usage de leurs mains ; ils ont détaché les branches des arbres; des branches détachées, ils ont fait des bâtons, des épieux ; ils ont lancé des pierres, ils ont fait des arcs, ils sont devenus redoutables aux animaux frugivores ou pâturans ; ils se sont emparés de leurs petits, trop foibles pour les suivre dans leur fuite ; les hommes sont devenus pasteurs, ils se sont nourris du lait et de la chair de leurs troupeaux. Tels étoient les Scythes, les Germains, etc. Enfin dans les lieux où la nature ne produit ni fruits, ni légumes, ni pâturages, les hommes se nourirent de poisson, d'insectes.

Si l'homme, avec ces ressources, ne se crut pas destiné à vivre délicieusement, il ne se vit plus sans cesse en proie à l'inquiétude, à la crainte et au besoin; il espéra du moins du repos, et le plaisir que donne la sécurité.

Il formoit à peine ces espérances, que des saisons rigoureuses, des chaleurs excessives, des inondations, rendirent les fruits, les légumes, les pâturages moins abondans ; il éprouva des infirmités , il fut environné du spectacle de la mort.

Ces maux inattendus devoient, ce semble, faire évanouir les espérances que l'homme avoit conçues en découvrant qu'il pouvoit défendre sa vie, ses fruits, ses troupeaux, contre les attaques des animaux carnaciers et frugivores; il semble que la vue de ces nouvelles calamités devoit le jeter dans le désespoir.

Mais l'amour de la vie, le desir du bonheur, la connoissance de la force et de l'industrie qu'il a découverte en lui-même, le soutiennent et l'animent; il a reçu de la nature la raison qui le met en état de rechercher et de découvrir la cause et les remèdes des malheurs qui l'affligent : sa raison et l'activité de son esprit le portent vers la recherche des moyens propres à le garantir de tous ces maux, et l'on voit naître tous les arts nécessaires à la vie, à la sûreté et à la santé, à la production et à la conservation des fruits, des légumes, des grains, des pâturages, des troupeaux.

Dans toutes les sociétés primitives, on voit les hommes occupés à prévoir les saisons, à chercher des remèdes contre les maladies, à détruire les animaux malfaisans, à féconder la terre, à conserver les fruits, les grains, à les rendre salutaires. Dans toutes les sociétés, l'industrie humaine n'a point d'autre objet, et les hommes jouissent enfin de la sécurité, de la santé et de l'abondance.

C'est cet état de sécurité, de paix et d'abondance que la nature attend pour développer dans le cœur de l'homme toutes les inclinations sociales, pour les changer en habitudes, et, si je peux parler ainsi, pour mettre l'homme en possession du bonheur qu'elle lui destine.

Alors l'amour conjugal unit les époux : ils sont heureux par l'attachement mutuel, par les plaisirs que la nature attache aux occupations domestiques, à la naissance des enfans, aux fonctions de la tendresse paternelle et maternelle, à la reconnoissance et au zèle des enfans pour leurs parens : les enfans sont heureux par les devoirs de la piété filiale, par l'amour fraternel; il n'y a pas un instant où les membres de la famille n'éprouvent quelque sentiment agréable.

Heureux par les sentimens qui unissent les parens, chaque membre de la famille l'est encore par la bienveillance et par l'amitié qui l'unit aux autres hommes, par les services qu'il leur rend ou qu'il en reçoit, par les sentimens d'estime et de reconnoissance qu'il éprouve ou dont il est l'objet. En se livrant à ces penchans, les hommes jouissent délicieusement de l'abondance et de la sécurité ; ils sont heureux.

Certains hommes superficiels et tranchans, qui ont fixé leur attention sur les vices, les crimes et les désordres que l'histoire raconte, regarderont ce que je dis des sociétés primitives comme un roman ; cependant je ne dis rien qui ne soit dans la nature de l'homme, et que les philosophes les plus éclairés de l'antiquité n'aient dit comme un fait qui ne paroissoit pas pouvoir être contesté ; et c'est ainsi que Sénèque en parle :

» Alors, dit-il, les hommes se con-
» duisoient en sages, quoiqu'ils ne fus-
» sent pas ce que nous appelons propre-
» ment sages. Le genre humain ne s'est

» jamais trouvé dans un état plus digne
» d'envie ; et si la divinité permettoit à
» un mortel de former lui-même la terre,
» et de donner des mœurs à ses sembla-
» bles, il ne pourroit les mettre dans
» une situation plus heureuse que celle
» où l'on dépeint ces premiers hommes :
» ils jouissoient de la nature. Cette mère
» attentive suffisoit au soutien de ses
» enfans. Combien les hommes n'étoient-
» ils pas riches, dans un temps où l'on
» ne pouvoit trouver aucun pauvre parmi
» eux ! On ne trouvoit pas moins de
» plaisir à indiquer aux autres qu'à trouver
» soi-même les productions de la nature :
» on n'avoit jamais ni trop, ni trop peu ;
» les partages se faisoient de bonne foi :
» le plus fort n'avoit pas encore porté
» la main sur le plus foible : le soin
» des autres marchoit sur la même
» ligne que le soin de soi-même ; les
» armes restoient oisives, et les mains en-
» core pures du sang humain n'em-
» ployoient leurs forces que contre les
» bêtes féroces. Un air libre, sous un
» ciel pur, une fontaine limpide, des

» ruisseaux non captivés, mais abandonnés
» à leur pente naturelle, des prairies
» belles sans art : c'étoit au milieu de
» ces objets rians que leurs mains rus-
» tiques établissoient un domicile cham-
» pêtre; ils remettoient leurs intérêts en-
» tre les mains du meilleur d'entre eux.
» Heureuses les nations où le plus puis-
» sant ne pouvoit être que le plus ver-
» tueux (1)! «

Tels les monumens historiques nous représentent les plus anciens peuples dans leur société primitive ; telle est l'origine de la tradition si généralement répandue des temps auxquels on a donné le nom d'age d'or; tels l'histoire nous représente les législateurs des nations, les sages qui les policèrent, les héros recommandables par leur humanité, par leurs qualités bienfaisantes ; tel est le plan de politique et de législation que suivirent les législateurs de la Chine, qui ont exécuté littéralement tout le système de la nature pour le dé-

---

(1) Senec. Ep. 90 trad. de la Grange.

veloppement des inclinations sociales, et réalisé le système de bonheur que j'ai exposé et que j'ai dit que la nature destine à l'homme.

Lorsque, par des circonstances particulières, ces inclinations ne se développèrent point, qu'elles s'altérèrent, ou que les sentimens agreables qu'elles doivent procurer s'affoiblirent et ne remplirent plus le desir du bonheur, qui ne s'affoiblit jamais et qui rend l'homme malheureux s'il n'est pas satisfait, on éprouva du malheur au milieu de l'abondance et de la sécurité que l'on avoit regardées comme la source du bonheur destiné à l'homme.

L'homme jouissoit de tout ce qui étoit nécessaire à la vie et à la santé, il n'éprouvoit aucun des besoins qui l'avoient tourmenté, et cependant il n'étoit pas satisfait; l'ennui, l'apathie le tourmentoient, comme la crainte, comme la faim, comme les maladies.

Il fallut chercher des ressources contre des maux qui sembloient naître de l'abondance et de la sécurité même que l'homme avoit regardée comme le souverain bien ; il fallut donc à ces hommes quelque chose de plus que l'abondance des choses nécessaires à la vie et à la santé ; il leur fallut d'autres plaisirs que ceux que la nature attache à l'usage des choses nécessaires à la vie et à la santé.

L'exercice et la pratique des vertus sociales ne leur procurant plus ces plaisirs, ils n'avoient, pour se dérober à l'ennui et à l'apathie, que les impressions des corps étrangers sur leurs sens.

En effet, le premier plaisir que l'homme éprouve est une sensation agréable que la nature attache à l'usage de l'objet qui satisfait un besoin physique : voilà le premier bonheur de l'homme.

Lorsqu'il n'est plus pressé par les besoins physiques, tout ce qui fait sur ses sens des impressions douces et variées, lui cause du plaisir : tels sont les parfums des fleurs et des fruits, telles sont les couleurs et leurs mélanges, tels sont les sons, etc.

Ce fut dans ces objets seuls que cherchèrent et que purent trouver le bonheur ceux qui n'étoient pas heureux par les plaisirs que procurent les inclinations sociales; c'est ainsi que le Sauvage, dont la vie agitée est contraire au développement des inclinations sociales et à la jouissance des plaisirs qu'elles font goûter, emploie les momens de son loisir à se peindre, à boire des liqueurs enivrantes, à considérer le mouvement d'un fleuve ou d'un ruisseau.

Chez les nations civilisées, où l'on n'étoit plus heureux par les plaisirs attachés à l'exercice des vertus sociales, l'industrie inventa une foule d'arts et de métiers, tous relatifs aux plaisirs des sens; et le *luxe* parut sur la terre.

C'est en effet cet état que les anciens ont appelé *luxe*; c'est ce que ce mot signifie, dans tous les temps et chez tous les peuples ; et c'est ainsi que le luxe a pris naissance chez toutes les nations.

Par-tout où les hommes ne sont pas heureux par les vertus sociales, ils s'occupent du soin de se procurer des sensations agréables; ils s'efforcent de prolonger la durée des besoins physiques, de les faire renaître lorsqu'ils sont satisfaits ou affoiblis, d'en créer de nouveaux, et recherchent les moyens de donner à tout ce qui agit sur leurs sens, une délicatesse et une activité capables de les flatter ; et dans tous les lieux, on voit l'industrie enfanter cette multitude d'arts, qui n'ont pour objet que de procurer des sensations agréables.

Par-tout, ces arts, ces métiers, ou plutôt les plaisirs qu'ils procurent, sont devenus nécessaires aux souverains : lorsqu'ils ont cessé de regarder et d'aimer leurs sujets comme leurs enfans, lorsqu'ils n'ont plus été heureux par le spectacle de leur bonheur, lorsqu'ils les ont envisagés comme une espèce naturellement différente d'eux, et destinés à procurer le bonheur de ceux qui leur commandent, alors les souverains n'ont plus été sensibles à l'amour de leurs sujets, aux témoignages qu'ils en recevoient ; l'estime et les louanges des peuples ne les ont plus touchés, nul motif ne les a portés à les rechercher et à s'efforcer de les mériter ; tous les devoirs dont l'accoml'accomplissement devoit les rendre heureux, sont devenus des fonctions importunes, des exercices pénibles, des occupations avilissantes ; il s'est fait un vide affreux dans leur cœur, et ils se sont efforcés de les remplir par les plaisirs des sens, par les amusemens, par la chasse, par les spectacles, par toutes les espèces de dissipations.

Ce fut ainsi que Cyrus, après ses conquêtes, ne trouvant plus son bonheur dans l'amour et dans le gouvernement des peuples qui lui étoient soumis, voulut jouir des productions agréables de toutes les contrées de son empire, et obligea tous les gouverneurs des provinces de lui envoyer ce qu'elles produisoient de meilleur (1).

Ce fut ainsi que son fils, élevé dans le sein des plaisirs et au milieu des flatteurs, se crut d'une nature supérieure à celle des autres hommes, ne connut point les plaisirs que doit procurer à un souverain la pratique des vertus sociales,

---

(1) Cyroped. l. 8.

et chercha le bonheur dans la volupté, dans l'agitation et dans le tumulte de la guerre, dans les conquêtes et dans l'asservissement de tous les peuples qui ne purent résister à sa puissance (1).

Ce fut ainsi que Sésostris, élevé dans la persuasion qu'il étoit destiné à conquérir le monde, accoutumé, dès son enfance, à estimer le courage et la force du corps infiniment plus que les vertus sociales, préféra la gloire des conquêtes aux plaisirs de rendre ses peuples heureux par une sage administration ; ce fut ainsi, qu'enorgueilli par ses succès, et se croyant un être supérieur à la nature humaine, il ne sentit plus le plaisir attaché à l'humanité, à la bienfaisance, à l'amour des peuples, fit traîner son char par les Rois qu'il avoit vaincus, et chercha le bonheur dans le faste, dans la délicatesse et dans la somptuosité de sa table, enfin dans les monumens et dans les édifices qu'il élevoit (2).

---

(1) Hérodote, l. 3.
(2) Hérodote, l. 2. Diod. l. 1. Strab. l. 16.

Ce fut ainsi qu'un des Ptolémées, né avec une santé foible et qui ne lui permettoit ni de s'appliquer, ni de gouverner par lui-même, chercha le bonheur dans une foule de petits amusemens et d'objets nouveaux propres à flatter ses sens et sa curiosité (1).

Par les mêmes raisons, les plaisirs des sens et tous les amusemens que procurent les arts agréables, devinrent nécessaires aux grands, lorsque, cessant de regarder les hommes des conditions inférieures comme leurs égaux, comme leurs frères dans l'ordre de la nature, comme leurs associés dans l'ordre civil, ils n'éprouvèrent plus pour eux les sentimens de la bienfaisance, de l'amitié, de l'humanité.

Ces plaisirs sont devenus nécessaires au magistrat, au guerrier, au simple citoyen, lorsqu'il n'a plus trouvé le bonheur dans l'amour conjugal, dans la tendresse paternelle, dans la piété filiale, dans les soins domestiques, dans les

―――――――

(1) Strab. l. 17.

D ij

fonctions civiles, dans l'amour de la patrie.

Tous les monumens historiques déposent en faveur de ce que j'avance sur l'origine du luxe, et je crois pouvoir l'avancer comme un principe, ou plutôt comme un fait qui ne peut être contesté par ceux qui ont considéré l'histoire dans ses rapports avec les mœurs.

Enfin, quand les monumens historiques seroient moins positifs et moins clairs sur ce que je dis de l'origine du luxe, la connoissance seule de l'homme ne permettroit pas d'en douter.

En effet, l'homme veut nécessairement être heureux, et il veut l'être toujours, de sorte que, lorsque tous les besoins qui naissent de son organisation, sont satisfaits, il desire encore d'être affecté par des sentimens agréables : or il n'a, pour satisfaire cet amour du bonheur, que les plaisirs qui naissent des inclinations sociales, ou des penchans naturels de l'ame, et ceux qui naissent des sensations agréables, que produisent les impressions des corps étrangers sur les organes du corps humain ; en un mot, les plaisirs de l'esprit et ceux des sens, ou du corps.

Les plaisirs des sens ou les sensations ne sont pas nécessaires aux hommes qui trouvent dans les inclinations sociales ou dans les plaisirs de l'esprit les sentimens qui peuvent satisfaire l'amour du bonheur, lorsque les besoins qui naissent de l'organisation sont satisfaits; il suffit à ces hommes, pour être heureux, d'avoir ce que la nature a rendu nécessaire à la vie et à la santé; ils ne font point d'efforts pour se procurer d'autres sensations que celles que la nature attache à l'usage des choses qu'elles a rendues nécessaires ou utiles à la vie et à la santé.

Mais lorsque, pour quelque cause que ce soit, les inclinations sociales ne se sont point développées dans le cœur de l'homme, lorsqu'elles s'y sont éteintes ou altérées, cet homme, au milieu de l'abondance des choses nécessaires et utiles à la vie et à la santé, sera dans un état d'apathie, d'ennui et de mal-aise qui le tourmentera, et qu'il s'efforcera de faire cesser en se procurant des sensations agréables par le moyen de tous les objets qui peuvent affecter agréablement ses sens. Or cet usage, que l'homme fait pour son plaisir et pour son bonheur, des choses que la nature n'a rendues ni nécessaires ni utiles à sa vie et à sa santé, ni nécessaires à son bonheur, est ce que tout le monde s'accorde à nommer du *luxe*.

Le luxe n'a donc et ne peut avoir d'autre origine que celle que je lui ai assignée.

Voyons si la connoissance de l'origine du luxe peut nous éclairer sur sa nature.

Chapitre VI.

De la nature du luxe.

Le luxe est né parmi des hommes qui ayant tout ce qui étoit nécessaire ou utile pour la vie et pour la santé, manquoient de ce qui étoit nécessaire au desir du bonheur, et qui cherchèrent à le satisfaire par les sensations agréables que procurent les objets qui agissent sur les sens.

Le luxe, considéré en lui-même, est donc l'usage des objets qui produisent des sensations agréables que l'homme a rendues nécessaires à son bonheur, quoique par les loix de la nature, l'usage de ces objets et les sensations agréables qu'ils produisent ne soient ni nécessaires ni utiles à la vie et à la santé, ni nécessaires au bonheur de l'homme.

Considéré dans l'homme, le luxe est une disposition de l'esprit et du cœur, qui fait regarder et rechercher comme nécessaires au bonheur de l'homme, des objets qui produisent des sensations agréables que la nature n'a rendues ni nécessaires ni utiles à sa vie, à sa santé, à son bonheur.

Enfin, l'opinion des partisans du luxe, est un système qui fait dépendre le bonheur de l'homme des objets qui produisent des sensations agréables, qui, par les loix de la nature, ne sont ni nécessaires ni utiles à la vie, à la santé ou au bonheur de l'homme.

Le luxe, comme on le voit, est un

principe moral qui n'existe que dans le cœur de l'homme.

Un aliment ou un habit n'est point un aliment ou un habit de luxe, précisément parce qu'il n'est pas nécessaire à la vie ou à la santé ; c'est parce que la nature ne l'ayant rendu nécessaire ni à la vie, ni à la santé, ni au bonheur de l'homme, l'homme l'a cependant rendu nécessaire à son bonheur.

Ce ne sont ni les superfluités ni leur nombre qui constituent le luxe, c'est l'attachement que l'homme a pour ces superfluités, c'est l'influence qu'elles ont sur son bonheur.

Le Sauvage, qui fait dépendre sa félicité des plumes qui environnent sa tête, des coquilles qui pendent à ses oreilles, du raucou dont il se barbouille, est un homme de luxe, comme l'homme élégant, somptueux et recherché dans ses habits et dans sa parure.

Au contraire, l'homme qui fait usage des superfluités de son siècle, sans y attacher son bonheur, n'a point de luxe ;

il renonceroit à ces superfluités sans cesser d'être heureux ; il ne fera jamais de mal pour se les procurer; jamais il ne sacrifiera au desir de les posséder, l'honneur, la probité, sa conscience, l'estime des hommes vertueux, parce que ces avantages sont les principes de son bonheur, et non les superfluités dont l'usage lui est souvent importun, fastidieux, et qu'il n'admet que par condescendance ; c'est Ulysse buvant dans la coupe enchantée de Circé sans éprouver la moindre altération, tandis que ses compagnons sont transformés en brutes; c'est Ulysse qui ne reste dans le palais de la fille du soleil que pour ne pas s'éloigner de ses amis, et pour tâcher de les rappeler à leur état naturel.

De ce que je viens de dire sur la nature du luxe, je conclus qu'il n'y a point deux sortes de luxe, l'un modéré, et l'autre excessif.

Si les objets qui procurent des sensations agréables que la nature n'a rendues ni nécessaires ni utiles à la santé ou à la conservation de l'homme, ne sont pas nécessaires à son bonheur, il n'a point de luxe, pas même un luxe modéré.

Si, au contraire, les objets qui procurent des sensations agréables que la nature n'a rendues ni nécessaires ni utiles à la vie, à la santé, ou au bonheur de l'homme, l'homme les rend nécessaires à son bonheur, il a du luxe, et un luxe excessif; car l'*excès* consiste à rendre nécessaire à son bonheur ce que la nature n'y a pas rendu nécessaire, parce qu'alors l'homme sort de sa condition naturelle, de l'état auquel la nature l'a destiné, et se met dans l'impuissance de remplir sa destination.

C'est pour cela que les anciens législateurs et les sages ont donné le nom de *luxe*, de *luxation*, de *déboîtement* à l'état des sociétés et des hommes qui recherchoient, comme nécessaires à leur bonheur, des superfluités ou les objets qui produisent des sensations agréables, que la nature n'a pas rendues nécessaires au bonheur de l'homme.

Ces sages, en réunissant, en civilisant, en gouvernant les hommes, en les rendant heureux, observèrent qu'ils avoient produit ces effets, en leur procurant une subsistance assurée, commode et saine, et en fécondant dans leur cœur les germes des inclinations sociales, avec lesquelles la nature fait naître tous les hommes : ils avoient été heureux eux-mêmes par les vertus sociales, et sans les superfluités ; ils jugèrent que l'état d'un homme qui avoit rendu ces superfluités nécessaires à son bonheur étoit contraire à l'état auquel la nature le destinoit, et dans lequel elle vouloit qu'il fût pour être heureux et pour rendre ses semblables heureux.

Lorsque ces sages virent naître l'amour des superfluités, lorsqu'ils virent qu'elles étoient regardées comme le principe du bonheur, ou du moins comme nécessaires au bonheur, ils jugèrent que les hommes étoient sortis de l'état auquel la nature les avoit destinés ; ils donnèrent à ce déplacement le nom de *luxe* ou de luxation, c'est-à-dire *déboîtement* : expression figurée, ou métaphore empruntée de l'ostéologie, qui désigne par ce mot, l'état dans lequel se trouve un lorsque son extrémité est sortie de la cavité dans laquelle elle doit être renfermée.

Comme l'os, dont l'extrémité est constamment renfermée dans la cavité à laquelle il est attaché, fait librement tous ses mouvemens, et peut remplir toutes les fonctions auxquelles il est destiné; de même l'homme qui a, pour ainsi dire, circonscrit ses besoins physiques, et qui les borne aux objets nécessaires ou utiles à la vie et à la santé, est dans l'ordre social : il est, pour ainsi dire, emboîté dans la société, et peut y faire librement tous ses mouvemens, y remplir toutes ses fonctions, y satisfaire à tous ses devoirs; mais s'il donne plus d'étendue à ses besoins physiques, il sort du cercle dans lequel la nature l'avoit renfermé, il ne peut plus remplir les fonctions sociales.

Telle est, comme je l'ai dit, l'origine du mot luxe; tel est le fondement sur lequel les anciens le condamnoient, comme funeste au bonheur de l'homme et des sociétés.

SECTION II.

Des effets essentiels du Luxe sur le cœur humain.

Par une loi universelle et immuable de la nature, tous les objets qui portent atteinte à la vie ou à la santé des êtres vivans, font sur eux une impression douloureuse qui les en éloigne : ils éprouvent, au contraire, un sentiment agréable lorsque leurs organes sont frappés par des corps dont l'usage ou l'impression est utile à leur vie ou à leur santé, et ils s'en approchent.

C'est ainsi que la nature apprend à tous les animaux à discerner les alimens qu'elle leur destine, à se procurer les retraites, les asiles, et toutes les choses nécessaires à leur conservation, et à se garantir de tout ce qui peut les faire périr ou leur nuire. Elle produit ces effets par l'organisation avec laquelle elle les fait naître, et par la sensibilité dont elle les doue.

La nature n'a pas borné la sensibilité

de l'homme à ces effets ; elle ne l'a pas concentrée dans le soin de sa conservation ; elle la porte sur tous ses semblables ; et lors même que par l'état de son organisation il est exempt de douleur, il ne voit pas avec indifférence un autre homme souffrant ou malheureux ; ce spectacle trouble sa tranquillité, il s'attendrit, il vole à son secours.

Le malheureux est vivement touché de la générosité de celui qui s'intéresse à son sort : l'expression de sa reconnoissance, de son zèle pour son bienfaiteur, fait naître dans celui-ci un attachement vif pour l'homme qu'il a secouru, il se forme entre eux une union étroite.

Par cette même sensibilité, le spectateur qui voit soulager et secourir un malheureux, aime le bienfaiteur ; il éprouve du plaisir lorsqu'il lui témoigne son estime, son amitié : la sensibilité humaine devient une chaîne qui unit tous les hommes par des sentimens d'amitié, d'estime, de reconnoissance qui leur donnent une activité continuelle pour procurer le bonheur des autres.

Ce sont ces différens sentimens que l'on connoît sous le nom d'inclinations sociales, c'est-à-dire la sensibilité dont la nature a doué l'homme, employée à procurer le bonheur des autres aussitôt que les besoins qui naissent de l'organisation sont satisfaits (1).

Il n'est pas possible, comme on le voit, de déranger ce plan ou ce système de la nature, par rapport au développement de cette sensibilité, sans détruire tout son plan ou tout son système pour l'union des hommes, sans ôter à l'homme la plus précieuse de ses qualités, sans tarir la force de son bonheur : or le luxe dérange ou plutôt bouleverse ce plan ou ce système de la nature ; il donne des besoins qui étouffent la sensibilité destinée à unir les hommes, et sans laquelle il ne peut y avoir de société humaine sur la terre ; il donne à l'homme des habitudes, des inclinations et des besoins qui

---

(1) Tous ces effets de la sensibilité de l'homme sont prouvés en détail dans mon ouvrage sur la sociabilité.

détruisent toutes les vertus sociales, et qui le rendent capable de tous les crimes.

Après avoir prouvé, par la nature même du luxe et par des faits incontestables, la vérité de tous les effets que j'attribue à ce système de bonheur, je les offrirai tous dans le tableau du progrès du luxe chez les Romains.

Chapitre I.

Le Luxe étouffe dans l'homme la sensibilité destinée par la nature à l'unir à ses semblables, et sans laquelle il ne peut y avoir de société humaine sur la terre.

Nous venons de distinguer dans l'homme deux espèces de sensibilité ; la première a pour objet la conservation de la vie et de la santé, la seconde a rapport aux autres hommes : la première est concentrée dans l'organisation de l'homme, et exerce, dans cette espèce d'enceinte, toute son activité ; la seconde se porte hors de l'homme, et s'étend à tous les hommes. La première est, pour ainsi dire, éveillée par le cri du besoin, et ne permet à l'homme d'agir que pour la satisfaire ; tout autre sentiment qui s'éleveroit dans l'homme, nuiroit à sa conservation.

Ainsi, par une sage économie, tant que les besoins physiques subsistent, la seconde sensibilité reste ensevelie, et semble morte ; elle ne pourroit agir qu'aux dépens de la conservation de l'homme, ce qui seroit contraire à la sagesse de la nature.

Mais aussitôt que le besoin physique ou primitif cesse, la seconde sensibilité naît et développe son activité.

Son action est, comme on le voit, en proportion avec le besoin physique ; elle est nulle, lorsque le besoin physique est extrême ; foible et de peu d'effet, lorsqu'il est fort ; plus puissante, lorsque le besoin physique est presque insensible, et elle ne se déploie dans toute son étendue et n'agit avec toute son énergie que lorsque le besoin physique est nul, et qu'il laisse l'homme dans un état de calme absolu.

Ainsi tout ce qui prolonge la durée des besoins qui naissent de l'organisation, tout ce qui augmente la difficulté de les satisfaire, tend à étouffer et à rendre inutile la sensibilité destinée par la nature à unir l'homme à ses semblables ; et c'est l'effet du luxe.

L'homme de luxe est pressé sans cesse par le desir du bonheur, et ne connoît de moyen de le satisfaire que les sensations agréables qui sont produites par les objets vers lesquels les besoins physiques et essentiels le portent : mais comme la nature donne à ces besoins une durée très-courte et que le desir du bonheur est continuel, l'homme de luxe, qui ne connoît point d'autre moyen d'être heureux que les sensations agréables qui naissent de ces besoins, s'efforce de les faire renaître, d'en prolonger la durée, d'augmenter leur vivacité : le luxe tient donc sans cesse l'homme dans un état de besoin qui empêche que la sensibilité qui doit le porter vers les autres hommes, ne se développe et n'agisse en lui.

La nature, en assujétissant l'homme à l'empire des besoins physiques, lui donne une si prodigieuse facilité pour les satisfaire, que, dans l'ordre de la nature, ils ne doivent jamais être un obstacle à la naissance de la sensibilité destinée à le porter vers ses semblables.

Mais il n'en est pas ainsi des besoins physiques de l'homme de luxe : la nature a rendu difficile à acquérir tout ce qu'elle n'a pas rendu nécessaire. Ce qui est nécessaire est dans nos mains, dit Sénèque; mais les superfluités ne s'obtiennent qu'au prix de la sueur.

Le luxe rend donc les besoins physiques non seulement continuels, mais encore infiniment difficiles à satisfaire; ils sont donc toujours extrêmes, et par conséquent ils étouffent dans l'homme la sensibilité qui devoit le porter vers ses semblables.

En effet, l'homme a besoin d'être heureux, comme il a besoin de manger; il est donc occupé à se procurer les objets qui causent des sensations agréables et nécessaires à son bonheur, comme à se procurer des alimens, lorsqu'il est pressé par une faim extrême. La sensibilité, qui doit le porter vers ses semblables, reste donc ensevelie dans l'homme de luxe comme dans l'indigent que la faim dévore.

Quelques exemples rendront ces vérités sensibles.

Les animaux carnaciers, les intempéries des saisons, les pluies, les orages, le froid et la chaleur forcent les hommes de construire des habitations; ils sont charmés de la sécurité dont ils y jouissent, et de la cessation des sensations douloureuses qu'ils éprouvoient avant que de posséder ces asyles; et ce plaisir n'est pas seulement une sensation agréable, c'est encore un sentiment de satisfaction qui rend l'ame tranquille et calme, c'est la disposition la plus heureuse et la plus favorable pour le développement de la sensibilité, qui porte l'homme vers ses semblables. Dans cet état, la présence d'un autre homme est un spectacle agréable, parce que l'on voit en lui son semblable. Les hommes réunis dans leurs habitations s'aiment, s'aident, se secourent, et, comme le dit Sénèque, le soin des autres marche sur la même ligne que le soin de soi-même (1).

La bienveillance, la reconnoissance, le zèle naissent dans tous les cœurs et unissent tous les membres de ces sociétés; tous sont heureux par ces sentimens: l'enceinte de palis qui les met à l'abri des insultes des animaux, le feuillage qui les garantit de l'ardeur du soleil, de l'incommodité de la pluie et des intempéries de l'air, suffisent à leur bonheur; ils ne forment des vœux que pour se conserver dans cet état. Tels les monumens historiques nous représentent les hommes des premières sociétés; tels l'histoire nous peint les Scythes, les Abiens, les Egyptiens, les Arcadiens, les Crétois, les Chinois, avant la naissance du luxe.

Il n'en est pas ainsi de l'homme de luxe: ne pouvant satisfaire le desir du bonheur que par les sensations agréables, il ne suffit pas que sa maison soit un lieu de sûreté et de repos, il faut que le repos qu'il y trouve soit accompagné

―――――――――――――――

(1) Ep. 90.

d'une sensation agréable ; il ne lui suffit pas d'être à l'abri du froid et du chaud, il faut que le degré de chaleur ou de fraîcheur de son appartement produise des sensations agréables, et qu'il jouisse de toutes celles dont la nécessité de se renfermer le prive ; il veut réunir dans son habitation les fleurs, les arbres, les parfums, les points de vue agréables ; il est malheureux s'il ne jouit pas de tous ces plaisirs ; il s'occupe des moyens de se les procurer, comme il s'occupe des moyens de se procurer une retraite, lorsqu'il éprouve les rigueurs des saisons ou qu'il craint les attaques des bêtes féroces, parce qu'il a rendu ces plaisirs nécessaires à son bonheur, et qu'il desire aussi ardemment d'être heureux que de vivre.

Mais comme les objets qui produisent les sensations agréables qu'il desire, ne les produisent que par leur nouveauté, il faut qu'il les varie sans cesse : quelque magnifique, quelque commode, quelque richement meublée que soit l'habitation de l'homme de luxe, il en jouit à peine qu'il s'en dégoûte, et l'ennui qu'il éprouve est pour lui aussi insupportable que la pluie, la grêle, le froid et le chaud excessif, le sont pour l'homme sans habitation ; il est dans son habitation aussi malheureux que l'homme exposé aux injures de l'air. Il est donc à chaque instant occupé du soin de rendre son séjour agréable, de l'orner, de l'embellir, d'y prodiguer les meubles riches et somptueux, ou de se procurer de nouvelles commodités, comme l'homme exposé aux injures de l'air ou aux attaques des animaux carnaciers, est occupé à se procurer une retraite.

Le luxe ne permet donc jamais à l'homme de goûter dans son habitation cet état de calme, de paix et d'exemption de besoin, pendant lequel la sensibilité qui le porte vers ses semblables naît dans son cœur, et devient la source de son bonheur et de toutes les inclinations sociales.

Il en est du besoin de se nourrir comme du besoin de se construire des habitations : par-tout l'homme trouve facilement ce qui est nécessaire à sa nourriture, et les alimens destinés à le nourrir lui procurent une sensation agréable qui ne dure qu'autant qu'ils sont nécessaires ou utiles à la santé : la satiété et le dégoût naissent aussitôt que le besoin cesse ; voilà les loix de la tempérance et de la sobriété que la nature nous prescrit.

Lorsque l'homme les suit, il trouve facilement ce qui lui est nécessaire pour se nourrir, et ne desire rien de plus : il devient heureux par le rétablissement de son organisation que le besoin de nourriture avoit dérangée ; il aime alors tous les hommes, il désire de leur faire du bien, et le besoin de manger ne s'oppose plus au développement de la sensibilité qui doit l'unir à eux.

Mais si l'homme place son bonheur dans la jouissance des sensations agréables que produisent les alimens, alors ceux que la nature a destinés à sa nourriture ne suffisent plus à son bonheur, puisqu'ils ne produisent des sensations agréables que pendant un temps très-court, et que l'homme veut toujours être heureux.

L'homme qui fait consister le bonheur dans

dans les sensations agréables que produisent les alimens, est donc sans cesse occupé du soin de s'en procurer, et le besoin de se nourrir est continuel en lui, parce qu'il a continuellement besoin des sensations agréables qu'il éprouve lorsqu'il mange et qu'il a faim : la sensibilité pour les autres, reste ensevelie et morte dans son cœur, comme dans le cœur de l'homme qui seroit continuellement pressé par un besoin extrême de manger.

Le besoin qu'il a d'être affecté par des saveurs agréables pour être heureux, équivaut à un besoin continuel de manger. Il n'est donc jamais dans l'état de calme et de tranquillité nécessaire pour le développement de la sensibilité qui devoit le porter vers les autres hommes.

Enfin le luxe donne au besoin de se vêtir une activité, une vivacité qui étouffe dans l'homme la sensibilité qui doit l'unir à ses semblables.

Avant la naissance du luxe, l'homme ne s'occupe du besoin de se vêtir que pour se garantir des incommodités et des souffrances auxquelles la délicatesse et la sensibilité de sa peau l'exposent : aussi-tôt que cet objet est rempli, il n'éprouve plus le besoin de se vêtir, et sa sensibilité pour les autres se déploie et agit en liberté.

Mais au moment où le luxe naît dans son cœur, il ne suffit pas que ses habits le garantissent de la douleur, il faut qu'ils lui fassent éprouver des sensations agréables ; mais comme ils n'excitent ces sensations que par leur nouveauté, il faut que l'homme de luxe se procure sans cesse des habits nouveaux, qu'il en change continuellement la matière, la forme, et qu'il y ajoute sans cesse ce qui, inutile pour le garantir de la douleur, peut exciter une sensation agréable.

Ce changement continuel dans la matière, dans la forme, dans les ornemens de tout ce qui sert à l'habillement de l'homme de luxe, est nécessaire à son bonheur ; il sera donc occupé du soin de se procurer cette variété d'habits et d'ornemens, comme l'homme nud est occupé à se procurer un vêtement qui le garantisse de la rigueur du froid et des incommodités auxquelles la nudité l'expose. Le luxe rend donc perpétuel en lui, le besoin de se vêtir, et ne lui permet pas plus de s'occuper du soulagement du malheureux qui est nud, que s'il éprouvoit un sentiment continuel, vif et douloureux, de froid. Il ne peut donc être dans l'exemption de souffrance, et dans l'état de tranquillité nécessaire pour le développement et pour le libre exercice de la sensibilité destinée à le porter vers ses semblables et à l'unir à eux.

Ainsi le système du luxe que ses partisans vantent comme le principe de la richesse, de l'abondance et du bonheur, est en effet le principe de l'indigence et de la pauvreté : il assujettit ceux qu'il séduit, à des besoins qu'ils ne peuvent satisfaire, et les plonge par conséquent dans la pauvreté ; car on est pauvre et indigent, lorsqu'on n'a pas ce qui est nécessaire à ses besoins.

Qui est plus pauvre que celui qui ne peut jamais se procurer ni une habitation où il soit satisfait, ni des habits dont il soit content, ni des mets qui satisfassent le désir qu'il a d'éprouver le plaisir que l'on goûte en mangeant lorsque l'on a faim ? En quoi l'état de cet homme diffère-t-il de l'indigence et de la pauvreté ? Les besoins auxquels le luxe l'assujettit, ne le pressent-ils pas, comme l'indigence et la pauvreté pressent le misérable et le nécessiteux ? N'est-il pas occupé à chercher les moyens de satisfaire le besoin d'éprouver des sensations agréables, comme le pauvre et l'indigent sont occupés à chercher les moyens de subsister ?

L'indigent, le pauvre a du moins quelque relâche; et dans cet intervalle, ou dans cette trêve avec le besoin et la souffrance, on voit son cœur s'ouvrir au sentiment de la pitié et de la bienfaisance, il est dans ce moment compatissant, secourable, obligeant, et même libéral.

Mais il n'y a point d'intervalle pour les besoins de l'homme de luxe : comme chaque espèce de sensation n'a qu'une durée très-courte, et que les sensations agréables sont nécessaires à son bonheur, il est dans un besoin extrême et continuel d'éprouver de nouvelles sensations, puisqu'il est malheureux s'il n'en éprouve pas : il est donc continuellement occupé à chercher les moyens de s'en procurer, comme l'homme pressé par une faim extrême est occupé des moyens de se nourrir ; il n'y a donc pas un seul instant de sa vie où la sensibilité qui devoit le porter vers les autres hommes et l'intéresser à leur sort, puisse agir.

Il est entrainé si rapidement par le besoin d'éprouver des sensations agréables, qu'il ne peut s'occuper même de ses intérêts les plus essentiels, et ce besoin est si pressant qu'il lui sacrifie tout, l'estime publique, sa réputation, sa fortune. Que feroit-il de plus pour satisfaire une faim extrême, ou pour échapper aux plus grands périls et aux maux les plus terribles ?

Son ame est donc en effet dans l'état de l'ame du Sauvage qui habite une contrée stérile, et dépourvue des productions nécessaires pour le nourrir et

E iij

pour le garantir des injures de l'air et des attaques des animaux carnaciers.

Le luxe donne donc à l'homme des besoins qui étouffent dans son cœur cette sensibilité si précieuse qui devoit le porter vers ses semblables, l'associer à eux, et rendre les biens et les maux communs à tout le genre humain; il ne laisse subsister dans l'homme que cette sensibilité physique, qui le renferme pour ainsi dire, dans ses organes, qui épuise toute l'activité de son ame pour se procurer des sensations agréables, qui le rend insensible à l'état des autres hommes, à leur infortune, à leurs peines.

La fable du rat dans un fromage de Hollande, est bien moins l'emblême du Derviche ou du Moine, que de l'homme de luxe.

Tels seroient des hommes nés et élevés dans le sein du luxe; il réduiroit au même état ceux en qui une éducation plus heureuse auroit développé la sensibilité sociale : il ne laisseroit subsister en eux aucune des vertus qu'ils auroient acquises, parce qu'il leur donneroit des habitudes, des inclinations et des besoins qui anéantissent essentiellement toutes les vertus sociales, comme on va le voir.

CHAPITRE II.

Le Luxe donne à l'homme des besoins, des inclinations et des habitudes qui anéantissent en lui toutes les inclinations et toutes les vertus sociales.

La nature assujettit l'homme à des besoins physiques qui dérangent son organisation, lorsqu'ils ne sont pas satisfaits, et qui cessent aussi-tôt que l'harmonie est rétablie dans l'organisation et dans l'économie animale.

L'homme sans luxe est alors dans un état de calme et de tranquillité, pendant lequel naît et se développe la sensibilité pour les autres hommes : il ne peut voir un malheureux sans souffrir lui-même, il lui donne du secours, il jouit du bonheur qu'il procure ; le spectacle d'un homme heureux le charme, il éprouve du plaisir en voyant un autre homme, il s'intéresse à son sort, il est heureux par tous ces sentimens, il les regarde comme la source de son bonheur, et ne donne aux besoins physiques que le soin nécessaire pour entretenir l'économie animale et pour être dans l'état de calme où il goûte le plaisir de l'amitié, de l'humanité, de la bienfaisance.

Son amitié embrasse tous les hommes, il ne hait que les méchans ou plutôt la méchanceté : le moindre service qu'il reçoit, excite sa reconnoissance ; il estime, il révère l'homme bienfaisant ; il ressent au-dedans de lui-même un respect religieux pour les hommes vertueux et pour la vertu. C'est par la conformité de sa conduite avec ces modèles et avec leurs principes, qu'il s'estime lui-même et qu'il s'approuve ; il a toutes les vertus sociales : l'humanité, la bienfaisance, la justice, l'amitié, la reconnoissance, le désir de mériter, par ces qualités, l'estime des autres hommes, et au-dedans de lui-même la conscience qui le rend heureux ou malheureux selon qu'il suit les principes de la vertu ou qu'il s'en écarte.

Ce fut ainsi que Pythagore, Epaminondas, Aristide, Socrate, Phocion, et tant d'hommes illustres, se formèrent à la vertu ; ce fut ainsi que leurs exemples et leurs leçons produisirent des hommes vertueux au milieu des peuples corrompus et livrés au luxe.

Tirons de l'école de ces sages un homme en qui leurs préceptes et leurs exemples ont développé les vertus sociales ; transportons-le au milieu des panégyristes du luxe, avant qu'il se soit imperturbablement affermi dans les principes de ses maitres, et dans la pratique des vertus dont ils lui ont donné l'exemple.

Supposons que les partisans du luxe lui persuadent qu'il est un systéme de bonheur préférable à celui que lui ont enseigné ses maitres, et qu'il croie que le luxe » en multipliant les jouissances,
» augmente la somme de son bonheur
» et la masse de la félicité publique ;
» que, par lui, l'ouvrier, l'artisan, sa
» femme, ses enfans, sont habillés,
» mangent du pain abondamment, se
» portent mieux, et travaillent avec une

E v

» espérance gaie; que, sans le luxe,
» l'argent resteroit dans le coffre du riche,
» ou ne serviroit aux mendians qu'à
» entretenir leur oisiveté et leur dé-
» bauche (1). «

Dès ce moment, il se livre à la recherche des sensations agréables de toute espèce, et elles deviennent une partie essentielle de son bonheur.

Alors les alimens, les habits, les appartemens, les meubles qui lui suffisoient, ne lui suffiront plus; il a besoin d'éprouver les sensations agréables que procurent les saveurs, lors même qu'il n'a plus besoin de se nourrir; il est malheureux, s'il ne les éprouve pas; les alimens qui suffisoient pour rétablir son organisation, n'exciteront plus dans son palais, que de sensations désagréables; cette partie de sa fortune, qu'il employoit en actes de bienfaisance et d'humanité, deviendra nécessaire à sa subsistance; le malheureux qui ne se présentoit ja-

―――――

(1) Melon, Essai sur le Commerce, c. 9. Hume, discours sur le luxe. Eloge de Colbert.

mais à lui sans l'intéresser, sans le toucher, ne fait plus sur lui la même impression; il ne peut soulager sa misère sans se priver de quelqu'une des sensations que le luxe a rendues nécessaires à son bonheur ; il hait le malheureux qui l'implore ; car l'homme voulant nécessairement être heureux, il hait tout ce qui est contraire à son bonheur, ou qui fait des efforts pour le diminuer. Le luxe a donc inspiré à notre nouveau prosélyte de la haine ou de l'éloignement pour le malheureux; il a donc détruit en lui le sentiment de l'humanité : étrange philosophie ! On lui dit avec ostentation : soyez humain et secourable, tandis qu'on lui donne des besoins qui ne lui permettent pas de l'être.

Avant qu'il eût contracté le besoin et l'habitude d'être heureux par les sensations agréables, le cri, la vue du malheureux l'attiroit et l'attachoit à lui, jusqu'à ce qu'il fût soulagé; il étoit pénétré de compassion et de douleur tant qu'il le voyoit souffrant; rien ne le déroboit à ce sentiment; il se dévouoit au soulagement du misérable, quelque pénible et quelque dégoûtant que fût cet exercice.

Mais depuis qu'il a contracté l'habitude d'être heureux par les sensations agréables, la vue du malheureux, ses plaintes, ses prières, excitent en lui un sentiment désagréable qui l'éloigne ; il ne pourroit se fixer auprès de lui sans renoncer à son bonheur ; il ne l'assiste que pour l'écarter, pour se livrer sans distraction et sans partage aux sensations agréables, et pour se délivrer de l'impression désagréable que la vue du malheureux fait sur ses organes.

Avant que le luxe eût pris naissance dans le cœur du nouveau prosélyte, il étoit heureux par l'exercice de la bienfaisance et de l'humanité ; il n'étoit pas secourable seulement pour le malheureux qui l'invoquoit, le bonheur qu'il éprouvoit en le secourant, l'excitoit à le rechercher ; il étoit sans cesse en action pour prévenir les maux qui troublent la félicité des autres.

Mais, depuis qu'il est heureux par les sensations agréables, et que la vie humaine lui paroit un fardeau insupportable sans ces sensations, il emploie à les goûter ou à rechercher les moyens de se les procurer, une partie du temps qu'il employoit à procurer du soulagement aux malheureux et du bonheur aux autres hommes. Le luxe détruit donc en lui l'activité de la bienfaisance et de l'humanité.

L'humanité, la bienfaisance qui associent l'homme vertueux au bonheur et au malheur des autres, ont leur source dans le sentiment de son égalité naturelle et de sa ressemblance avec eux; le luxe fait disparoître cette ressemblance et cette égalité naturelle; le rustre, le paysan, le manouvrier, tous ceux qui ne vivent pas dans le luxe, dans la mollesse, dans le faste, paroissent à notre nouveau prosélyte des hommes d'une autre espèce; ils n'ont ni les mêmes desirs, ni les mêmes idées, ni les mêmes goûts que lui; ils ne paroissent pas destinés au même bonheur que lui; ils n'ont plus les mêmes organes et la même nature, il voit entre eux et lui toutes les différences qui distinguent l'homme de la brute, à la stature près; il n'est pas plus touché de leurs peines et de leurs souffrances, que de celles du chien et du cheval; tous ces hommes lui paroissent condamnés par la nature au travail et à la souffrance, comme les animaux, et créés pour procurer le bonheur des riches et des grands livrés au luxe.

Par son organisation, l'homme éprouve à la vue de son semblable, un sentiment de plaisir ou de joie qui le porte à s'attacher à lui, qui lui rend sa présence agréable, et qui l'intéresse à son bonheur.

Cette joie, cette satisfaction de l'homme, à la vue de son semblable, est ce que l'on nomme *amitié*.

C'est, comme on le voit, une inclination naturelle qui tend à unir tous les hommes, et à les porter à procurer réciproquement, non-seulement leur conservation, mais encore leur bonheur, par des soins assidus, par une vigilance attentive sur tout ce qui peut les intéresser,

Ce sentiment si doux, si agréable, est, dans l'ordre de la nature, une des principales sources de la félicité humaine, comme un des principaux fondemens de la tranquillité publique.

L'éducation avoit développé le sentiment de l'amitié dans le nouveau prosélyte du luxe; il aimoit tous les hommes, ses concitoyens; tous ceux dans lesquels il voyoit des vertus : ce sentiment le consacroit, pour ainsi dire, au bonheur des hommes vertueux, de ses concitoyens, du genre humain, aussitôt qu'il n'étoit plus pressé par les besoins primitifs et essentiels du corps.

Il n'y avoit pas une seule des actions inspirées par ce sentiment d'amitié, qui ne fît naître dans son cœur une satisfaction douce et touchante; l'amitié étoit pour lui une source de plaisirs, elle le rendoit heureux dans tous les instans de la vie.

Lorsqu'il adopte le systéme de bonheur proposé par les apologistes du luxe, et que les sensations agréables sont devenues nécessaires à son bonheur, il se livre à la recherche ou à la jouissance des objets capables de les lui faire éprouver; il s'y complaît, et s'efforce de prolonger la durée de ce nouveau bonheur.

Le luxe a donc rendu moins nécessaires à son bonheur le commerce de ses amis, la société des hommes vertueux, les devoirs de l'amitié; il a interrompu le cours des plaisirs attachés aux actions que l'amitié lui inspiroit à chaque instant; les panégyristes du luxe ont partagé son cœur entre les sensations agréables et les devoirs de l'amitié; tout le temps que le nouveau prosélyte du luxe va donner à la recherche ou à la jouissance des sensations agréables, est une partie du tems qu'il donnoit aux actions que l'amitié lui inspiroit pour ses concitoyens, pour les hommes vertueux avec lesquels il avoit des liaisons particulières.

Ainsi le luxe refroidit l'amitié dans le cœur de son nouveau prosélyte, il le sépare de ses amis.

Les sensations agréables étant devenues nécessaires à son bonheur, elles remplacent dans son cœur ses amis, mais ses amis ne peuvent remplacer les sensations agréables : il sacrifiera donc au besoin de se procurer des sensations agréables, les devoirs de l'amitié ; le luxe éteindra donc le sentiment de l'amitié dans le cœur de celui dont elle faisoit auparavant le bonheur.

Avant qu'il eût adopté les principes des panégyristes du luxe, il aimoit le citoyen vertueux, simple, sans faste, qui faisoit consister son bonheur dans la pratique de l'humanité, de la bienfaisance, de l'amitié, parce qu'il étoit dans les mêmes sentimens, et qu'il avoit les mêmes goûts et les mêmes mœurs.

Mais depuis qu'il s'est livré au luxe, il n'a plus ni les mêmes idées sur le bonheur et sur la vertu, ni les mêmes goûts, ni les mêmes mœurs, ni les mêmes affections ; il n'y a plus entre eux et lui de principes ni de causes d'amitié ; il n'a plus de ressemblance pour les goûts, pour les idées, pour les sentimens, qu'avec ceux qui font consister la félicité dans le luxe, avec ceux qui vivent comme lui, avec les artistes, les ouvriers qui lui procurent des sensations agréables ; voilà les seuls hommes pour lesquels il pourroit avoir quelque disposition à l'amitié, si l'on pouvoit donner ce nom à l'espèce de sentiment qu'il éprouve pour eux.

Ce n'est en effet ni parce qu'ils sont des hommes, ni parce qu'ils sont ses concitoyens, ni parce qu'ils sont vertueux qu'il les aime ; c'est comme utiles au système de bonheur qu'il suit, c'est comme contribuant à lui procurer des sensations agréables : son attachement pour eux, n'est donc point de l'amitié ; ils ne sont ses amis que comme ses meubles, comme les animaux, comme les mets qui lui plaisent.

Les seuls objets pour lesquels il ait de l'amitié, ou plutôt de l'attachement, ce sont ses sens, ou les organes par le moyen desquels il éprouve du plaisir ; c'est-là qu'est son cœur ; voilà pourquoi Caton (1) refusa de se lier avec un

---

(1) Plutarq. vie de Caton.

gourmand célèbre, ne voulant pas, disoit-il, être l'ami d'un homme dont le cœur étoit dans le palais.

Aristippe, ce philosophe panégyriste du luxe, et qui le regardoit comme le principe de la félicité humaine, comme l'objet du sage, comme la fin vers laquelle la raison dirige l'homme; Aristippe, dis-je, nous a sur ce point développé le système du luxe, et révélé le secret de ses partisans : « Il tenoit » pour maxime, qu'il ne falloit cultiver » ses amis qu'à cause du besoin que l'on » avoit d'eux, de même qu'on n'estimoit » les membres du corps qu'autant qu'ils » étoient utiles (1). «

Avant que le luxe dominât dans le cœur de son nouveau prosélyte, un service qu'on lui rendoit excitoit sa reconnoissance, et ce sentiment l'intéressoit au bonheur de celui dont il l'avoit reçu; il ne pouvoit penser à lui sans faire des vœux pour son bonheur, sans s'efforcer de le procurer, parce que c'est un plaisir

---

(1) Diogen. Laert. in Aristipp.

pour l'homme, que de penser que son bienfaiteur est heureux, et qu'il a contribué à son bonheur.

Mais au moment où le luxe s'empare de son cœur, il n'éprouve plus ce sentiment : heureux par les sensations agréables, il est malheureux s'il n'en éprouve pas; il est donc obligé de s'occuper du soin de s'en procurer et d'en jouir, et il ne pourroit interrompre cette occupation sans devenir malheureux ; il ne s'attache donc plus à son bienfaiteur, il ne s'efforce plus de contribuer à son bonheur ; le luxe ne permet pas à son cœur d'aller au secours de son bienfaiteur, ou de sa famille infortunée ; le luxe a éteint le sentiment de la reconnoissance dans son cœur.

» Cet homme, qui a fait la fortune
» de plusieurs, qui a fait la vôtre, n'a
» pu soutenir la sienne, ni assurer celle
» de sa femme et de ses enfans : ils vi-
» vent cachés et malheureux ; quelque
» bien instruit que vous soyez de la
» misère de leur condition, vous ne
» pensez pas à l'adoucir; vous ne le

» pouvez pas en effet ; vous tenez table,
» vous bâtissez (1). «

La nature a mis dans le cœur de l'homme le desir de l'estime, et c'est par des actes d'humanité et de bienfaisance, par la fidélité à remplir les devoirs de l'amitié, de la reconnoissance, que l'homme vertueux desire et s'efforce de l'obtenir ; ce desir le porte donc à faire des actions utiles à ses amis, à ses concitoyens, au genre humain.

Tels étoient les effets du desir de l'estime dans les premiers maîtres de notre prosélyte, et c'étoit en les imitant qu'il tâchoit d'obtenir l'estime, tant qu'il étoit attaché à leurs principes et docile à leurs leçons.

Transporté au milieu d'une société livrée au luxe, il voit prodiguer les louanges et l'admiration à la magnificence, à la richesse, au bon goût des appartemens, des meubles, des habits, à la délicatesse et à la somptuosité de la table, etc.

---

(1) Les mœurs de ce siècle. ch. 6.

Voilà les moyens par lesquels il s'efforcera désormais de mériter l'estime, et non par des actes de bienfaisance et d'humanité.

Au milieu des sociétés où les panégyristes du luxe l'ont transporté, il voit admirer, exalter les personnes qui excellent par leur faste, par leur goût, par leur magnificence dans tous les objets qui flattent les sens ; il voit que l'on ambitionne d'être reçu dans la société de ces personnes, qu'on leur rend des hommages, quelque dépourvues qu'elles soient de vertus, de quelques vices qu'elles soient souillées : jamais il ne voit estimer, jamais il n'entend louer l'homme vertueux qui vit sans faste et sans luxe ; il le voit oublié ou méprisé, il voit qu'il ne contribue point au bonheur de ces sociétés, il le méprise comme inutile, aussi bien que la vertu. Ainsi le luxe bannit de son cœur l'estime et le respect pour la vertu.

Et comment conserveroit-il ces sentimens, lorsqu'il s'est livré au luxe ? Les vertus sociales ne lui procurent rien de ce qui fait sa gloire et sa félicité ; il les regarde comme inutiles, et c'est à ses yeux un ridicule que de les respecter ; car le ridicule consiste à mettre de l'importance et du prix à une chose de nulle valeur, à sentir du respect pour un objet de nulle considération. Les sages, dont la vertu le charmoit, dont il se faisoit gloire d'être l'imitateur et l'ami, ne sont plus à ses yeux que des insensés, des moralistes chagrins, des hommes sans goût, des visionnaires, qui sacrifient leur bonheur à une chimère, et qui égarent ceux qui les croient.

Le nouveau prosélyte du luxe ne s'estimera que par la possession des objets du luxe ; sa gloire sera d'en posséder plus que les autres, son déshonneur de ne pas jouir de ceux qu'il desire, sa honte sera d'en être privé ; s'il a des remords, ce sera d'avoir ignoré ou négligé les moyens de les acquérir.

Voilà quels seront les sentimens et les principes sur lesquels sa conscience se formera ; ce sera sur ces principes qu'il se jugera, qu'il s'approuvera ou qu'il se condamnera ; sa conscience ne lui reprochera aucun des plaisirs qu'il se procurera aux dépens de l'humanité ou de la bienfaisance ; il ne se croira obligé à faire aucun bien qui demande le sacrifice du moindre des objets qui lui procurent des sensations agréables, il n'aura point au-dedans de lui-même ce tribunal destiné à l'empêcher d'être injuste ou malfaisant, lorsqu'il pourroit l'être impunément, qui l'obligeroit d'être bienfaisant sans espérer aucune autre récompense que le témoignage qu'il se rendroit à lui-même d'avoir rempli un devoir.

Ainsi le luxe a détruit dans son prosélyte, l'humanité, la bienfaisance, l'amitié, la reconnoissance ; il a éteint dans son cœur l'amour et le respect pour les vertus sociales ; il a déterminé vers la recherche des sensations agréables le desir de l'estime, qui, auparavant, le portoit à la recherche des moyens de contribuer au soulagement des malheureux, et au bonheur de ses concitoyens ; il a étouffé la voix de la conscience.

Voulez-

Voulez-vous un exemple qui rende plus sensibles les effets que j'attribue au luxe ? Considérez l'homme de Ross célébré par Pope, et faites naître le luxe dans le cœur de ce vertueux citoyen ; voyez le tableau que Pope fait de son caractère, de ses mœurs, de ses vertus ; inspirez-lui l'amour du luxe, et voyez le changement que vous allez opérer.

» Muse, dit Pope, élève tes accens,
» et chante l'homme de Ross. La Waye
» porte avec complaisance, à travers ses
» sinuosités, l'écho de ses vertus, et la
» rapide Saverne le fait retentir avec
» bruit.

» Qui couvre la cime de ces monta-
» gnes d'épais feuillages ? Qui fait couler
» des sources de ce rocher aride ? Elles
» n'élèvent point vers le ciel d'inutiles
» colonnes d'eau, et ne se perdent point
» avec faste, par de superbes cascades ;
» mais elles roulent sans art au travers
» des plaines, leurs eaux limpides, prin-
» cipe de santé pour les malades, de
» soulagement et de plaisir pour les
» bergers.

» Qui a fait paver le chemin qui
» traverse cette vallée, planté ces rangs
» d'arbres qui lui donnent de l'ombrage?
» qui a fait élever ces bornes pour le repos
» du voyageur? Qui a fait construire
» ce clocher dont la flèche se perd dans
» les nues?

» Tout, jusqu'à l'enfant qui ne sait
» encore que bégayer, répond que c'est
» l'homme de Ross.

» Jetez les yeux sur la place du marché
» couverte de pauvres, l'homme de Ross
» leur distribue le pain de la semaine; c'est
» lui qui soutient une maison de charité :
» on n'y découvre aucun faste; la sim-
» plicité et la propreté en font tout l'or-
» nement. Voyez à la porte le vieillard
» et l'indigent, le visage riant et l'ame
» contente, les filles qu'il a dotées, les
» orphelins qu'il a mis en apprentissage,
» le jeune homme qui laboure, et le
» vieillard qui se repose, le comblent de
» bénédictions.

» Y a-t-il quelque malade? l'homme
» de Ross se hâte de le secourir; il en

» prend soin, prescrit le régime, com-
» pose et donne les remèdes.

» Y a-t-il quelque démêlé ? que l'on
» passe seulement le seuil de sa porte,
» les cours judiciaires n'ont plus rien à
» faire, et toute contestation cesse, les
» empiriques au désespoir s'enfuient en
» le maudissant, et les vils procureurs
» ne sont plus qu'une race inutile.

» O ! qui ne s'écrie à ce récit, trois
» fois heureux à qui ses facultés per-
» mettent ce que tout le monde voudroit,
» mais ne sauroit faire !

» De quelles sommes donc disposoient
» ces mains si généreuses ? Quelle mine
» soutenoit cette charité sans bornes ?
» Sans dettes, et toutes taxes payées,
» sans femme et sans enfans, cet homme
» possède cinq cents guinées de rente.

» Que la grandeur rougisse, que le faux
» éclat des cours orgueilleuses disparoisse :
» petits astres, dérobez à la vue vos
» rayons ternis (1). «

---

(1) Pope, t. 3, ép. morales sur l'emploi des richesses. Ross est un petit bourg de la province
d'Hereford. Le nom de l'homme de Ross, étoit Jean
Kyrle, mort à 90 ans.

Supposons que l'homme de Ross, imbu des maximes de Melon, de Mandeville, de Hume, et des autres panégyristes du luxe, le regarde comme une partie essentielle de la félicité humaine, et comme la principale cause de la prospérité des états : dans ce moment même il n'est pas heureux par la pratique des vertus auxquelles il s'étoit consacré ; son bonheur dépend présentement des objets du luxe.

Ayant vécu jusqu'à présent sans luxe, et donnant à l'humanité, à la bienfaisance, à la charité, tout ce qui n'étoit pas nécessaire à sa santé, il ne peut se procurer les superfluités du luxe qu'en supprimant quelqu'une de ses libéralités et de ses charités; il n'éprouvera plus pour le malade, pour le vieillard indigent, pour l'orphelin, la commisération tendre, profonde, active qui les secouroit tous, parce qu'il peut être heureux sans les secourir, et qu'il ne pourroit suivre ses anciennes maximes sans devenir malheureux : la charité, l'humanité, la bienfaisance, qui étoient la source de sa félicité avant qu'il se fût livré au luxe, sont devenues les plus redoutables ennemies de son bonheur ; les panégyristes du luxe, en changeant le système de bonheur de l'homme de Ross, en rendant les jouissances du luxe nécessaires à son bonheur, ont donc éteint en lui ces vertus.

Comme le luxe augmente sans cesse la dépense, il arrivera nécessairement un temps où l'homme de Ross ne pourra ni donner le pain de la semaine aux nécessiteux, ni entretenir la maison de charité, ni doter des filles, ni mettre les orphelins en apprentissage. L'artisan que la maladie attaque, le vieillard usé par le travail, courbé sous le poids des années, l'orphelin qui ne fait que de naître, expirent sans secours et sans ressource, le village de Ross devient le séjour de la misère, de la pauvreté, de la désolation, et se change en un désert.

Voilà les effets que les partisans du luxe ont produits, en faisant adopter à l'homme de Ross leur système sur le bonheur.

Il est donc certain que non-seulement le luxe éteint la sensibilité naturelle qui porte l'homme vers ses semblables, mais encore qu'il détruit toutes les vertus sociales acquises. Voyons comment après l'avoir réduit à cet état, il le rend injuste, inhumain, cruel, et capable de tous les crimes.

CHAPITRE III.

Le Luxe rend l'homme injuste, inhumain et capable de tous les crimes.

Nous avons vu l'homme dépouillé des vertus sociales par le luxe même; suivons dans son cœur le système de bonheur auquel il s'est livré.

Dépouillé des vertus sociales, et ne goûtant aucun plaisir dans les actions qu'elles inspirent, ou du moins ces vertus et ces actions ne suffisant plus pour le rendre heureux, il n'a, pour satisfaire le désir du bonheur, que les sensations agréables; mais par la nature même de son organisation, il n'y a point d'espèce de sensation qui puisse le rendre continuellement heureux ; il a donc besoin d'une prodigieuse variété d'objets capables d'exciter des sensations agréables; et comme ces objets ne les excitent que par leur nouveauté, il ne peut mettre de bornes à ce besoin, il renaît sans cesse, et s'accroît chaque jour; il ne lui suffit pas d'avoir des mets agréables, il faut qu'il les varie et qu'il les multiplie sans cesse.

Il ne lui suffit pas d'avoir une habitation saine, agréable et commode; elle devient bientôt désagréable, incommode; il faut qu'il en acquière une nouvelle, et qu'il en change continuellement.

Il en est de même de tous les objets qui produisent des sensations agréables.

L'homme de luxe est donc malheureux s'il ne varie pas sans cesse les objets de son luxe, et il fera, pour se procurer cette variété, tout ce que l'homme, pressé par une faim extrême, fait pour se procurer des alimens; tout ce qu'il feroit pour éviter le plus grand des malheurs, pour se délivrer de la plus cruelle douleur; et comme il est sans aucune vertu sociale; il n'aura point de motif qui l'empêche de commettre toutes les actions nécessaires ou utiles pour obtenir les objets capables de lui procurer des sensations agréables.

Il s'emparera du champ du pauvre et du foible, s'il porte des productions agréables; il envahira sa maison, si l'on y jouit d'une belle vue; il la rasera pour étendre ses jardins ou ses forêts. Ainsi Jézabel fait périr Naboth, pour s'emparer de sa vigne; ainsi les Gaulois portent la guerre en Italie, et chassent les habitans de leurs possessions, pour se procurer le plaisir de boire du vin; ainsi Messaline fait mourir Valerius Asiaticus pour obtenir par confiscation les jardins de Lucullus, qu'il possédoit et qu'il ne vouloit pas céder; ainsi Guillaume le Conquérant envahit les villes et les villages, en rasa les maisons, et y planta des forêts pour augmenter la jouissance de la chasse (1).

---

(1) L. 3, Reg. c. 21. Tite-Liv., l. 9. c. 33. Plutarq. vie de Camille. Tacit. annal. L. 11. c. 1. Thoiras, hist. d'Angl. t. 2. p. 29.

Le prosélyte du luxe ne peut être heureux que par une multitude d'objets que sa fortune ne peut lui procurer; il augmentera donc sa fortune aux dépens de tous ceux qu'il pourra dépouiller, il ne se refusera à aucun des crimes nécessaires pour réussir dans ses projets; ainsi l'on a vu les Flibustiers porter la mort et la désolation par-tout où ils espéroient trouver de l'argent pour leurs folles dépenses (1).

Ainsi Caligula, pour réparer les pertes qu'il faisoit au jeu, désignoit sur la liste des Gaulois, un certain nombre des plus riches qu'il condamnoit à mort et dont il confisquoit les biens (2).

Ainsi les sénateurs les plus distingués par leur naissance et par les places qu'ils avoient remplies, se disputoient la gloire de servir d'accusateurs contre les plus illustres personnages, d'être les délateurs des plus considérables, et de les faire périr par des calomnies pour recevoir

---

(1) Hist. des Flibustiers.
(2) Sueton. in Caligula.

une récompense pécuniaire ; ainsi Epirius Marcellus et Capito reçurent cent mille écus, pour avoir fait périr le vertueux Thraséa (1).

Le prosélyte du luxe, pressé par le besoin d'éprouver des sensations agréables, et malheureux s'il ne le satisfait pas, se les procure aux dépens de la fortune et de la vie de son ami, de son bienfaiteur. Au milieu des témoins qui firent périr Soranus, on vit le philosophe Egnatius : il s'étoit vendu, pour de l'argent, aux ennemis de Soranus, son bienfaiteur et son ami. Ses discours et ses manières, continue Tacite, paroissoient n'avoir pour principe que l'honnêteté et l'humanité, mais, sous ces apparences, il cachoit un cœur avare, perfide et livré à la débauche ; l'amour de l'argent découvrit tous ses vices, et apprit que, dans un siècle aussi pervers, il falloit non-seulement se précautionner contre les fourbes de profession, mais encore être en garde contre l'air de

---

(1) Tacite, annal. l. 16, c. 33.

probité et d'amitié que donne la culture des lettres et de la philosophie (1).

Enfin le prosélyte du luxe, dépouillé de toutes les vertus sociales, satisfera le besoin d'éprouver des sensations agréables, aux dépens des droits les plus sacrés de la nature et du sang.

Aristippe donnoit cinquante drachmes pour une perdrix, et abandonnoit son fils. Lorsqu'on reprochoit à ce philosophe son insensibilité et sa gourmandise, il répondoit : La pituite et la vermine ne s'engendrent-elles pas dans notre corps? Cependant nous les rejetons (2).

On vit, sous Tibére, un fils accuser son père d'avoir conspiré contre l'Empereur, l'accuser sans fondement, sans autres témoins que lui-même, et sans faire paroître la moindre honte ni le moindre remords (3).

Ainsi, non-seulement le luxe ne laisse à l'homme aucune des qualités sociales,

---

(1) Tacite, ibid.
(2) Diogen. Laert. in Aristip.
(3) Tacite, annal. l. 4, c. 2.

il le change encore en une bête féroce. L'homme de luxe, pour se procurer des sensations agréables et nouvelles, se permet tout ce que l'animal carnacier fait pour se nourrir : il emploie, comme lui, la violence, l'artifice, la ruse, pour obtenir les objets dont il espère des plaisirs; il est tigre, hyenne, lion, loup, renard, selon le degré de force ou de puissance qu'il a ; et l'on pourroit tracer le caractère des hommes de luxe et leur genre de vie, d'après la connoissance de leur pouvoir, comme M. du Verney connoissoit la morale des animaux par l'inspection de leurs dents et de leurs pattes (1).

Quelle différence y a-t-il en effet entre l'homme que le luxe a dépouillé des inclinations sociales, et l'animal féroce et carnacier ? Comme lui il n'éprouve de bonheur que par les objets destinés à satisfaire les besoins physiques: il n'a plus les inclinations sociales qui distinguent l'homme de la brute : il n'a plus

---

(2) Eloge de M. Duverney, par M. de Fontenelle.

rien d'humain que la figure, et se procure les objets qui produisent des sensations agréables, comme l'animal se procure ce qui satisfait ses appétits; le besoin, l'espérance de posséder les objets qui produisent des sensations agréables, sont les seuls motifs qui agissent sur le cœur de l'homme de luxe ; aucune des idées, aucun des sentimens qui peuvent et qui doivent en arrêter les mauvais effets, n'agit sur lui : ainsi, pour obtenir l'objet de ses desirs, il sacrifie le repos et la vie des autres sans répugnance et sans remords, comme le loup affamé dévore l'agneau.

Enfin, le luxe a conduit l'homme à la cruauté, espèce de sentiment inconnu à l'animal carnacier.

Pour procurer à l'homme de luxe des sensations nouvelles, on a imaginé des spectacles; et la nécessité de se procurer sans cesse des sensations nouvelles, a conduit au spectacle de l'arêne, où l'on voyoit avec délices des hommes livrés à la fureur des bêtes féroces, et des hommes expirans sous les coups d'autres hommes qui n'avoient d'autre but que d'offrir un amusement aux spectateurs ; et les spectateurs, dépouillés par le luxe de toutes les inclinations sociales, voyoient ces horribles scènes sans émotion, avec le seul intérêt de la curiosité, comme ils avoient vu les combats des animaux.

J'ai prouvé que le luxe éteint dans le cœur de l'homme toutes les inclinations et toutes les vertus sociales, qu'il rend injuste, inhumain et cruel.

Quoique le luxe ne soit pas l'état primitif et essentiel de l'homme, il s'est cependant répandu et est devenu dominant dans la plupart des sociétés dont nous avons l'histoire ; ainsi des lecteurs qui n'étudieroient l'homme que dans les sociétés où le luxe a dominé, pourroient juger que les vertus sociales sont des chimères, et que l'homme est naturellement injuste, inhumain et cruel.

Cette opinion doit être commune parmi des personnes qui lisent l'histoire avant que d'avoir étudié la nature humaine en philosophes, et qui, selon la pensée de Ciceron, ne savent pas distinguer ce qui appartient à l'homme de la nature, de ce qui appartient à l'homme factice.

Elle doit être commune cette opinion parmi les personnes superficielles qui ne lisent l'histoire que comme ils voient un paysage, sans remonter aux causes des évènemens qu'elle offre.

Elle doit être générale chez les hommes en qui le luxe a éteint les inclinations sociales, et qui en rentrant en eux-mêmes n'y en trouvent point les germes, et y découvrent les semences de toutes les barbaries que le luxe a fait commettre.

Si, dans cette classe, il s'en trouve qui aient cultivé les lettres et les sciences, ils n'envisagent dans l'histoire, que les faits qui favorisent leur opinion; et dans l'homme, que les défauts et les vices qui peuvent la justifier : cette opinion, toute fausse et toute absurde qu'elle est, prend dans leur bouche et sous leur plume, un air scientifique et philosophique, qui en impose à une infinité de lecteurs ou d'auditeurs plus superficiels encore et moins capables de discussion que ces docteurs.

J'ai cru qu'il n'étoit pas inutile de faire observer les causes qui font qu'aujourd'hui tant de gens disent et pensent que les vertus sociales sont des chimères, et que les hommes sont par leur nature, injustes, inhumains et cruels.

Voyons les effets du luxe chez les Romains.

CHAPITRE IV.

Le Luxe a produit chez les Romains tous les effets que je lui ai attribués dans les chapitres précédens.

Quatre murs de terre et un toît de roseaux, soutenu par quelques perches, formoient les premières habitations de Rome, et le fondateur de cet empire n'étoit pas mieux logé : ce ne fut qu'après la prise de Rome par les Gaulois que les maisons furent bâties en briques sur des fondations de pierre, pour les garantir de l'humidité (1).

---

(1) Varro Kobrierfiki, de luxu Rom, l. 2. c. 6.

Après la seconde guerre punique, le luxe devient dominant, et les habitations saines et commodes ne suffisant plus aux Romains, les riches ont besoin de vestibules qui s'agrandissent continuellement, aussi-bien que les maisons. Cincinnatus ne possédoit que quatre arpens de terre, et ne croyoit pas qu'il en fallût davantage à un citoyen pour être heureux ; mais, par la progression du luxe, on se croit logé trop étroitement dans des maisons qui n'ont pas plus d'étendue ; et enfin, il y a des particuliers dont les maisons sont presque aussi grandes que des villes (1).

On ne se contente pas d'une maison vaste, on bâtit des appartemens pour l'été, et d'autres appartemens pour l'hiver. Il ne suffit pas d'y être à l'abri du froid et du chaud, on veut que le degré de la chaleur et de la fraîcheur soient des sensations agréables ; on élève dans les appartemens des jets d'eau parfumée ; on y fait couler des ruisseaux d'eau limpide ;

---

(1) Val. Max. l. 4, c. 4, n. 7. Plin. l. 18, c. 2.

on y distribue la chaleur par des canaux, dans toutes les parties de la maison ; on lui donne le degré propre pour causer une sensation agréable (1).

On construit sur les maisons des viviers, on y plante des bosquets et des vergers, on y cultive des arbres d'un grand prix, et leur culture est l'objet le plus important des soins des personnes les plus considérables. Hortensius, ayant à défendre une cause contre Cicéron, le pria instamment de changer le jour de son plaidoyer, parce que le jour où il devoit parler, il falloit qu'il allât arroser ses planes avec du vin (2).

On incrusta les murs de marbre, on les dora ; on y fit peindre à grands frais des campagnes, des villes, des mers, des vues agréables, des animaux (3).

» Enfin, on se regardoit comme ré-
» duit à la mendicité, dit Sénèque, si

---

(1) Sen. ép. 90. Val. Max., l. 9, c. 1. Meursius, de luxu Rom. c. 12.
(2) Sen. ép. 122. Val. Max. ibid. Meursius, ibid. Macrob. Saturn. 1, l. 2, c. 9.
(3) Pline, l. 25. c. 10.

» les pierres les plus précieuses, arron-
» dies sous le ciseau, ne resplendissoient
» pas de tous côtés sur les murs; si les
» marbres d'Alexandrie ne portoient pas
» des incrustations de marbres de Nu-
» midie; si cette marquetterie brillante
» n'étoit pas entourée d'une bordure de
» pierres dont les couleurs variées imi-
» toient à grands frais, la peinture; si
» le plafond n'étoit lambrissé de verre;
» si nos piscines n'étoient environnées de
» marbres de Thase, magnificence que
» montroient à peine quelques temples:
» nous sommes parvenus à un tel point
» de délicatesse, que nos pieds ne veulent
» plus fouler que des pierres précieu-
» ses (1). «

Les maisons de la ville ne suffisent pas, on veut des maisons de campagne; on les bâtit dans les situations les plus agréables; et bientôt dégoûtés des premières, les Romains en bâtissent de nouvelles. Lucullus en avoit un nombre prodigieux, et le territoire de l'Italie

---

(1) Senec., ép. 86. trad. de la Grange.

étoit absorbé par les maisons de campagne du temps de Tibère (1).

Quelque magnifiques, quelque vastes que fussent ces maisons de plaisance et leurs jardins, le possesseur les trouvoit toujours peu étendues : il arrachoit les bornes de ses voisins, il empiétoit sur les terres de ses clients, qui, chassés impitoyablement de leurs maisons, emportoient dans leur sein leurs Dieux Pénates, et leurs enfans à demi nuds, tristes et uniques débris de leurs fortunes (2).

Ainsi les Romains, livrés au luxe, furent occupés à faire construire des maisons, à les embellir, à les orner, à les agrandir, comme le sauvage exposé aux intempéries de l'air, est occupé à chercher une retraite ; ils s'emparoient de la maison, des terres de leurs clients et de leurs voisins, comme avant la formation des sociétés les hommes féroces et plus forts chassoient les plus foibles de la caverne ou des troncs d'ar-

---

(1) Tacite. ann. l. 3. c. 53. hist. 49.
(2) Horat. l. 2. od. 18. Denys d'Hal. l. 2 sect. 74.

bres où ils s'étoient réfugiés : non seulement le luxe avoit éteint dans le cœur des Romains la sensibilité destinée par la nature à les unir aux autres hommes, il y avoit encore étouffé l'humanité, la commisération, la justice.

Le luxe de la table ne fit pas des progrès moins funestes. Rien n'étoit plus simple que le repas des anciens Romains : ils se nourrissoient de pain, de légumes, et prenoient leurs repas à la vue de tout le monde (1).

Mais le luxe bannit bientôt cette frugalité : les repas ont deux services, et on les prend dans l'intérieur de la maison ; ensuite ils sont de sept services (2).

On imagine mille moyens pour donner sans cesse à la volaille, aux oiseaux, à toutes les espèces de gibier et de poissons, un goût plus agréable (3).

Le palais s'accoutume à ces saveurs ;

---

(1) Val. Max. l. 2, c. 4. Plin. l. 12. c. 8.
(2) Juvenal, sat. 1, v. 94.
(3) Varro *de re rustica*, l. 9, Plin. l. 10, c. 51, etc.

elles sont insipides : on fait venir de toutes les provinces de l'empire toutes les espèces de comestibles ; on les exporte avec la plus grande célérité ; on entend de loin les courriers crier que l'on se range pour ne point retarder leur arrivée (1).

L'habitude rend ces mets fastidieux : on cherche dans les plus rares, des saveurs nouvelles qui sont devenues nécessaires au bonheur. Æsope, histrion fameux pour le tragique, acheta un grand plat douze mille cinq cents livres ; et lorsqu'il traitoit ses amis, il garnissoit ce plat des oiseaux qui chantoient le mieux, qu'il achetoit sept cent quarante livres la pièce. Son fils le surpassa : il avoit reçu de Metella une perle de cent vingt-cinq mille livres, qu'il fit dissoudre dans du vinaigre pour se procurer une sensation nouvelle : l'ayant trouvée agréable, il donnoit à chacun de ses convives une perle qu'ils faisoient dissoudre dans du vinaigre (2).

---

(1) Senec. quæst. nat. l. 3. c. 18.
(2) Val. Max. l. 9. c. 1. Plin. l. 10. c. 50. Horat. sat. 2, l. 2.

Les chairs des animaux les plus rares devinrent insipides : on voulut n'en manger que quelques parties choisies. Vitellius imagina un plat qu'il nomma *le bouclier de Minerve*, composé de foies de scare, de cervelle de paon, de langues de phœnicoptere, d'entrailles de murènes (1).

On faisoit venir de toutes les mers des poissons ; et pour n'en être pas privé lorsque la tempête ne permettoit pas de pêcher, on pratiqua des réservoirs, où l'on conduisit les eaux de la mer, et dans lesquels on conservoit les meilleurs poissons (2).

On dédaignoit les poissons qui n'étoient pas de la dernière fraîcheur, et, comme s'exprimoient les gourmands, s'ils ne sentoient pas la mer. Enfin, il arrive un temps où l'on ne trouve plus le poisson frais, si on ne le voit mourir : » Que » m'importe le meilleur poisson, dit le » gourmand, s'il ne vit plus ? je ne veux

---

(1) Sueton. in Vitell.
(2) Plin. hist. nat. l. 9, c. 54.

» pas m'en rapporter à vous sur une
» matière de cette importance ; je n'en
» croirai que mes yeux ; qu'il meure de-
» vant moi.

» On disoit autrefois : rien de plus beau
» qu'un mulet pris dans les rochers ; on
» dit aujourd'hui : rien de plus beau qu'un
» mulet expirant ; passez-moi ce vase de
» verre que je le voie bondir.

» Après l'avoir loué long-temps avec
» enthousiasme, on le tire de ce vivier
» transparent ; alors les plus experts ins-
» truisent les autres : voyez ce rouge de
» feu, plus vif que le plus beau vermillon ;
» voyez ces veines qui s'enflent : on di-
» roit que son ventre est de sang. Avez-
» vous remarqué cet éclat d'azur, que
» viennent de réfléchir ses ouies ? Mais
» bientôt il se roidit, il pâlit, ses cou-
» leurs se confondent en une pâleur gé-
» nérale : mais, dans ce passage de la
» vie à la mort, par combien de nuances
» agréables ces deux couleurs ne se mé-
» langent-elles pas !

» Eh bien ! de tous ces convives, il
» n'y en a pas un qui assiste son ami
» mourant

» mourant, qui voulût recevoir les der-
» niers soupirs du père dont il a souhaité
» le trépas, et conduire au bûcher le
» cadavre d'un parent. La solitude règne
» autour du lit des frères et des proches
» à l'agonie, et l'on s'empresse autour
» d'un mulet expirant, l'on assure que
» c'est le plus beau des spectacles (1) ! «

Ainsi, lorsque le luxe de la table devint dominant chez les Romains, il y rendit le besoin d'éprouver des sensations nouvelles et agréables aussi pressant que la faim extrême; il étouffa dans leur cœur la sensibilité destinée à unir les hommes; comme la faim extrême, il les tint dans' 'état de désunion et d'indifférence où ils étoient lorsque la nécessité les forçoit de se séparer et de vivre dispersés pour chercher des fruits sauvages, avant que les législateurs leur eussent procuré une subsistance assurée; le luxe éteignit dans le cœur des Romains la piété filiale, l'amour des parens, l'amitié, et toutes les vertus sociales.

---

(1) Senec. quæst. nat. l. 3. c. 18.

Tome I. G

Le luxe de la table ne se borne pas à une recherche continuelle des meilleurs mets ; on veut de la magnificence, même dans la matière et dans la forme des tables sur lesquelles on mange ; et cette magnificence est aussi nécessaire au bonheur des Romains, que les sensations agréables que causent les alimens. » Autrefois, dit Juvenal, les tables » n'étoient faites qu'avec les arbres du » pays ; si par hasard, l'aquilon renver- » soit un vieux noyer, il servoit à cet » usage ; mais aujourd'hui nos riches » mangent sans plaisir, le turbot et le » daim leur semblent insipides, les roses » et les parfums blessent leur odorat, « à moins que leurs tables ne soient « soutenues par un grand léopard à gueule » béante, fabriqué avec l'ivoire des plus » belles dents que nous envoient Sienne, » la Mauritanie, l'Inde, et les forêts de » l'Arabie où les dépose l'éléphant fatigué » de leur poids (1). «

---

(1) Juvenal, sat. 11. v. 117. trad. de M. Dusaulx. Senec. *de benef.* l. 7, c. 9.

La vaisselle, qui d'abord étoit de terre, fut successivement de cuivre argenté, d'argent, de vermeil et d'or massif, ciselée à grands frais, et enfin enrichie de pierres précieuses et de perles (1).

On dédaigna les coupes d'or et d'argent; on en voulut de cristal et de murrha : ces vases murrhins apportés pour la première fois à Rome par Pompée, dans son troisième triomphe, furent consacrés dans le temple de Jupiter Capitolin; mais bientôt ils furent employés au service des hommes, et devinrent une partie essentielle du bonheur des Romains. Une coupe de murrha fut achetée cent soixante-huit mille livres par un consulaire, et Pétrone avoit acheté sept cent vingt mille livres un bassin à laver de murrha (2).

Un bassin à laver de cristal fut acheté quinze mille livres par une mère de famille qui n'étoit pas riche (3).

---

(1) Plin. l. 33.
(2) Plin. l. 34.
(3) Ibid.

Les Romains recherchoient ces vases avec un empressement auquel Pline donne le nom de fureur : le desir de se les procurer, le besoin d'en jouir étoit donc aussi puissant sur les Romains que la faim extrême ; et la sensibilité destinée par la nature à les unir aux autres hommes, ne pouvoit pas plus se développer en eux, que dans l'homme tourmenté par un besoin extrême de manger.

Le luxe avoit étouffé l'humanité dans le cœur du consulaire qui avoit acheté un vase murrhin cent soixante-huit mille livres; il l'avoit étouffée dans le cœur de Pétrone, qui avoit acheté sept cent vingt mille livres un bassin à laver ; car certainement, tandis qu'il faisoient ces acquisitions, il y avoit des malheureux qui gémissoient sous le poids de la pauvreté.

Enfin le luxe avoit éteint la tendresse maternelle dans la mère de famille, qui, n'étant pas riche, achetoit quinze mille livres un bassin de cristal.

Le luxe des habits produisit les mêmes effets à Rome : les Romains n'eurent, pendant long-temps, pour habit, que la toge (1).

Ils conservèrent cette simplicité, ou du moins ils ne s'en écartèrent que fort peu, jusqu'à la fin de la seconde guerre punique; mais alors les habits dont les personnages les plus illustres se sont contentés, ne suffisent plus : ce n'est plus pour la décence ou pour se garantir des injures de l'air qu'on s'habille, on veut que les habits produisent des sensations agréables par la qualité des étoffes, par leur couleur, par leur forme : comme la nouveauté seule rend ces habits agréables, on a besoin de les varier sans cesse ; on adopte les habits et les parures de toutes les nations étrangères; on fait venir les habits, les étoffes, les meubles, de Phrygie, de Perse, de Babylone, et des nations mêmes inconnues au commerce (1).

Tout ce qui peut exciter une sensation nouvelle dans la forme, la couleur, la

---

(1) Plin. l. 34.
(2) Senec. de benefic. l. 7, c. 9.

matière ou l'ornement des habits et du corps devient aussi nécessaire au bonheur des Romains, que l'habit qui garantit des injures de l'air : ils sont occupés de ces objets comme l'homme nud est occupé du soin de se procurer un vêtement.

La pourpre et les différentes espèces de coquillages qui servoient à la teinture, s'achetoient aussi cher que les perles ou les pierres précieuses, et une femme portoit sans scrupule un habit dont le prix absorboit la fortune de ses enfans (1).

A la magnificence des habits, on joignit celle des parures et des ornemens, tels que les pendans d'oreilles, les brasselets, les bagues, etc.

Les habits, les cheveux, les oreilles, les bras, les mains, les souliers mêmes, étoient chargés de perles et de pierres précieuses que l'on alloit chercher dans l'Inde, en Arabie et dans toutes les mers.

---

(1) Plin. l. 9, c. 36. Ovid. de arte. l. 3. v. 173. Propert. l. 3. eleg. 11.

On porta d'abord un seul anneau, on en eut ensuite à tous les doigts, et enfin à chaque articulation (1).

Je vois, dit Sénèque, des perles, non simples, pour chaque oreille ; les oreilles elles-mêmes, sont exercées à porter des fardeaux : un homme ne se croiroit pas suffisamment asservi au délire des femmes, s'il ne leur attachoit deux ou trois terres à chaque oreille (2).

Lorsque les sensations agréables que les habits excitent sont devenues une partie essentielle du bonheur des Romains, ils donnent à leurs esclaves des habits riches et précieux, et ils en multiplient sans cesse le nombre (3).

Ils se font accompagner par ce magnifique cortège aux bains, aux spectacles, et dans leurs visites. Quelques-uns d'eux, comme s'ils conduisoient une armée, sont suivis d'une foule bruyante

---

(1) Plin. l. 9 c. 35.
(2) Plin. l. 33. c. 1. Senec. quæst. nat. l. 7. c. 31.
(3) Senec. ép. 123 de tranquil. c. 1. ep. 95. de vita beata. c. 17.

d'esclaves : à peine chacun d'eux, accompagné de cinquante domestiques, est-il entré dans le bain, que vous l'entendez s'écrier d'un ton farouche, où sont mes gens, où sont-ils (1) ?

» Cette magnificence règne également
» chez les femmes de qualité et chez les
» femmes de la petite bourgeoisie : celles
» qui sont réduites à aller à pied, ne
» sont pas plus raisonnables sur ces articles
» que celles qui se font porter en litière
» sur la tête de ces grands esclaves de
» Syrie. Ogulnie ne va point au spectacle
» qu'elle ne loue une litière, un coussin,
» des compagnes, une dame d'honneur,
» des amies, de jolies suivantes à qui
» elle puisse donner ses ordres (2). «

Le luxe, en rendant la magnificence des habits et la parure nécessaires au bonheur des Romains, étouffa donc dans leur cœur l'humanité, la bienfaisance, la tendresse paternelle et maternelle, l'amour de la patrie et de la vertu.

---

(1) Ammian. Marcell. l. 28, c. 4.
(2) Juvenal, sat. 6. v. 351.

» Est-il un de ces personnages, dit Sé-
» nèque, qui n'aimât mieux voir la ré-
» publique en désordre, que sa coëffure;
» qui ne soit plus inquiet de sa frisure
» que de sa santé, et qui ne préférât la
» réputation d'être le mieux coëffé à
» celle d'être le plus honnête (1)? »

Ainsi le luxe de la table, des habits, des maisons, annéantit chez les Romains toutes les vertus civiles, morales et patriotiques.

Les plaisirs que leur procuroient la magnificence et les commodités des maisons, la délicatesse et la somptuosité de la table, la richesse et la beauté des habits, des parures et des ornemens, ne suffisoient pas pour satisfaire le desir du bonheur. Ayant contracté l'habitude d'être heureux par les sensations agréables, ils se livrèrent à toutes les espèces de débauches; ils eurent recours à tous les genres d'amusemens, sans en excepter les plus insensés et les plus barbares; ils achetoient à grand prix des enfans

―――――――――

(1) Senec. de brevitate vitæ, c. 12.

G v

dressés à faire des bouffonneries, et exercés à dire des sarcasmes et des plaisanteries (1).

Ils avoient des fols et des insensés, des nains et des naines, des enfans monstrueux et d'une difformité rare, des mangeurs d'un appétit prodigieux, des hommes dont la voracité étonnoit (2).

On leur offroit des combats de bêtes féroces entre elles, et des hommes exposés à la fureur des bêtes féroces; enfin des combats où les hommes étoient obligés de s'égorger.

» Le matin, les hommes sont exposés
» aux lions et aux ours; à midi, aux
» spectateurs. Ils viennent de terrasser
» un monstre, ils vont l'être par un
» homme; vainqueurs dans un combat,
» ils vont périr dans un autre : le sort
» des combattans est la mort; l'instru-

---

(1) Dio. l. 48. Sueton in Calig. c. 58 Plin. l. -, c. 12.
(2) Martial, ep. 3, l. 7. Senec. ep. 50. Martial, l. 8, ep. 10 et 29; l. 6, ep. 39, etc. Bignon, de servis, p. 186. Clem. Alex. Pædagog. l. 3, c. 40. Meursius, de luxu Rom. c. 6. Aulugel. l. 17, c. 13. Sueton. in Tiber. c. 6.

» ment est le fer et le feu : voilà comme
» on remplit les intermèdes de l'arène.
» On les pousse aux combats à coups
» de fouet; on veut l'homicide pur; plus
» d'armes défensives; nulle partie du
» corps n'est à l'abri du danger, nuls
» coups portés à faux. Aussi préfère-t-on
» ces spectacles aux combats ordinaires.
» Le spectacle est fini, on égorge des
» hommes pour ne pas rester oisif (1). «

Enfin, on ne jouit pas du spectacle des gladiateurs seulement dans les fêtes publiques, et à l'amphithéâtre, mais encore dans les maisons particulières, et pendant les repas; on voit avec ravissement les coups qu'ils se portent, on applaudit au vainqueur, et l'on contemple avec délices le vaincu expirant au milieu des flots de sang (2).

La dépense des Romains pour les plaisirs que le luxe avoit rendus nécessaires à leur bonheur, demandoit des

---

(1) Senec. ep. 7.
(2) Strab. l. 5. Tite-Live, l. 9. Nicol. Damascen. Lips. Saturnal. l. 1, c. 6.

richesses prodigieuses. Le luxe alluma donc dans le cœur des Romains une cupidité insatiable, et ils ne se refusèrent à aucun des moyens ni des crimes qui pouvoient les enrichir et les mettre en état de se procurer les objets de leur luxe.

Depuis la guerre d'Antiochus, la cupidité enfante à Rome des faux témoins, des délateurs, des assassins, et procure l'impunité de tous les crimes.

Cette cupidité n'est pas le vice de quelques particuliers, c'est le vice de tous les Romains. Lorsque Ptolomée alloit à Rome demander du secours au sénat contre le peuple d'Alexandrie : vous allez, lui dit Caton, vous livrer à une rude servitude, à des travaux infinis, à la corruption et à toute l'avarice des puissans de Rome, que toute l'Egypte même, quand elle seroit toute convertie en or, ne pourroit à peine rassasier (1).

Les Egyptiens envoyèrent à Rome une ambassade composée de cent personnes les plus considérables : Ptolomée

___
(1) Plutarq. vie de Caton.

trouva le moyen d'en faire périr une partie par le fer ou par le poison, corrompit l'autre, et ceux qui échappèrent à la mort ou qui résistèrent à la séduction, n'osoient sortir.

Favonius dénonça ces crimes au sénat, et obtint que, pour s'assurer de la vérité de l'accusation, on manderoit le Philosophe Dion, chef de l'ambassde; mais Dion n'osa paroître, et peu de temps après, Ptolomée le fit assassiner. L'assassin fut dénoncé à la justice; il déclara qu'il avoit eu de bonnes raisons pour assassiner Dion; et les juges corrompus par Ptolomée, ne prononcèrent aucune peine contre lui (1).

Dans cette même époque, les empoisonnemens devinrent communs: deux mille empoisonneurs sont exécutés; et à mesure que le luxe fait du progrès, les mères mêmes empoisonnent leurs enfans pour jouir de leur succession; tous les parricides que la vengeance, l'am-

---

(1) Strab. l. 17, p. 796. Cic. pro Cœlio. Dion Cass. l. 3).

bition ou l'amour ont fait commettre aux Médées, aux Clytemnestres, aux Prognés, la cupidité, allumée par le luxe, les fait commettre à Rome sans honte et sans remords (1).

» Ne croyez pas, dit Juvenal, que
» j'invente ces horreurs. Plût aux Dieux
» qu'elles fussent chimériques ! mais
» Pontia s'écrie : je l'ai fait, je l'avoue;
» moi-même je préparai le poison; on
» me surprit, et j'achevai.

» Détestable vipère, donner la mort
» à deux enfans dans un seul repas ! à
» deux, cruelle ?

» A sept, si j'eusse été la mère de
» sept.

» Croyons tout ce que les tragiques nous
» transmirent des Médées et des Prognés.
» Je n'oppose plus rien : s'il est vrai qu'elles
» commirent des crimes énormes, l'or
» du moins, n'en fut point le mobile :
» les plus grands forfaits de la part du
» sexe, doivent moins nous révolter
» quand ils viennent de la colère : une

---

(1) Tite-Liv. l. 39. c. 4. Juvenal, sat. 6.

» femme en fureur c'est un rocher qui
» tout-à-coup, perdant son point d'ap-
» pui, fond et se précipite du haut de la
» montagne au sommet de laquelle il
» étoit suspendu. Celle qui calcule le
» produit d'un grand crime, et qui l'exé-
» cute de sang-froid, m'inspire bien plus
» d'horreur; elle contemple le devoue-
» ment d'Alceste mourant pour son
» époux. Qu'il s'offre une pareille alter-
» native, elles sacrifieront un mari pour
» un chien.

» Tu rencontreras à chaque pas des
» Danaïdes et des Eriphiles. Demain,
» au lever de l'aurore, chaque quartier
» aura sa Clytemnestre.

» Voici la différence de l'ancienne
» aux modernes : la fille de Tyndare,
» furieuse, éperdue, tenoit des deux
» mains une hache, au lieu que nos
» Clytemnestres terminent sourdement
» l'affaire : ce n'est pas que le poi-
» gnard ne vint à l'aide du poison, si
» leurs prudens Agamemnons s'étoient
» prémunis d'antidote, à l'exemple de

» ce Roi de Pont vaincu dans trois ba-
» tailles (1). »

Sous les empereurs, les délations font périr tous les hommes vertueux et riches; les sénateurs les plus distingués se livrent avec ardeur à ces horribles fonctions, pour obtenir une partie des confiscations, ou les bonnes graces des favoris.

Voilà les effets que la cupidité, allumée par le luxe, avoit produits dans Rome : ils n'étoient pas moins terribles dans les provinces : le sénat est sans cesse occupé à donner audience aux ambassadeurs des peuples alliés ou sujets de Rome, qui se plaignent que les Consuls, les Préteurs et les Publicains exercent sur eux toutes les espèces de vexations et de cruautés pour s'enrichir.

Si vous doutez de la vérité de ces imputations, jetez les yeux sur l'administration de Verrès en Sicile.

---

(1) Juvenal sat. 6. v. 635, etc. trad. de M. Dusaulx.

Il n'y avoit pas en Sicile une seule terre de quelque valeur, qui fût passée d'un possesseur à l'autre, par vente ou par testament, depuis vingt ans, où Verrès n'eût des commissaires pour découvrir quelqu'omission ou quelqu'autre défaut dans les titres, dont il pût prendre droit d'arracher de l'argent à l'acquéreur ou à l'héritier.

Il fit revivre toutes les accusations intentées contre les gens riches, quoiqu'ils se fussent justifiés authentiquement, et pour en arrêter la poursuite, il falloit donner de l'argent; et comme il se ménageoit toujours quelque prétexte pour recommencer la procédure, il ne cessoit de les inquiéter et de les menacer de les poursuivre, que lorsqu'il avoit absorbé leurs fortunes. Si quelqu'un refusoit d'acheter sa sûreté à ce prix, Verrès le faisoit périr comme coupable des crimes dont il étoit accusé, quoiqu'il eût été déclaré innocent.

Il n'y avoit pas une seule magistrature, même de celles qui dépendoient des suffrages du peuple, qu'il ne vendit.

La dîme du bled appartenoit aux Romains, et comme elle ne suffisoit pas pour la subsistance de Rome, on donnoit au Préteur une somme pour acheter ce qu'il falloit ajouter à la dîme pour l'approvisionnement de Rome. Verrès obligea les Siciliens de donner tout le bled qui leur seroit demandé par les collecteurs, qui, pour se faire fournir du bled, s'emparoient des biens des particuliers, et lorsqu'ils faisoient quelque résistance, les mettoient à la torture. Verrès avouoit que ce seul article l'avoit rendu assez riche pour le mettre à couvert de toutes sortes d'accusations.

Il avoit auprès de lui deux peintres Siciliens, sur le rapport et d'après le goût desquels il s'emparoit de tout ce qu'il y avoit de meubles, de vases, de statues, de tableaux, de bijoux précieux; il dépouilla les temples des dons que l'on avoit faits, et mit à la torture tous ceux qui s'opposoient à ces sacrilèges déprédations.

S'il arrivoit en Sicile un vaisseau richement chargé, il étoit aussi-tôt saisi par les espions du préteur, sous prétexte qu'il venoit d'Espagne, et qu'il avoit à bord quelques soldats de Sertorius : les capitaines montroient-ils leurs passe-ports, avec le mémoire de leurs cargaisons? les témoignages mêmes de leur innocence, devenoient la cause de leur ruine; car Verrès, enflammé par la vue d'une si belle proie, déclaroit que toutes ces richesses avoient été acquises par des pirateries, et, s'emparant de toute la cargaison, faisoit mettre l'équipage dans de noirs cachots, où il enfermoit aussi un grand nombre de citoyens qu'il faisoit étrangler. Un d'eux s'étant sauvé, arriva à Messine, et, sur le point de passer en Italie, dit qu'il alloit à Rome, et que Verrès entendroit parler de lui ; aussi-tôt on l'arrêta, et le préteur le fit fouetter et attacher à une croix élevée sur le bord de la mer et tournée vers l'Italie.

Les lieutenans de Verrès prirent un corsaire qui, outre de grandes sommes d'argent, avoit beaucoup d'esclaves de la plus belle figure, entre lesquels étoit une troupe de musiciens, dont Verrès fit présent à un de ses amis de Rome; le reste de ceux qui avoient de la beauté ou qui étoient instruits dans quelques arts, fut distribué entre ses favoris; et ceux qui étoient vieux ou difformes, furent précipités dans un cachot et réservés pour le châtiment. Le chef des pirates fut conduit dans une prison particulière, et Verrès lui procura la facilité de s'évader, au moyen d'une grosse somme qu'il en reçut; il fit ensuite exécuter quelques-uns des plus vieux pirates; et comme ces victimes ne satisfaisoient pas le peuple irrité, Verrès fit conduire au supplice, sous le nom de pirates, des citoyens Romains qu'il tenoit dans les fers.

Les côtes de la Sicile étoient infestées par un grand nombre de pirates. Les préteurs mettoient tous les ans en mer une flotte pour la sûreté de la navigation; les villes maritimes faisoient la dépense de cet armement; elles fournissoient chacune un vaisseau, avec le nombre d'hommes et les provisions nécessaires. Verrès les dispensoit quelquefois de cette contribution pour de grosses sommes; il dispensoit aussi les matelots du service, lorsqu'ils pouvoient lui donner de l'argent. On équipoit néanmoins une flotte de sept vaisseaux, mais uniquement par ostentation; car elle étoit aussi dépourvue de provisions que de matelots.

Le commandement de la flotte n'étoit pas entre les mains du questeur ou d'un lieutenant du préteur, suivant l'usage; Verrès l'avoit donné à Cléomène, Syracusain, mari d'une belle femme amie du préteur.

Au lieu d'employer l'été à visiter sa province, Verrès se retiroit dans une petite île voisine de Syracuse, où il se logeoit sous des tentes et sous de riches pavillons, au bord de la fontaine d'Aréthuse; et là, ne permettant à personne de lui parler d'affaires, il passoit le temps des grandes chaleurs au milieu de ses femmes, et dans tous les plaisirs que le luxe peut inventer.

La flotte avoit ordre en même temps de mettre à la voile; et sortant de Syracuse avec beaucoup de pompe, elle saluoit en passant Verrès et sa compagnie. C'étoit un étrange spectacle, dit Cicéron, que de voir un préteur Romain, qui avoit été long-temps comme enseveli dans les délices, reparoître aux yeux des matelots avec des mules pour chaussure, couvert d'une robe de pourpre qui tomboit jusqu'aux talons, et nonchalamment appuyé sur l'épaule d'une jeune fille, pour passer en revue une escadre formidable, qui, au lieu de purger les mers, bornoit sa course, après plusieurs jours de navigation, au port Pachyrus.

Tandis qu'elle y étoit tranquillement à l'ombre, elle fut surprise par quelques pirates. L'amiral Cléomène coupa ses cables, et gagna la terre; le reste des vaisseaux s'efforça de le suivre, mais les pirates en prirent deux, et mirent le feu aux autres que les capitaines et les matelots avoient abandonnés.

La nouvelle d'une flotte Romaine brûlée par des pirates, consterne les Siciliens; les capitaines, pour se disculper, disent que leurs vaisseaux étant sans hommes et sans munitions, il leur avoit été impossible de faire tête à l'ennemi.

Verrès en est informé, les mande, et les force de témoigner par écrit que les vaisseaux étoient parfaitement équipés, et qu'il ne leur avoit manqué rien de ce qui étoit nécessaire pour se défendre.

Quinze jours après, il les fait arrêter, excepté Cléomène et son lieutenant, et les condamne à mort (1).

Tous ces faits, et une infinité d'autres non moins atroces, furent prouvés et démontrés. Verrès prévint le jugement par un exil volontaire; il sortit de Rome; et sans l'éloquence, le courage et la fermeté de Cicéron, il auroit triomphé des plaintes des Siciliens.

Il s'étoit en effet formé une brigue puissante en sa faveur; et les riches, les nobles, les sénateurs, ne virent qu'avec une peine extrême, que l'on attaquoit et que l'on poursuivoit avec

_____

(1) Cic. in Verr. Midleton, vie de Cic. t. 1. p. 140.

tant de courage et de constance les désordres de Verrès, et qu'un plébéïen eut été son accusateur (1).

Quoique tous les gouverneurs ne fussent pas aussi coupables que Verrès, il n'y en avoit peut-être point qui ne méritât une partie des mêmes reproches ; et Cicéron le répète souvent dans ses plaidoyers, pour faire sentir la nécessité de punir sévèrement Verrès, si l'on veut arrêter un désordre que l'indulgence rendroit irrémédiable (2).

Enfin, pour satisfaire leur luxe, les Romains portèrent la guerre partout où ils espérèrent de trouver des richesses ; ils croient que le besoin qu'ils ont de se procurer des maisons, des habits, des amusemens, leur donne droit d'envahir tous les pays, et d'asservir tous les hommes qui peuvent contribuer à leurs plaisirs ; ils inondent la terre de sang humain, pour se procurer des pierres, des perles, des étoffes agréables, des mets exquis, des spectacles.

---

(1) Cic. in Verr. 5, n. 70.
(2) Ibid.

Ce ne sont point ici des reproches vagues, ou des déclamations de rhéteur; ce sont des faits reconnus par tous les écrivains Romains, et attestés par tous les monumens historiques; il faudroit être absolument étranger dans l'histoire Romaine, pour en douter (1).

CHAPITRE V.

De quelques difficultés qui combattent ce que j'ai dit des effets du Luxe sur le cœur humain.

ARTICLE I.

Des raisons par lesquelles les apologistes du Luxe combattent ce que j'ai dit de la cupidité qu'il allume.

» Les richesses, dit M. Hume, sont
» estimables dans tous les temps et pour
» tous les hommes, parce que c'est par elles
» qu'ils obtiennent les plaisirs qu'ils de-
» sirent, et auxquels ils sont accoutumés.

---

(1) Tite-Liv. l. 23. c. 6. Sallust. frag. l, 9. in bello Jugurt. c. 3. Petron. de bello civili.

» Rien ne peut restreindre l'amour de
» l'argent, qu'un sentiment d'honneur
» qui, s'il n'est pas égal dans tous les
» temps, sera naturellement plus com-
» mun dans les siècles de luxe (1). «

Voilà, en peu de lignes, beaucoup de choses difficiles à concevoir, au moins pour moi.

1°. Tout homme qui estime les richesses parce qu'elles lui procurent les plaisirs auxquels il est accoutumé, vit dans le luxe; si, dans tous les temps, tous les hommes ont estimé les richesses, parce qu'elles leur procurent les plaisirs qu'ils desirent, tous les siècles ont été des siècles de luxe, et tous les hommes ont été des hommes de luxe, ce qui est faux. D'ailleurs, si tous les siècles ont été des siècles de luxe, comment M. Hume prétend-il que le point d'honneur, qui peut seul restreindre l'amour de l'argent, est plus commun dans les siècles de luxe.

2°. M. Hume dit que les richesses

---

(1) Discours sur le luxe.

pécuniaires et l'argent ont été estimés dans tous les temps, et par tous les hommes. Or, j'ai de la peine à concilier cette opinion avec ce que l'histoire nous apprend de plusieurs nations qui prenoient autant de précautions contre l'introduction des richesses chez elles, que les autres se donnent de peine pour s'enrichir; j'ai de la peine à concilier cette assertion avec l'état de la république de Sparte, pendant plus de six cents ans; j'ai de la peine à concilier cette assertion avec ce que M. Hume lui-même dit de la la pauvreté des anciennes républiques dans son discours sur le commerce.

3°. Il n'y a, dit M. Hume, qu'un sentiment d'honneur qui puisse restreindre l'amour des richesses, et ce sentiment est plus commun dans les siècles de luxe.

Mais pourquoi donc ce sentiment est-il plus commun dans les siècles de luxe? Comment le luxe qui allume l'amour des richesses, le luxe qui ne peut se satisfaire que par le moyen des richesses, et qui n'en a jamais assez pour ses besoins, peut-il restreindre l'amour des richesses?

Comment un sentiment d'honneur, qui restreint l'amour des richesses, est-il naturellement plus commun dans les siècles où les hommes font consister leur honneur et leur bonheur dans la multitude, la rareté, le prix des objets du luxe, que les richesses seules peuvent donner?

En un mot, les richesses étant plus nécessaires à l'homme qui vit dans le luxe, qu'à celui qui ne le connoît pas, comment l'amour des richesses peut-il être restreint par le luxe? Comment est-il le seul moyen de restreindre l'amour des richesses?

Le sentiment d'honneur qui restreint l'amour des richesses, consiste à préférer la pauvreté à des richesses que l'on n'acquerroit qu'en se dégradant par des bassesses, par quelque injustice, par le sacrifice de quelque vertu, par la violation de quelque devoir : ce sentiment ne doit-il pas être plus commun et plus puissant dans un siècle où les richesses ne sont pas nécessaires au bonheur de l'homme, que dans un siècle où elles sont nécessaires à son bonheur? Or, les richesses sont nécessaires au bonheur de l'homme de luxe, de l'aveu même de M. Hume. Le sentiment d'honneur qui restreint l'amour des richesses, doit donc être moins commun dans les siècles de luxe, que dans les siècles sans luxe.

Enfin, si le sentiment d'honneur qui restreint l'amour des richesses est plus commun dans les siècles de luxe que dans les siècles sans luxe, pourquoi ce sentiment devient-il plus rare, et disparoît-il absolument à mesure que le luxe devient dominant?

Avant que le luxe soit dominant à Rome, le sénat offre cinquante arpens de terre à Manius Curius qui avoit chassé Pyrrhus de l'Italie; Manius Curius les refuse, et ne veut pas posséder plus de sept arpens, parce qu'il n'est pas bon qu'un citoyen ne soit pas content de ce qui suffit aux autres (1).

---

(1) Val. Max. l. 4, c. 3, ex. 5.

Voilà certainement dans toute sa pureté et dans toute son énergie, le sentiment d'honneur qui peut restreindre l'amour des richesses ; et l'on ne dira pas que ce sentiment fût, dans Manius Curius, l'effet du luxe.

Ce même sentiment anime les Publicola, les Menenius Agrippa, les Cincinnatus, les Attilius Regulus, les Scipions, les Æmilius, les Scaurus ; il animoit toutes les familles illustres : il étoit donc en effet commun à Rome dans ces temps où le luxe n'étoit pas dominant (1).

» Mais, lorsque le luxe domine à Rome,
» l'avarice ajoute toujours à ses terres,
» elle étend ses possessions dans des pro-
» vinces entières, et elle ne leur donne
» le nom de terres que lorsqu'il faut plu-
» sieurs journées pour les parcourir (2).

» Le Romain victorieux tient le monde
» entier sous ses loix, et sa cupidité
» n'est pas satisfaite ; les mers sont cou-

---

(1) Ibid.
(2) Senec. Ep. 90.

« vertes de ses vaisseaux, et il porte la
» guerre par-tout où il espère trouver
» de l'or : une fureur égale règne dans
» le champ de Mars, et le Romain avide
» donne son suffrage à l'espérance du
» brigandage et au bruit de l'argent :
» le peuple est vénal, le sénat est vénal,
» et jusqu'à l'estime, tout s'achète et se
» vend ; les anciens même ont perdu le
» sentiment, le courage et la liberté de
» la vertu : les richesses ont corrompu la
» puissance publique, et la majesté de
» l'empire, avilie par l'or, est méconnue
» ou méprisée (1). «

Considérez Rome sous les empereurs, et voyez si le sentiment d'honneur qui restreint l'amour des richesses, empêche la postérité des Manius Curius, des Cincinnatus, des Scipions, etc. de se plier à toutes les bassesses et de se souiller de toutes les infamies pour obtenir de l'argent.

---

(1) Petron. de bello civili. Appian. l. 2, c. 1, 2, 3. Plutarq. vie de Caton.

Article II.

Examen de ce que disent les apologistes du Luxe pour prouver qu'il rend les guerres moins cruelles.

» Dans les nations où le luxe s'est
» établi, dit-on, les guerres étrangères
» deviennent moins cruelles : sur le
» champ de bataille où l'honneur et l'in-
» térêt endurcissent les hommes contre
» la pitié, aussi bien que contre la peur,
» les combattans, après l'action, se dé-
» pouillent de leur férocité, et rede-
» viennent des hommes.

» La trahison et la cruauté, les plus
» pernicieux, les plus odieux de tous les
» vices, ne règnent jamais tant que dans
» les siècles grossiers; les Grecs et les
» Romains civilisés les attribuoient à
» toutes les nations barbares dont ils
» étoient environnés. Ils auroient donc
» pu présumer avec justice que leurs
» ancêtres, si vantés, n'avoient pas de
» plus grandes vertus, et étoient autant
» inférieurs à leur postérité en honneur

» et en humanité, que dans le goût et
» dans les sciences.

» On peut vanter tant que l'on voudra,
» un ancien Franc ou un Saxon ; je crois
» qu'il n'y a personne qui ne crût sa vie,
» sa fortune, moins sûre entre les mains
» d'un Maure ou d'un Tartare, qu'entre
» celles d'un gentilhomme François ou
» Anglois, le rang le plus poli dans les
» nations les mieux civilisées (1). «

Tout ce que l'on dit ici en faveur du luxe, est contraire à la raison et à l'histoire.

Nous voyons que les peuples sans luxe ne font la guerre que pour conserver leurs possessions; que lorsqu'ils les ont recouvrées, ils ne profitent point de leur supériorité pour envahir celles de leurs ennemis. Ainsi, dans une guerre qui s'éleva entre Argos et Lacédémone sur les limites de leurs possessions, Polydore, ayant défait les Argiens, se refusa constamment aux instances des alliés, qui vouloient qu'on s'emparât d'Argos. » Il

---

(1) Hume, discours sur le luxe.

» m'est glorieux, leur dit-il, d'avoir
» vaincu et défait en bataille nos ennemis;
» mais étant venu combattre seulement
» pour nos confins et pays, convoiter,
» prendre encore et gagner leur ville,
» je ne trouve pas que ce soit chose
» juste ; car je suis venu pour recouvrer
» ce qu'ils occupoient de notre terre,
» et non pas leur ravir et saisir leur
» ville (1). «

Pour ne s'écarter jamais de la modération et des loix de l'humanité, même dans la chaleur du combat, les Lacédémoniens s'accoutumoient à dompter leur colère, afin de conserver dans la mêlée, le calme et la tranquillité d'ame qui ne permet de faire que le mal nécessaire.

Avant le combat, ils offroient des sacrifices, non à Mars, mais aux Muses et à la Clémence. Ce n'étoit point avec des cris effrayans ou au bruit des clairons qu'ils alloient à l'ennemi, mais au son des flûtes, qui formoient une harmonie douce

---

(1) Plutarq. dits not. des Lacéd.

et touchante ; moins la victoire coûtoit d'hommes aux ennemis, plus elle étoit agréable ; on immoloit un coq pour une victoire sanglante, et un bœuf pour une victoire remportée par ruse, par adresse, et sans effusion de sang (1).

La victoire n'inspiroit aux vainqueurs ni orgueil, ni dureté : » ils usoient de » si grande humanité les uns envers les » autres, que leur guerre étoit douce » et gracieuse comme entre parens (2). «

Un homme pris à la guerre, ne s'appeloit ni un prisonnier, ni un captif, mais un hôte de guerre (3).

Les Romains des premiers siècles ne regardoient point comme des ennemis ceux avec lesquels ils étoient en guerre. Leur langue n'avoit point de mot pour exprimer l'idée que nous attachons au mot *ennemi*; on ne désignoit ceux avec lesquels on étoit en guerre, que par le nom d'*étranger*; on les regardoit seulement

---

(1) Plutarq. vie de Lycurgue.
(2) Plutarq. demandes des choses Grecques.
(3) Ibid.

comme des hommes qui n'avoient pas les mêmes mœurs, les mêmes intérêts, les mêmes idées ; le mot *hostis*, qui emporte aujourd'hui l'idée de la haine, dit Cicéron, ne signifioit chez nos ancêtres qu'un étranger (1).

Aussi-tôt que la cause qui avoit fait prendre les armes cessoit, ils étoient amis : on ne vouloit même laisser subsister aucune trace de l'inimitié qui avoit divisé les nations réconciliées ; les Romains conservoient soigneusement les choses consacrées aux Dieux, excepté les dépouilles, que l'on détruisoit, parce que l'on croyoit qu'il étoit odieux et inhumain de conserver des choses capables de rappeler le souvenir de la guerre qui avoit divisé les nations. Les Grecs virent avec indignation ceux qui les premiers consacrèrent par des trophées de bronze ou de pierres, le sou-

---

(1) Cic. de officiis. Plutarq. demandes des choses Romaines.

venir des victoires remportées sur les ennemis (1).

C'étoit chez les Lacédémoniens un crime, que de perpétuer la mémoire de la victoire par des trophées, parce que c'étoit mettre un obstacle à la sincérité de la réconciliation et de l'amitié entre les peuples.

Tous ces usages ont précédé la naissance du luxe, et des arts qu'il enfante : cependant M. Hume, érudit et philosophe qui a étudié la constitution des états anciens, nous assure dogmatiquement que » les Romains et les Grecs » anciens étoient autant inférieurs à leur » postérité en honneur et en humanité, » que dans le goût et dans les scien- » ces. «

Il nous assure que le luxe est le seul moyen de rendre les guerres moins cruelles ; il nous représente les nations chez lesquelles il ne s'est pas établi, comme infectées des plus odieux et des

_____

(1) Plutarq. demandes des choses Grecques. Pauson, l. 7.

plus dangereux de tous les vices, la trahison et la cruauté.

Je ne vois chez les nations sans luxe, et qui ont ce qui leur est nécessaire pour subsister, aucun principe essentiel de trahison et de cruauté, et j'en ai fait voir beaucoup chez les nations livrées au luxe.

Voyez avec quelle barbarie les Perses corrompus par le luxe, traitent les nations vaincues; voyez les ravages, les horreurs qu'ils commettent dans les pays où ils portent la guerre; voyez les barbaries et les perfidies des Carthaginois, dans les guerres qu'ils font en Afrique, en Sicile, en Espagne; voyez comment Athènes fait la guerre depuis l'administration de Périclès, époque de son plus grand luxe. Vous ne trouverez point dans les guerres des nations les plus féroces, les plus barbares et les plus grossières, autant d'actes de cruauté, d'atrocité, de trahison, de perfidie, et d'aussi horribles qu'en offrent la guerre contre les alliés et contre tous les peuples qui peuvent enrichir Athènes.

Les Romains, qui, dans les premiers siècles, regardoient comme un chose inhumaine de conserver les dépouilles de leurs ennemis, ne triomphent-ils pas avec la dernière inhumanité, des rois vaincus et des nations subjuguées depuis la guerre d'Antiochus ? Les Romains ne portent-ils pas la désolation, le malheur et la mort par toute la terre, en violant toutes les loix de la justice et de la bonne foi ? Il faut être sans humanité, pour n'être pas révolté à la vue des barbaries, des horreurs et des perfidies des Romains contre tous les peuples de la terre, depuis que le luxe et l'amour des richesses dominent à Rome, et il faudroit n'avoir jamais lu l'histoire pour en douter.

M. Hume dit qu'il n'y a personne qui ne crût sa vie et sa fortune plus en sûreté entre les mains d'un gentilhomme François ou Anglois, qu'entre celles d'un Tartare ou d'un Maure.

Soit ; mais qu'est-ce que cela conclud en faveur du luxe ? Est-ce parce que le Tartare ou le Maure n'a point de luxe qu'on ne pourroit leur confier sa vie et sa fortune, comme au gentilhomme Anglois ou François ?

Non, sa férocité a une autre cause que l'absence du luxe ; elle a sa source dans l'état politique de ces peuples, qui d'ailleurs ne sont pas sans luxe, comme M. Hume le suppose ; car ces peuples recherchent beaucoup ce qui flatte leurs sens, et par conséquent ils ont du luxe, selon M. Hume ; et ce seroit pour satisfaire ce luxe, que le Maure ou le Tartare priveroient de leur fortune ou de leur vie ceux qui se confieroient à eux, comme le savent tous ceux qui ont quelques connoissances de ces peuples.

Au reste, quelque confiance que méritent les gentilshommes Anglois ou François, je ne croirois pas ma vie et ma fortune plus en sûreté entre leurs mains, qu'entre celles d'Aristide et de Phocion, qui n'avoient point de luxe ; et je l'aurois crue plus en sûreté entre les mains de Socrate, qu'entre les mains d'Alcibiade.

Article III.

Examen d'une difficulté contre les effets que j'ai attribués au Luxe, tirée de l'état actuel des nations de l'Europe, et de leurs mœurs.

Le luxe est dominant chez toutes les nations de l'Europe, et cependant elles sont sociables, humaines et bienfaisantes; il semble même que le progrès du goût et de l'amour pour les arts et pour le luxe, n'a jamais été plus vif ni plus général, et cependant nos mœurs n'ont jamais été plus douces, ni la bienfaisance et l'humanité plus louées, plus estimées, plus encouragées : on a fondé des prix pour les actions vertueuses et pour des ouvrages capables de former les citoyens à la vertu : enfin, tandis que le luxe forme des sociétés pour l'amusement des citoyens et pour l'encouragement des arts, la bienfaisance et l'humanité en forment pour le soulagement des vieillards indigens et des malheureux. Le luxe n'est donc, par sa nature, contraire à aucune des vertus morales ou sociales, et c'est à d'autres causes qu'il faut attribuer l'injustice et l'inhumanité que l'on observe chez les nations où le luxe s'est établi.

Je réponds que je n'ai pas dit que le luxe éteint entièrement l'humanité et la bienfaisance chez les nations où il règne, ni même dans le cœur des hommes qui le regardent comme le principe de leur bonheur ; il peut s'en trouver parmi ces derniers qui conservent encore des principes de vertu, que l'exemple ou d'heureuses circonstances peuvent mettre en action ; la douceur de nos mœurs, les exemples de bienfaisance et d'humanité, les efforts que l'on fait pour allumer l'amour de ces vertus chez les nations où le luxe règne, ne prouvent donc rien contre les principes que j'ai établis par rapport aux effets du luxe sur le cœur humain.

Au contraire, si le luxe étoit aussi favorable qu'on le dit aux progrès de la bienfaisance et de l'humanité, faudroit-il porter les hommes à l'amour et à la pratique de ces vertus, par des prix pécuniaires? et les récompenses qu'on leur propose, ne prouvent-elles pas que ces vertus s'éteignent ou s'affoiblissent prodigieusement? A quel degré d'indifférence pour la vertu une nation ne doit-elle pas être réduite, lorsqu'on emploie l'argent pour en inspirer l'amour?

Les respectables associations formées pour le soulagement des vieillards, ne prouvent-elles pas que le vieillard, accablé d'années et dans l'indigence, est environné d'hommes insensibles à son malheur, et en qui l'humanité est éteinte? Si la bienfaisance et l'humanité étoient aussi générales et aussi actives qu'on le prétend, faudroit-il que des hommes vertueux s'associassent pour aller, en quelque sorte, à la découverte des infortunés accablés sous le poids des années et de la pauvreté? Croiroit-on remplir les devoirs de la bienfaisance et de l'humanité, en envoyant quelques largesses à des persones chargées de les publier et de les distribuer?

Je ne doute pas que ces largesses ne soient fidèlement, utilement et sagement distribuées et appliquées par ceux auxquels on les adresse ; mais ne faut-il pas que ceux qui les leur adressent se soient tellement séparés des malheureux, qu'ils leurs soient inconnus et comme étrangers, et par conséquent que l'humanité soit foible et peu active chez eux ?

D'ailleurs, un homme de luxe peut faire quelques actions de bienfaisance et d'humanité, sans être humain et bienfaisant, comme Crassus, le plus avare des hommes, prêtoit quelquefois de l'argent sans en retirer d'intérêt pécuniaire.

Enfin, est-il bien vrai que le luxe ne produit pas chez les nations modernes et au milieu de nous, tous les effets que je lui attribue sur le cœur humain?

Il n'est aucune des nations chez lesquelles le luxe domine, où l'on ne voie l'extrême indigence à côté de la plus excessive abondance ; des habitations où le riche jouit somptueusement des agrémens et des avantages de toutes les saisons, et des réduits où le pauvre en éprouve toutes les rigueurs ; des tables chargées de toutes les productions du globe, et des pauvres qui sont en proie à la faim dévorante ; des chevaux couverts d'étoffes précieuses, et des hommes nuds ou à demi couverts de haillons ; des campagnes couvertes de gibier et de bêtes fauves qui dévastent les moissons, et une multitude d'hommes livrés à toutes les horreurs de la misère.

Cette pauvreté, cette misère ne sont ignorées d'aucun de ceux qui jouissent de ces somptuosités et de ce faste : ils préfèrent donc les sensations agréables qu'elles leur procurent, au soulagement des malheureux ? le besoin d'éprouver des sensations agréables a donc détruit en eux le sentiment de l'humanité secourable.

Quelle espèce ou quel degré d'humanité voulez-vous que je suppose dans le cœur du chasseur qui nourrit cent chiens et cent chevaux, tandis qu'il a sous les yeux cent malheureux épuisés par l'excès du travail, exténués par la faim, traînant une vie languissante, et enviant le sort des chiens et des chevaux ?

Dans toutes les nations de l'Europe où le luxe règne, » on voit certains ani- » maux farouches, des mâles et des fe- » melles, répandus par la campagne, » noirs, livides et tout brûlés du soleil; » attachés à la terre, qu'ils fouillent » et remuent avec une opiniâtreté in- » vincible; ils ont comme une voix ar- » ticulée, et quand il se lèvent sur leurs » pieds, ils montrent une face humaine; » et en effet, ils sont des hommes; ils » se retirent la nuit dans des tanières, » où ils vivent de pain noir, d'eau et de » racines; ils épargnent aux autres hom- » mes la peine de labourer, de semer, » de recueillir pour vivre, et méritent » ainsi de ne pas manquer de pain (1). «

Si Cook nous disoit qu'il a vu aux terres australes des hommes réduits à cet état, pour fournir à un petit nombre d'hommes, non la subsistance, mais des plumes, des fleurs, des coquilles, pourrions-nous ne pas éprouver un sentiment d'horreur pour ce petit nombre

---

(1) Les caractères ou les mœurs de ce siècle, c. 11.

d'hommes, hésiterions-nous à les regarder comme barbares et inhumains ?

Mais, disent les apologistes du luxe, les souverains, les grands, les riches, qui emploient leurs richesses en objets de luxe, ne font qu'user de leurs droits ; est-on injuste, inhumain, barbare, lorsque l'on ne fait qu'user de ses droits ?

Oui, car alors on ne ressent pas assez les maux des autres pour les soulager ; or l'humanité consiste dans une disposition naturelle qui nous fait ressentir les maux des autres hommes, et qui ne nous permet d'être tranquilles que lorsque nous les avons soulagés. Le grand, le riche, qui emploie en faste, en magnificence, en fêtes, sa fortune, tandis qu'il a sous les yeux des hommes qui gémissent sous le poids de la misère, est donc sans humanité.

Ce sentiment douloureux, que, par les loix de la nature, doit exciter dans l'homme la vue, le spectacle de la douleur et de la souffrance d'un autre homme, et qui nous oblige de le soulager, ne constitue-t-il pas l'essence de l'humanité ?

N'est-il pas un droit que la nature donne au malheureux sur le superflu de tout autre homme, et un ordre qu'elle intime au possesseur de ce superflu, de soulager le malheureux ? Le riche qui, au lieu de secourir le malheureux, se complaît dans le faste et dans la magnificence, est donc inhumain et injuste.

J'ajoute qu'il est cruel et féroce, s'il réduit le malheureux à cet état pour se procurer son faste, sa magnificence et ses fêtes ; car la férocité consiste à satisfaire ses fantaisies et ses goûts, sans égard pour le bonheur ou pour le malheur des autres ; et la cruauté est une disposition du cœur qui porte l'homme à faire du mal à ceux qu'il doit aimer, et qui ne leur fait du mal que pour se procurer des plaisirs que la nature n'a pas rendus nécessaires à son bonheur.

Mais enfin, disent les apologistes du luxe, vous vous exagérez les malheurs des pauvres : » ils ne se croient pas » destinés au bonheur des riches ; ils » les regardent comme des êtres d'une » espèce différente, et leur magnificence
» comme

» comme un attribut de leur grandeur.
» Comme les rayons d'un grand jour,
» la pompe éblouit les yeux du pauvre
» et le distrait de l'envie (1). «

Ne semble-t-il pas entendre dans la fable des animaux malades de la peste, le renard calmant les scrupules du lion ?

Le panégyriste du luxe craint que le riche ne s'attendrisse sur le sort du pauvre et ne retranche de son luxe et de son faste pour le soulager; il l'endurcit contre le spectacle de la misère, en lui faisant envisager l'indigence, la misère et l'humiliation du pauvre, comme son état naturel, comme un état auquel lui-même se croit destiné par la nature; le riche, par sa magnificence, acquiert des droits sur l'attachement et sur la reconnoissance du pauvre et de l'indigent, » parce que, » comme les rayons d'un beau jour, sa » magnificence éblouit les yeux du pau- » vre, et le distrait de l'envie.

Le pauvre n'est-il pas l'obligé de

---

(1) Eloge de Colbert, p. 44.

Tome I.

l'homme de luxe, et celui-ci n'est-il pas à l'égard du pauvre et de l'indigent, un bienfaiteur généreux, puisqu'il veut bien supporter l'embarras de la magnificence pour garantir le pauvre du sentiment pénible de l'envie ?

>....Manger moutons, canaille, sotte espèce,
> Est-ce péché ? Non, non ; vous leur fîtes, seigneur,
> En les croquant, beaucoup d'honneur.

Si le luxe ne rendoit pas l'homme cruel et inhumain, n'auroit-il pas horreur d'un faste et d'une magnificence qui avilit et qui dégrade le pauvre au point de lui faire oublier son état naturel, et qui le force de descendre à ses propres yeux dans la classe des brutes ?

Si de ces observations générales sur l'inhumanité des nations modernes de l'Europe chez lesquelles le luxe est dominant, je descendois dans le détail de l'administration politique chez ces nations, n'y trouverois-je pas les vices des Romains et des Grecs dans l'administration des provinces qui leur étoient soumises ? Si j'examinois leur histoire, y en auroit-il une seule où je ne trouvasse les injustices et les barbaries que la cupidité, allumée par le luxe, a fait commettre aux Perses, aux Grecs, aux Carthaginois, aux Romains ?

SECTION III.
Des effets du Luxe sur l'esprit humain.

LE principe qui pense dans l'homme, ne ressent pas seulement les impressions des objets sur les organes du corps auquel il est uni ; il peut déterminer vers eux son attention, ou l'en détourner, la fixer ou la suspendre ; il peut comparer entre eux les objets de ses connoissances, découvrir leurs rapports, en conserver le souvenir et se les rappeler.

Ce sont ces facultés qui l'élèvent au-dessus de tous les êtres purement sensibles ; il doit à ces facultés ses progrès dans l'étude de la nature, les arts, les sciences, la morale et la politique.

C'est par le moyen de ces facultés, qu'il a découvert et fait connoître les vérités importantes au bonheur des hommes et des sociétés ; qu'il a sçu inspirer l'amour de la vertu, et communiquer tous les sentimens dont il étoit animé; elles sont le principe productif de tous les différens genres de littérature et de leur perfection.

Ainsi, pour juger de l'utilité ou des dangers du luxe, il est nécessaire de bien connoître l'action ou les effets de ce système de bonheur sur l'esprit humain, par rapport à ses facultés intellectuelles, aux sciences, aux arts et aux lettres.

J'ai tâché de les découvrir dans la nature même du luxe, et dans celle de l'esprit humain, et j'ai trouvé que le luxe étoit funeste à tous ces égards.

J'ai consulté l'histoire, et j'ai trouvé tous mes principes sur les effets que j'attribue au luxe, justifiés par l'expérience.

CHAPITRE I.

Le Luxe tend à étouffer tous les dons naturels de l'esprit.

On comprend, sous le nom de dons

naturels de l'esprit, la faculté qu'il a de connoître, de fixer son attention sur les objets qu'il connoit; de les comparer, d'en appercevoir les rapports, de tirer des conséquences des jugemens qu'il porte, ou des observations qu'il fait; de former des idées générales ou des principes.

Ces facultés si précieuses seroient inutiles, et resteroient ensevelies dans l'homme, s'il ne les cultivoit pas, comme la faculté de marcher se perdroit dans celui qui resteroit assis ou couché toute sa vie, qui marcheroit à quatre pieds, comme le Sauvage trouvé au milieu d'une troupe d'ours, ou qui, comme les Faquirs et les Pandets, resteroit couché ou assis toute sa vie.

En effet, la capacité d'attention n'est rien autre chose que le pouvoir de tenir présentes à l'esprit les idées, les images des objets qu'il veut examiner et connoître; or, par une suite des lois de l'union de l'ame et du corps, ces idées, ces images, ne sont présentes à l'esprit que par les traces qu'elles forment dans le cerveau, et que les esprits animaux remplissent.

Ainsi, pour que l'ame soit capable d'attention, il faut qu'elle ait la facilité de diriger et de fixer les esprits animaux dans ces traces, comme il est nécessaire qu'elle les dirige vers les muscles de son bras pour les mettre en mouvement, et qu'elle les y fixe pour qu'il conserve la situation que le mouvement lui a donnée.

La faculté de fixer son attention doit donc se perdre dans l'homme, comme la faculté de mouvoir les différentes parties de son corps, lorsqu'il ne l'exerce pas; or tel est l'effet du luxe.

Pour nous en convaincre, examinons ce qui se passe dans l'ame de l'homme livré au luxe : il ne cherche le bonheur que dans les sensations agréables et dans l'exemption de toute sensation désagréable ; or, les sensations agréables ou désagréables sont des sentimens de plaisir ou de douleur, produits par l'action des corps étrangers sur les organes; ce n'est ni la réflexion, ni le raisonnement qui font connoître les objets propres à produire ces sentimens ou ces sensations, c'est l'action même des objets : ce discernement est une opération purement machinale, et l'ouvrage de l'instinct ; elle est indépendante de la raison.

Sans cesse occupée de sensations agréables, l'ame n'agit donc jamais ; elle ne fait point d'efforts pour graver profondément l'idée ou l'image d'un objet dans son cerveau, pour fixer son attention sur cet objet ou sur son idée, pour la comparer avec celle des autres objets, pour découvrir leurs rapports ou pour les lier ensemble.

Ces différentes opérations ne causent d'ailleurs, dans les organes, aucune sensation agréable, et l'homme de luxe se refuse à tout ce qui ne produit pas ces sensations agréables ; il n'exerce donc aucune des facultés de l'ame.

Le luxe ôte donc à l'ame l'empire que la nature lui avoit donné sur son cerveau ; il la dépouille de la faculté de réfléchir, de comparer les idées, de découvrir les rapports des objets, il la réduit à l'état d'un être purement sensitif; elle reçoit les images de tous les objets, comme le miroir dans lequel ils se peignent.

Dans les personnes qui cultivent leur esprit, les facultés intellectuelles ne sont pas toujours également exercées, et elles se développent diversement selon les différens degrés d'application que l'on y donne. Ceux qui emploient tous les efforts de leur esprit à voir ou à apprendre des faits, et à conserver le souvenir de ce qu'ils ont appris ou vu, mais qui négligent de comparer les objets de leurs connoissances, de former des résultats de leurs observations, et d'en tirer des conséquences, ont beaucoup de mémoire, et peu ou point de sagacité; ceux qui exercent beaucoup la faculté de comparer les objets, mais qui exercent peu la faculté d'apprendre et de se ressouvenir, ont de la sagacité, et peu de mémoire; et enfin ceux qui exercent beaucoup la faculté de comparer les objets, de les observer et d'en découvrir les rapports, mais qui négligent de former des résultats de leurs observations, et d'en conserver le souvenir; ceux-là, dis-je, ont de la sagacité, mais ils n'ont point d'étendue d'esprit : ensorte que l'homme qui n'exerceroit aucune de ces facultés, seroit en effet sans mémoire, sans sagacité, sans étendue d'esprit.

Il est certain que l'on n'exerce aucune de ces facultés, lorsque l'on éprouve une sensation agréable, lorsqu'on est couché mollement, lorsque l'on mange un mets délicieux, lorsque l'on goûte une liqueur agréable, ni même lorsque l'on porte une riche parure. Ainsi l'homme de luxe qui passe sa vie dans ces différens états, n'acquiert et ne peut acquérir ni intelligence, ni mémoire, ni sagacité, ni étendue d'esprit: le luxe étouffe donc toutes ces facultés.

L'ame, heureuse par des sensations, est dans un état passif; elle s'abandonne à la cause qui produit les sensations agréables, et tombe dans une espèce d'extase ou de quiétisme dont les degrés varient selon la vivacité des sensations, mais pendant lesquelles elle n'exerce jamais son activité, ou si elle agit, ce n'est que pour écarter tout ce qui pourroit altérer ou troubler cet état de quiétude nécessaire pour jouir dans toute sa plénitude, d'une sensation agréable. C'est ainsi que dans un repas où la conversation étoit devenue vive, animée, et un peu bruyante, un gourmand, qui jusqu'alors avoit été dans le plus profond silence et renfermé au-dedans de lui-même, s'écria : *Paix donc ! on ne sait ce que l'on mange.*

L'habitude d'être heureux par des sensations agréables, fait donc contracter à l'esprit l'habitude de l'inaction, et lui ôte son activité, comme l'habitude du repos ôte au corps la facilité de se mouvoir, comme l'habitude d'une certaine attitude ôte la facilité d'en prendre une autre.

Sénèque parle d'une espèce de voluptueux pour qui la réflexion étoit une fatigue si insupportable, qu'ils ne savoient ni quand ils avoient faim, ni quand ils vouloient sortir : il falloit qu'un esclave ou un complaisant les en avertit. On disoit même qu'un de ces voluptueux, au sortir du bain, renfermé dans sa chaise et porté par ses esclaves, leur demanda s'il étoit assis (1).

Tous les mots employés pour exprimer les opérations de l'esprit, renferment l'idée de l'action de l'ame, comme les expressions qui désignent les exercices du corps : il faut du relâche et de la récréation après l'application et les exercices de l'esprit, comme on a besoin du repos après les travaux du corps.

Le luxe, qui plonge l'esprit dans la paresse, dans la nonchalance, dans l'inaction, lui laisse-t-il l'activité nécessaire pour ses opérations, et pour exercer les facultés intellectuelles ?

L'attention, par exemple, qui découvre les vérités, qui écarte les nuages dont elles sont enveloppées, qui en saisit les rapports, qui en voit la chaîne, est une action, un effort de l'esprit qui s'applique fortement et constamment à

---

(1) Senec. de brevit vitæ, c. 12.

une seule idée, et qui l'étend ensuite à un grand nombre : l'homme de luxe, dont l'âme est toujours restée dans l'inaction, est-il capable de cette action ? peut-il acquérir subitement l'activité nécessaire pour ces opérations ?

Il faut fixer son attention sur un objet pour le bien connoître ; il faut résister à l'action de tous les objets qui agissent continuellement sur les sens et sur l'imagination, pour partager l'attention de l'esprit.

Pour découvrir le rapport de cet objet avec plusieurs autres, il faut, après avoir concentré, pour ainsi dire, l'action ou l'activité de l'esprit dans cet objet, l'agrandir et lui en faire saisir plusieurs d'une seule vue : l'homme de luxe est-il capable de cet effort, lui qui a contracté l'habitude d'être heureux par l'inaction; qui s'abandonne aux impressions des objets, qui est attiré ou repoussé par eux, et qui n'a d'autre principe d'activité que leur impression sur ses organes ?

Quel motif soutiendra l'homme de luxe dans le pénible exercice de la recherche de la vérité ?

Le philosophe, l'homme de lettres, le citoyen vertueux est encouragé par le plaisir que lui procure la découverte, la vue seule de la vérité, ou par l'espérance d'éclairer utilement les autres ; mais l'homme de luxe est insensible à ce plaisir ; il ne connoît de bonheur que celui que procurent les sensations agréables.

Ainsi le luxe, dans quelque degré qu'il soit, tend essentiellement à dépouiller l'ame de son activité, de tous les dons naturels de l'esprit. Toutes les facultés intellectuelles de l'ame sont plus ou moins éteintes dans l'homme de luxe, selon que les sensations agréables contribuent plus ou moins à son bonheur, de sorte qu'elles seroient étouffées ou absolument éteintes dans l'homme qui éprouveroit continuellement des sensations agréables.

Ce que je dis des effets du luxe, par rapport aux facultés de l'esprit, est confirmé par l'expérience de tous les peuples chez lesquels il s'établit.

A peine le Sauvage s'est-il pourvu des

choses nécessaires à sa subsistance momentanée, qu'il se livre au repos, et couché dans sa cabane, ou suspendu dans son hamac, il mange les alimens que sa femme lui a préparés; après son repas, il fait un vin et jase avec ses camarades, sans que son esprit soit sorti de ce cercle d'idées et d'occupations; il est encore renfermé dans les bornes de l'instinct, à très-peu de choses près.

Sous le climat brûlant de l'Afrique, le Nègre regarde le travail et toute application de l'esprit comme un malheur; il méprise l'Européen qui traverse les mers pour s'enrichir; il ne sort de l'inaction que pour la danse ou pour la débauche. Dans cette contrée l'ignorance est aussi profonde que la pauvreté est extrême.

Dans les contrées fortunées de l'Inde, l'homme riche passe la plus grande partie du jour dans le repos et dans l'inaction du corps et de l'esprit; il ne se dérobe à l'apathie et à l'ennui, qu'en mâchant du bétel, en prenant de l'opium ou en se livrant à la débauche: le repos de l'esprit et du corps paroît aux hommes de cette contrée, le caractère et l'essence de la félicité.

Les nations policées chez lesquelles le luxe s'est établi, tendent à la mollesse, à l'inaction, à l'inapplication de l'esprit.

» La vie des Perses, dit Xénophon,
» est beaucoup plus voluptueuse et plus
» molle qu'elle n'étoit du tems de Cyrus:
» quoiqu'ils eussent déjà adopté l'habit et
» la parure des Mèdes, leurs mœurs se
» sentoient encore de l'éducation qu'ils
» avoient reçue en Perse ; ils laissent
» aujourd'hui éteindre en eux les vertus
» qu'ils tenoient de leur patrie, et con-
» servent la mollesse des Mèdes.

» Ils ne se contentent pas d'être couchés
» mollement, il faut que les pieds de
» leurs lits soient posés sur des tapis qui,
» en obéissant au poids, empêchent qu'on
» ne sente la résistance du plancher.

» Une ancienne loi des Perses défen-
» doit de paroître jamais à pied dans les
» chemins, et le but de ce règlement
» étoit de faire de bons cavaliers; ils
» l'observent encore, mais ils ont plus
» de tapis sur leurs chevaux que sur leurs

» lits, et sont bien moins curieux d'être
» bien à cheval, que d'être assis molle-
» ment (1). «

Lorsque le luxe se fut établi à Rome, on vit la mollesse en bannir les exercices du champ de Mars, et les remplacer par des promenades dans les rues, soit en litière, soit en chaise, dans lesquelles les hommes étoient assis ou couchés sur le duvet et sur des coussins de roses de Malte (2).

» S'ils vont voir une maison de cam-
» pagne un peu éloignée, ou s'ils assis-
» tent à une chasse que d'autres font pour
» eux, ou que du lac Averne ils se soient
» transportés dans des gondoles peintes
» jusqu'à Putéole ou jusqu'à Cajeta,
» sur-tout dans un temps chaud, ils
» croient avoir égalé les voyages d'Ale-
» xandre-le-Grand, ou de César. Qu'une
» mouche se pose sur les franges de soie
» de leurs éventails dorés ; qu'un rayon

---

(1) Xénophon Cyrop. l. 8. trad. de Dacier, t. 2. p. 377.

(2) Cic. in Verrem. Senec. de brevit vitæ. c. 12. ad Marciam. c. 16. Juvenal. sat. 8.

» de soleil passe par quelque trou de
» leurs parasols, vous les entendez se
» plaindre de n'être pas nés chez les Cim-
» mériens (1). «

On apperçoit cette inaction de l'esprit, cette paresse de l'ame, cette incapacité d'application dans les hommes de luxe, lors même qu'ils paroissent agissans et occupés. » On les voit parcourir les mai-
» sons, les théâtres, les places publiques;
» ils se présentent, pour ainsi dire, à
» toutes les affaires des autres, et sem-
» blent toujours en poursuivre quel-
» qu'une.

» Si vous voyez un de ces hommes,
» et que vous lui demandiez où allez-
» vous? il vous répondra, ma foi, je
» n'en sais rien; mais je verrai, je trou-
» verai peut-être quelque chose à faire.

» Tous leurs mouvemens sont sans
» suite, comme sans but, semblables
» aux fourmis qui courent sur les arbustes,
» montant de toute leur vitesse au som-
» met, et redescendant de même jusqu'au

---

(1) Ammian. Marcel. l. 18, c. 4.

» pied, sans rien rapporter. La vie de
» ces hommes n'est-elle pas en effet une
» laborieuse inertie (1)? «

Il en faut dire autant de l'agitation
que communique l'inconstance inséparable du luxe : » Toujours ennemis du
» présent, dit Sénèque, l'inconstance
» essaye tantôt la terre, et tantôt les eaux :
» les voyages se succèdent, les spectacles sont remplacés par d'autres spectacles, et dans toute cette agitation,
» l'ame n'agit que pour se fuir elle-
» même (2). «

Lors même que l'homme de luxe recherche les plaisirs de l'esprit, il ne veut
pas qu'ils l'arrachent à l'indolence, ni
qu'ils l'obligent au moindre effort d'esprit.
C'est ainsi que, dans le Chevalier Joueur
de Dufreni, Valère dit à son interlocuteur : » Tu ris seulement quand tu
» entends le parterre rire, sans te soucier
» si les plaisanteries sortent du sujet ou
» non : pour les endroits fins et délicats

---

(1) Senec. de tranquil. c. 12.
(2) Ibid.

» qui font plaisir sans faire rire, tu n'y
» fais pas attention.

» Que me fait à moi le sujet, répond
» l'interlocuteur? je ne veux écouter que
» les endroits qui font rire. Pourquoi de
» l'attention ? je soutiens moi qu'une
» pièce ne vaut rien, lorsqu'il faut de
» l'attention pour la trouver bonne (1). «

Voilà les qualités que l'homme de luxe exige dans les spectacles et dans les ouvrages d'esprit; il faut qu'ils ne demandent ni attention ni réflexion.

Mais n'y a-t-il donc pas des hommes de luxe qui sont capables d'attention, qui ont de la sagacité, et dont l'esprit est étendu?

Les partisans du luxe ne nieront pas que ces exemples sont rares, et s'ils veulent bien les examiner, ils verront qu'ils ne prouvent rien en faveur de leur sentiment; ils verront que ces hommes d'esprit et de sagacité, ou même de génie, n'ont pas été élevés dans le sein du luxe, qu'ils ont acquis leurs talens,

---

(1) Dufreni, prologue du Joueur.

leurs lumières, leur capacité, avant que d'avoir contracté l'habitude et la passion du luxe.

Et qu'on ne dise pas que l'homme de luxe ayant un besoin continuel d'éprouver des sensations agréables et nouvelles, ce besoin donne de l'activité à l'esprit, et développe l'industrie et les talens.

L'homme de luxe éprouve sans doute ce besoin ; mais il ne lui donne de l'activité que lorsqu'il ne peut se procurer les sensations qu'il desire, sans agir et sans exercer son esprit ; il ne développe donc point l'industrie dans celui que sa fortune met en état de se procurer ces sensations sans agir ; il échange sa fortune ou son argent contre les objets qui produisent les sensations qu'il desire : or, cet échange ne demande ni sagacité, ni capacité d'attention. Le luxe ne développe donc l'industrie que dans celui qui veut s'enrichir en procurant des sensations agréables à l'homme riche, au bonheur duquel elles sont devenues nécessaires ; mais alors le luxe ne porte l'activité de l'esprit que vers des connoissances frivoles ou même dangereuses.

CHAPITRE II.

Lorsque le Luxe ne détruit pas l'activité de l'esprit, il l'empêche de se porter vers des connoissances utiles ou importantes, et la dirige vers des connoissances et vers des talens frivoles.

Dans une société politique qui a les arts nécessaires et qui cultive son esprit, le souverain, les grands, les riches, livrés au luxe, cherchent leur bonheur dans les sensations agréables, et ils emploient leur puissance, leur autorité, leur crédit, leurs richesses pour s'en procurer.

Les sensations agréables sont produites par les impressions des corps étrangers sur les fibres des organes, par les ébranlemens que l'on y excite : ainsi, lorsque le luxe s'est établi chez une nation, et qu'il n'y éteint pas l'activité de l'esprit, il la tourne vers la recherche des moyens de produire dans les organes des impressions, d'où naissent des sensations agréables; on voit alors une foule d'artisans, d'artistes et d'amateurs qui recherchent ces moyens avec ardeur.

Quelles vérités s'offrent à ceux qui parcourent cette carrière?

Chacun d'eux étudie l'organe dans lequel il veut exciter des sensations agréables, et les mouvemens qui les produisent : les uns découvrent que d'un certain mélange de viandes, de légumes, d'assaisonnemens, il résultera un mets délicieux; les autres, qu'en donnant aux habits une certaine forme, ils plaisent davantage; ceux-ci inventent une manière nouvelle de filer, de tordre et de tisser la soie, la laine, le coton, le lin, etc.; ceux-là apprennent à mélanger les couleurs et les ombres, et à représenter sur le papier, sur la toile, sur la soie, les fleurs, les paysages, les animaux, les hommes, leurs actions, leurs passions, leurs caractères; à fondre les métaux, à leur donner toutes les formes possibles, à façonner la pierre, le marbre, le bois, et à représenter avec ces matières inanimées, les affections de leur cœur, ainsi que les attitudes de leur corps. Ici on découvre que certains gestes, certaines attitudes, certains mouvemens, offrent un spectacle agréable ; là, on trouve le moyen de flatter l'oreille par différentes espèces de sons.

Les plus habiles se font des méthodes sûres pour produire dans ces différens genres, les sensations les plus agréables ; ils acquièrent des principes, et c'est alors que naissent et se perfectionnent les arts de luxe.

Par l'idée seule du résultat des arts de luxe, on voit que, lorsqu'il n'éteint pas l'activité de l'esprit, il le porte vers des talens et vers des connoissances inutiles et frivoles.

Celui qui recherche et qui découvre les moyens de produire ces différentes espèces de sensations, acquiert-il la connoissance des devoirs de père, de parent, d'ami, de citoyen, ou la facilité de les remplir? sait-on mieux ses devoirs, les remplit-on plus fidèlement et plus facilement, parce que l'on a découvert le moyen de donner à un aliment une saveur agréable et nouvelle, aux habits une forme plus élégante ? Il en est ainsi de toutes les connoissances relatives aux arts de luxe ; et par conséquent l'activité que le luxe donne à l'esprit de ceux qui les cultivent et qui les exercent, ne conduit à aucune des connoissances qui éclairent sur les devoirs de père, de fils, de parent, d'ami, de citoyen et d'homme. La connoissance et la pratique de ces arts, à quelque degré qu'elles soient portées, ne tendent donc point à rendre l'homme juste, humain, bienfaisant, bon père, bon fils, bon citoyen.

Un homme peut donc avoir toutes les connoissances nécessaires pour se procurer une subsistance saine, commode et abondante, et être doué de toutes les qualités et de toutes les vertus nécessaires pour se rendre estimable et heureux, quoique cependant il n'ait aucune des connoissances auxquelles conduit l'étude, la pratique et la culture des arts de luxe : les connoissances que procurent les arts de luxe, sont donc vaines inutiles et frivoles.

Les

Les souverains, les grands, les riches, qui jouissent des productions des arts de luxe, n'acquièrent par cette jouissance, ni la connoissance de leurs devoirs, ni la facilité de les remplir : le souverain, le grand, l'administrateur de la chose publique, le riche n'est ni plus éclairé sur ses devoirs, ni plus disposé à les remplir, parce qu'il est habillé d'une étoffe riche et rare, parce que sa table est chargée d'une vaisselle d'un grand prix et de mets recherchés, parce que son palais éprouve des saveurs agréables pendant plusieurs heures, parce que sa tête, ses habits, ses doigts, sont chargés de diamans bien taillés et bien montés.

Ainsi, lorsque le luxe ne détruit pas l'activité de l'esprit, il ne la porte que vers des connoissances inutiles, frivoles et puériles, si j'ose le dire, puisqu'elles ne tendent qu'à procurer aux hommes les plaisirs par lesquels on amuse les enfans, et par lesquels seuls on pourroit amuser et rendre heureux de grands enfans, ou des êtres uniquement susceptibles de sensations, et incapables de raisonner, de connoître, et de goûter les charmes des vertus sociales.

C'est des productions des différens arts d'agrément, que dépend principalement le bonheur des souverains, des grands, des riches, dans les nations où le luxe règne ; ils récompensent par des louanges, par des honneurs, par des richesses, les talens et les découvertes des artistes ; ils admettent dans leur familiarité ceux qui se distinguent, et les comblent de faveurs et de graces.

Ainsi, depuis le souverain jusqu'au moindre des citoyens, tous doivent tendre vers la connoissance des arts de luxe : c'est vers cet objet que l'on tourne leurs premiers desirs, et c'est pour les artistes et pour les amateurs célèbres que leur ame éprouve les premiers sentimens d'estime et de respect, que dans l'ordre de la nature ils devoient à la vertu.

En suivant l'ordre de la nature, ils devoient apprendre, dans la société, le prix, les avantages, le bonheur attaché à la pratique de la justice, de l'humanité, de leurs devoirs; mais, dans une nation où le luxe règne, on n'entretient les princes, les grands, les riches, que de la considération dont jouissent les amateurs célèbres, que de la gloire qu'ont acquise les ministres et les souverains, par la protection qu'ils ont accordée aux arts, par les établissemens qu'ils ont formés pour leurs progrès et pour leur perfection. On ne parle aux citoyens qui peuvent exercer ces arts, que des richesses acquises par les grands artistes; ils aspirent à leurs talens, comme au seul moyen de s'élever au-dessus de leur condition, et de s'enrichir; ils ont le plus souverain mépris pour quiconque aspire à d'autres talens et à d'autres connoissances.

Au milieu de cet effort général et de cette émulation universelle des esprits pour les arts de luxe; au milieu du mépris des souverains, des grands, des riches, pour toutes les espèces de connoissances qui n'ont pas rapport aux arts et aux objets de luxe, combien y aura-t-il de citoyens qui s'occuperont de la morale, de la politique, du droit naturel?

Ce sont pourtant les connoissances qu'il est le plus nécessaire de cultiver et de procurer aux citoyens et à tous les hommes, lorsqu'ils ont celle des arts nécessaires pour leur subsistance, parce que ce n'est que par le moyen de ces connoissances, qu'ils voient que le bonheur de l'homme qui a tout ce qui est nécessaire pour subsister sainement et commodément, réside dans la pratique des vertus sociales. Voilà de toutes les connoissances, la plus importante et la plus nécessaire à l'homme dans l'ordre de la nature, parce que cette connoissance le conduit à la paix, à l'union avec ses semblables, et le fixe dans cet état, sous quelque climat et dans quelque condition qu'il soit.

Le luxe a toujours produit les effets que je lui attribue ; par-tout où il a régné, l'on a préféré ceux qui se distinguoient par des talens agréables, aux hommes les plus éclairés et les plus sages. L'oracle d'Apollon mit au rang des Dieux l'athlète Cléonides, et lui fit rendre des honneurs divins ; ordonna-t-il jamais rien de pareil pour Pythagore et pour Socrate (1)?

Antoine accorda les tributs de quatre villes et une garde au joueur de luth Anaxenor, et la ville de Thyane voulut qu'il portât la robe de pourpre dont on décoroit la statue de Jupiter conservateur des villes. C'étoit ainsi qu'il étoit représenté dans la place publique et sur le théâtre, avec cette inscription : » Est-il un bonheur égal à celui d'en-
» tendre un chanteur tel que celui-ci,
» qui, par sa voix, a mérité les honneurs
» qu'on rend aux Dieux (2)? «

Sous Auguste, les pantomimes, les histrions furent comblés de graces, de richesses et d'honneurs : on érigea des statues à Bathylle et à Pylade ; une émulation à laquelle les anciens donnent le nom de fureur, porta tous les esprits vers ces objets : le chevalier, le sénateur, l'homme le plus distingué, attendoient l'histrion dans son vestibule, comme le client attendoit son patron, et formoient

---

(1) Origen. contr. Cels. l. 3.
(2) Strab. l. 14. p. 643.

le cortège de l'histrion lorsqu'il sortoit (1).

« Chez nous, » le comédien, couché » dans son carrosse, jette de la boue au » visage de Corneille, qui marche à » pied.

» B.... s'enrichit à montrer dans un » cercle des marionnettes; BB.... à vendre » de l'eau de la rivière. Un autre charlatan » arrive de delà les monts, avec une » malle; il n'est pas déchargé, que les » pensions courent, et il est près de » retourner d'où il est arrivé, avec des » mulets et des fourgons. Mercure est » Mercure, et rien davantage, et l'or » peut payer ses méditations et ses in- » trigues: on y ajoute les faveurs et les » distinctions; et sans parler que des » gains licites, on paye au tuilier sa » tuile, et à l'ouvrier son temps et » son ouvrage. Paye-t-on à un auteur » ce qu'il pense et ce qu'il écrit? Et s'il

---

(1) Tacite, annal. l. 1. c. 54 et 77. Plin. l. 29. Senec. ep. 47. Salmasius in Vopisc. Ammian. Marcell. l. 14. c. 6.

» pense très-bien, le paye-t-on large-
» ment? se meuble-t-il? s'annoblit-il à
» force de penser et d'écrire juste?

» Il faut que les hommes soient ha-
» billés, qu'ils soient rasés; il faut que,
» retirés dans leurs maisons, ils aient
» une porte qui ferme bien : est-il né-
» cessaire qu'ils soient instruits (1)?

» Si vous dites aux hommes, et sur-
» tout aux grands, qu'un tel a de la
» vertu, ils vous disent, qu'il la garde;
» qu'il a bien de l'esprit, de celui sur-
» tout qui plaît et qui amuse, ils vous
» répondront, tant mieux pour lui; qu'il a
» l'esprit fort cultivé, qu'il sait beaucoup,
» ils vous demandent quelle heure il
» est, ou quel temps il fait. Mais si vous
» leur apprenez qu'il y a un Tigellin
» qui souffle ou qui jette en sable un verre
» d'eau-de-vie, et, chose merveilleuse,
» qui y revienne à plusieurs fois en un
» repas, alors ils disent : où est-il?
» amenez-le moi demain; ce soir, me
» l'amenerez-vous? On le leur amène,

---

(1) Le caractères ou les mœurs de ce siècle, c. 12.

» et cet homme propre à parer les ave-
» nues d'une foire et à être montré en
» chambre pour de l'argent, ils l'admet-
» tent dans leur familiarité (1). «

Si quelques savans se sont élevés au-dessus de leur condition, ce n'est point à leur mérite littéraire qu'ils doivent ces récompenses, c'est à quelque découverte utile à l'amusement ou au faste de l'homme de luxe : on a accordé des lettres de noblesse à M. Linnée, mais ce ne sont point ses beaux et profonds ouvrages qui lui ont mérité cet avantage, c'est la découverte d'un moyen de faire grossir les perles (2).

On accorde en France la même récompense à ceux qui se distinguent dans les arts de luxe, ou par quelque découverte qui étonne ou qui amuse, sans aucune autre utilité que d'avoir arraché pendant quelques heures des hommes oisifs à l'ennui qui les tourmentoit.

---

(1) Ibid, c. 13.
(2) Histoire des découvertes faites par divers savans dans différentes parties de la Russie, etc. t. 1 p. 56, note.

Trajan chassa les comédiens de Rome; et aujourd'hui les souverains de l'Europe les appellent dans leurs états, et à ce titre, croient acquérir des droits à l'immortalité.

Sénèque disoit : « Le talent de Pylade et de Bathylle est assuré d'un grand nombre d'imitateurs : des théâtres particuliers retentissent, dans toute la ville, des danses infâmes de l'un et de l'autre sexe ; le mari et la femme se disputent l'honneur d'accompagner publiquement les bateleurs, et de leur donner la place d'honneur (1). »

Ne voit-on pas aujourd'hui dans toute l'Europe, la même émulation? Les personnes les plus considérables ne sont-elles pas émules des Roscius, des Pylades? n'aspirent-elles pas à la gloire des histrions? n'inspirent-elles pas cette noble ambition à leurs enfans dans l'âge le plus tendre?

Il y a quelque temps qu'il se forma

---

(1) Senec. quæst. nat. l. 7. c. 32.

en Suisse une académie qui ne s'occupoit que de morale et de politique, et qui, pour tourner l'émulation vers ces objets, accordoit un prix à ceux qui traitoient avec plus de succès un sujet ou une question de morale ou de politique.

Dans le même temps on s'occupoit en France à chercher une inscription et à composer une médaille destinées à récompenser les succès dramatiques, et à perpétuer les noms de ceux qui excelleroient dans la composition des tragédie et des comédies.

Pendant long-temps l'Académie Françoise proposa pour sujet des discours d'éloquence auxquels elle accorde un prix, des sujets de morale : depuis vingt ans, elle a substitué aux sujets de morale l'éloge des hommes célèbres ; et parmi les hommes célèbres qu'elle offre à la vénération et à l'admiration de la nation Françoise, on compte un auteur comique et comédien.

Je ne prétends ici ni contester, ni rabaisser le génie, les talens, les qualités de Molière; mais lorsque je vois son éloge à la suite de celui de Sully, de d'Aguesseau, du maréchal de Saxe, de Charles V, et avant celui de Louis XII et de Fénelon, je juge que l'homme qui amuse et qui divertit, est aujourd'hui aussi précieux que le héros qui défend la patrie; que le sage et bon Roi, que le grand ministre qui la rendent heureuse; que le magistrat dont la sagesse et le génie font régner les lois et la justice; que le prélat dont le génie et l'éloquence ont été consacrés à inspirer aux souverains l'amour de la vertu et des hommes.

CHAPITRE III.

Le Luxe porte l'activité de l'esprit vers des connoissances et vers des talens dangereux et funestes.

Ce n'est point ici le lieu d'examiner si les talens et les connoissances auxquelles le luxe conduit sont seulement inutiles en soi; je me contenterai d'observer qu'au moins le principe qui empêche l'activité de l'esprit de se porter vers des connoissances utiles et importantes, pour la diriger vers les arts de pur agrément, est nuisible et dangereux.

Mais le luxe porte l'activité de l'esprit vers des talens et vers des connoissances dont le danger et la malignité ne sont pas problématiques.

La nature ne produit point, au gré de l'homme, les objets capables de satisfaire les besoins que le luxe donne ; il faut qu'il se les procure par le moyen de son travail et de sa fortune, ou par le moyen du travail et de la fortune des autres : or, l'homme ne peut se procurer avec son travail ni avec sa fortune les objets nécessaires pour satisfaire les besoins que le luxe lui donne, puisque les besoins sont sans bornes, et que la fortune ou le travail de l'homme sont bornés.

Il faut donc que l'homme de luxe se procure les objets dont il a besoin par le moyen du travail et de la fortune des autres, et par conséquent, il faut que l'homme de luxe engage les autres hommes à lui céder leur fortune, ou à employer leur travail et leur industrie pour lui procurer les objets de son luxe :

or il ne peut l'engager à lui faire ce sacrifice que par la force, par la ruse ou par l'artifice.

Ainsi le luxe porte l'activité de l'esprit vers la recherche des talens et des connoissances qui mettent l'homme en état de tromper les autres ou de les opprimer, pour les dépouiller de leur fortune, et pour s'emparer du fruit de leur travail ; il enfante dans chaque condition, dans chaque profession, toutes les espèces de fraudes, d'illusions, de déceptions, d'artifices dont elles sont susceptibles, et qui peuvent enrichir l'homme de luxe aux dépens des autres. Ainsi, lorsque le luxe fut dominant à Rome, l'activité de l'esprit des jurisconsultes se porta vers la recherche des moyens de frauder les créanciers, et l'on avoit porté à cet égard l'habileté au point d'emprunter, et de braver impunément toutes les lois qui assuroient le paiement des dettes: » Vous
» accepteriez de Damasippe une recon-
» noissance de cent cinquante livres
» couchées sur le rôle du banquier Nerius;

» ce n'est pas assez, je veux que vous
» l'ayez fait passer par toutes les routines
» de Cienta, le mieux entendu des no-
» taires, à bien lier et engager un dé-
» biteur; et j'ajoute que quand vous
» le tiendriez garotté de cent mille chaî-
» nes, il éludera toutes vos précautions par
» ses friponneries, et qu'il vous échappera
» comme un autre Protée : vous aurez
» beau le traîner en justice, il en rira
» à vos dépens, et trompera vos pour-
» suites par de continuelles métamor-
» phoses (1). «

C'est ainsi que dans tous les temps et dans tous les lieux, le luxe a dirigé principalement l'activité de l'esprit; c'est ainsi qu'il a réduit en art l'oppression et toutes les espèces de fraudes et d'artifices capables de procurer les objets nécessaires pour satisfaire les besoins qu'il donne à l'homme.

Mandeville reconnoît franchement que le luxe produit nécessairement ces effets, et je défie les partisans du luxe de citer

---

(1) Horat. sat. 3. l. 2.

une espèce d'oppression, de violence, de séduction, de fraude, de tromperie que le luxe n'ait pas inventée : et ce sont les seules connoissances et les seuls arts qu'il conserve ; il anéantit toutes les sciences et tous les arts.

CHAPITRE IV.

Le Luxe tend à anéantir les sciences et les arts.

Pour bien juger des effets du luxe par rapport aux sciences et aux arts, il faut considérer l'esprit humain avant qu'il les forme ; l'observer dans sa marche pour s'élever à l'étendue de connoissances et au degré de certitude qui font leur essence ; et voir comment le luxe le fait redescendre par degrés à son ignorance primitive, et le replonge enfin dans la barbarie.

Nos sens ne nous font connoître que des objets particuliers, ou, comme le dit Bacon, que des individus : c'est la raison qui découvre leurs rapports, ce qu'ils ont de commun et de différent ; s'il y a entre eux quelque liaison ou quelque dépendance naturelle, quelque rapport essentiel, ou, si la nature n'y en ayant point mis, l'industrie humaine peut y en mettre.

Voilà l'objet de toutes les sciences, et le fondement de tous les arts; tous les arts et toutes les sciences tendent à connoître la nature des êtres, leurs rapports, leurs causes et leurs effets; tous les arts supposent ces connoissances.

Nous ne les apportons pas en naissant, nous les acquérons par l'expérience, en examinant les objets avec beaucoup d'attention, en les comparant avec beaucoup de justesse, de précision et d'exactitude; car l'homme, ministre de la nature, dit Bacon, ne peut connoître et agir qu'autant qu'il l'aura observée sans s'écarter de ses lois.

Un homme seul ne peut ni faire toutes les observations nécessaires pour connoître les lois de la nature par rapport à un art, ni établir tous les principes de cet art, ni tirer toutes les conséquences des principes établis : ainsi les sciences et les arts ne s'établissent et ne se perfectionnent que par des observations et par des connoissances que les hommes, qui s'appliquent à ces arts ou à ces sciences, ajoutent aux observations et aux connoissances de ceux qui les ont précédés.

Ces sciences et ces arts ne font donc point de progrès; ils sont, pour ainsi dire, stationaires, si l'on cesse d'ajouter aux connoissances acquises; ils sont rétrogrades, et l'on tend à l'ignorance, si l'on oublie les connoissances acquises; et enfin les arts et les sciences s'anéantissent, si l'on n'en comprend plus les principes, et si l'on ne connoît plus les faits et les observations qui leur servent de fondement.

Ce n'est que par l'attention, par la sagacité, par l'étendue de l'esprit, que l'homme fait les observations nécessaires pour s'élever aux sciences et aux arts, qu'il en forme des principes, qu'il les lie, qu'il en tire des conséquences, et qu'il perfectionne chaque science à laquelle il s'applique.

J'ai prouvé que le luxe diminue sans cesse la capacité d'attention, la sagacité, l'application et l'étendue de l'esprit : il doit donc, en se communiquant à ceux qui cultivent les sciences et les arts, les rendre incapables d'ajouter aux connoissances de ceux qui les ont précédés, et arrêter le progrès des sciences et des arts ; il doit ensuite rendre les successeurs incapables de comprendre les principes des sciences et des arts, en réduire la connoissance à celle des mots qui les expriment ; et enfin les effacer du souvenir des hommes, et replonger par degrés les esprits dans la plus profonde ignorance.

Ainsi, par exemple, la nature a mis une liaison essentielle entre l'abondance des grains, leur bonté, leur perfection, et le labourage du sol qui les produit ; mais c'est la raison qui découvre ce rapport : il a fallu, dans celui qui a découvert ce rapport, beaucoup d'attention, une sagacité et une étendue d'esprit rare pour son siècle, et qui l'élevoit au-dessus de ses contemporains, puisqu'il fut regardé comme un Dieu.

En observant ou en examinant les lois que la nature suit pour la production des grains, les lieux, les circonstances dans lesquelles elle les produit plus abondamment et meilleurs, l'industrie humaine reconnut qu'on pouvoit donner au terroir une fertilité que la nature lui avoit refusée : il a fallu, pour faire ces nouvelles observations, de l'attention, de la sagacité et de l'étendue d'esprit.

Les bornes de l'esprit humain, la briéveté de la vie, l'agitation dans laquelle le besoin tenoit les hommes avant la naissance de l'agriculture et des autres arts, ne permit à aucun observateur de faire seul toutes les observations nécessaires pour réduire l'agriculture en art.

Lorsque nous recherchons dans les monumens de l'histoire la naissance et les progrès de cet art, nous voyons que celui qui découvrit la nécessité de labourer, ne découvrit pas la charrue, ni le moyen de réparer, par des engrais, la fertilité que les moissons avoient épuisée.

L'agriculture n'est donc devenue un art ou une science, que par un accroissement progressif de connoissances et de découvertes faites successivement par ceux qui se sont appliqués à cet art : il a fallu que celui qui ajoutoit une découverte à ce que l'on savoit, connût ce que ses prédécesseurs connoissoient; qu'élevé, pour ainsi dire, sur leurs épaules, il apperçût ce qu'ils avoient découvert et au-delà; qu'il eût autant de sagacité, et qu'il vît un plus grand champ ou qu'il étendît la sphère de ses idées.

L'agriculture ne se seroit donc point perfectionnée, elle ne seroit point devenue un art ou une science, si, lorsque l'on eut découvert la nécessité de labourer, on n'eût point fixé son attention sur cet objet; si ceux qui s'en occupèrent n'avoient pas eu autant de sagacité que ceux qui les avoient précédés dans cette recherche; l'agriculture n'auroit point fait de progrès, et enfin on auroit oublié cet art, si l'on n'avoit eu ni assez d'application, ni assez de sagacité, ni assez d'étendue d'esprit pour comprendre les observations que l'on avoit faites précédemment, et les conséquences que l'on en avoit tirées. Or, j'ai fait voir que le luxe diminue essentiellement et continuellement la capacité d'attention, la sagacité, l'application, l'étendue de l'esprit ; il doit donc, dans sa progression, anéantir les connoissances qui servent de fondement à l'art de cultiver la terre.

Il en est ainsi de la morale, de la politique et de la législation : elles consistoient d'abord dans quelques maximes, dans quelques principes, que les instituteurs et les administrateurs des sociétés enseignoient et expliquoient ; telles étoient celles qui ont rendu célèbres les sept sages : la science qui étoit alors en vogue, dit Plutarque, consistoit en moralités et en préceptes, tels que ceux qu'Hésiode a recueillis dans son poëme intitulé *les Ouvrages et les Jours* (1).

Socrate approfondit ces principes, en établit les fondemens avec plus de

---

(1) Plutarq. vie de Thésée.

solidité et en développa les conséquences ; mais il n'avoit point formé de ces principes, un tout, un système dans lequel il déduisît les conséquences, et où il liât toutes les parties de sa doctrine.

Platon ajouta à la doctrine de Socrate, et forma un corps de morale, de politique et de législation dont toutes les parties étoient liées, et qui embrassoit toutes les règles que l'homme doit suivre dans la société, et les bases sur lesquelles il falloit établir une société politique.

Aristote, disciple de Platon, changea, dans la doctrine de son maître, tout ce qu'il crut y voir de défectueux ; il examina les opinions de tous les législateurs et de tous les philosophes qui l'avoient précédé, sur la morale, la politique et l'économique : il forma sur tous ces objets un corps de doctrine plus étendu et plus lié que tous ceux qui l'avoient précédé.

C'est ainsi que Grotius, réunissant les maximes et les idées du droit naturel éparses dans les moralistes, dans les législateurs, dans les politiques, et dans tous les écrivains qui l'avoient précédé, y ajoutant ce qu'ils n'avoient pas vu, développant ce qu'ils n'avoient qu'entrevu ou indiqué, et appliquant aux cas particuliers les principes généraux, a formé le Droit de la Paix et de la Guerre.

C'est ainsi que Puffendorf, profitant des connoissances et des idées de Socrate, de Platon, d'Aristote, de Grotius, les rectifiant, les développant ou les étendant, a formé le Droit de la Nature et des Gens, les Devoirs de l'Homme et du Citoyen.

C'est ainsi que, depuis Puffendorf, plusieurs écrivains ont donné des ouvrages utiles sur la morale, sur la politique et sur la législation.

La science de la morale, de la politique et de la législation ne s'est formée que parce que ceux qui s'y sont appliqués ont étudié la nature de l'homme, et parce qu'ils ont ajouté sans cesse aux connoissances de ceux qui les avoient précédés dans cette étude : elle ne peut se perfectionner qu'autant que ceux qui s'y appliquent ont assez de capacité, d'attention, de sagacité, d'application, d'étendue d'esprit, pour bien entendre les principes établis par ceux qui les ont précédés, et pour en tirer des conséquences qu'ils n'ont point vues, ou pour en faire de nouvelles applications; elle cessera de faire du progrès, tombera, s'éteindra et se perdra enfin, lorsque l'on n'aura plus assez de capacité, d'attention, de sagacité et d'étendue d'esprit, pour entendre les principes qui en sont le fondement.

Le luxe diminuant sans cesse la capacité d'attention, l'application, la sagacité et l'étendue d'esprit, il doit donc arriver un temps où les hommes des sociétés chez lesquels il domine n'ont plus que la capacité d'attention, la sagacité, l'application et l'étendue d'esprit nécessaire pour entendre les principes de Platon, d'Aristote, de Grotius, de Puffendorff, etc. et n'en ont pas assez pour en faire des applications qu'ils n'ont point faites, pour en tirer des conséquences qu'ils qu'ils n'en ont point tirées; et par conséquent, il doit, dans la progression du luxe, arriver un temps où cette science ne fait plus de progrès.

Il doit ensuite arriver un temps où les esprits sont incapables de comprendre les principes établis par les politiques qui les ont précédés, d'en saisir la liaison, d'en voir l'ensemble : la morale, la politique, la législation, se réduisent alors à quelques maximes détachées, et ne forment plus une science qui embrasse toute l'administration de la société.

Les maximes, les axiomes, les principes de la morale, de la politique, sont des résultats des observations faites par des hommes qui avoient de la capacité d'attention, de la sagacité, de l'étendue d'esprit; et l'on ne les entend bien qu'autant que l'on connoît les faits et les observations dont la réunion les a produits. Puis donc que le luxe diminue sans cesse la capacité d'attention, la mémoire, la sagacité, l'application, l'étendue de l'esprit, il arrive un temps où dans les sociétés où le luxe domine, les hommes sont incapables d'entendre ces maximes et ces principes; et la morale, la politique, la législation s'éteignent et s'anéantissent au milieu de ces sociétés.

La médecine, l'astronomie, la géométrie, la méchanique et les autres sciences nécessaires pour le soutien des sociétés éprouvent le même sort partout où le luxe règne long-temps, parce que toutes se sont formées de la même manière, décroissent et s'anéantissent par les mêmes causes, comme on peut s'en convaincre en jetant les yeux sur l'histoire de l'esprit humain par rapport à chacune de ces sciences.

Enfin, le luxe produit les mêmes effets par rapport aux belles-lettres et aux beaux-arts.

Chapitre V.

Continuation du même sujet, ou des effets du Luxe par rapport aux belles-lettres et aux beaux-arts.

Je comprends, sous le nom de belles-lettres et de beaux-arts, tout ce qui appartient à l'érudition, à l'éloquence, à la poésie, à l'histoire; toutes ces différentes parties de la littérature peuvent et doivent servir à faire connoître et à faire aimer la vérité et la vertu : mais il y a des règles que tous ceux qui s'appliquent à ces différentes parties de la littérature, doivent suivre pour remplir cet objet : or, le progrès du luxe affoiblissant continuellement la sagacité, l'application, l'étendue de l'esprit, il tend continuellement à rendre les érudits, les poëtes, les orateurs, les historiens moins capables de suivre et de connoître ces règles. Entrons dans quelque détail.

On peut distinguer dans un ouvrage d'esprit, ou dans une production littéraire de quelque genre qu'elle soit, son objet, les idées et les sentimens qui entrent dans sa composition, l'ordre et l'arrangement qu'on leur donne, et enfin la manière dont on les exprime.

Nous avons vu que, lorsque le luxe n'éteint pas l'activité de l'esprit, il la porte vers des objets frivoles et puériles; ainsi, à mesure que le luxe fait du progrès dans une nation, les lecteurs estiment moins les ouvrages qui tendent à faire connoître des vérités utiles; ils leur préfèrent de petits écrits qui les amusent ou qui traitent des matières qui ont rapport à leurs plaisirs; c'est dans ces différens objets que les littérateurs, les poëtes, les orateurs qui desirent de plaire à leur siècle, vont prendre les sujets de leurs ouvrages; eux seuls ont des lecteurs, eux seuls sont récompensés. Ainsi Asellus Sabinus reçut de Tibère cent sesterces pour le dialogue dans lequel le champignon, le becfigue, l'huitre et la tourde se disputoient le prix (1).

---

(1) Sueton, in Tiber.

D'ailleurs, pour traiter des sujets importans, élevés et grands, il faut une certaine élévation d'ame que le luxe ne permet pas d'acquérir ; et c'est pour cela que Longin le regarde comme la principale cause de la décadence des esprits.

» Sitôt que l'homme, oubliant le soin
» de la vertu, dit-il, n'a plus d'admi-
» ration que pour les choses frivoles et
» périssables, il faut de nécessité que
» tout ce que nous avons dit arrive ; il
» ne sauroit plus élever les yeux pour
» regarder au-dessus de lui, ni rien dire
» qui passe le commun ; il se fait en
» peu de temps une corruption générale
» dans toute son ame ; tout ce qu'il avoit
» de grand et de noble, se tarit et se
» sèche comme de lui-même.

» Comment voudrions-nous que, dans
» ce temps où la corruption règne sur
» les mœurs et sur les esprits de tous les
» hommes, où nous ne songeons qu'à
» attrapper la succession de celui-ci,
» qu'à tendre des piéges pour nous faire
» écrire sur son testament, qu'à tirer
» un infâme gain de toutes choses,

» vendant pour cela jusqu'à notre ame,
» misérables esclaves que nous sommes
» de nos passions : comment, dis-je, se
» pourroit-il que, dans cette contagion
» générale, il se trouvât un homme sain
» de jugement, et libre de passions,
» qui, n'étant point séduit par l'amour
» du gain, pût discerner ce qui est
» véritablement grand et digne de la
» postérité (1)? «

C'est par le moyen de l'attention, de la sagacité, de l'étendue de l'esprit que l'on connoît la nature et les rapports des objets; on les voit moins bien, à mesure que l'on possède ces qualités dans un moindre degré; or, le luxe les affoiblit continuellement : ainsi, à mesure qu'il fait du progrès, les auteurs ont sur les sujets qu'ils traitent, des idées moins étendues et moins justes; ils n'apperçoivent bien ni leur nature, ni leurs rapports; ils les connoissent confusément et imparfaitement; ainsi, lors même que, par hasard, les littérateurs, les

---

(1) Longin, c. 35, trad. de Boileau.

orateurs, les poëtes, les historiens traitent des sujets importans ou agréables, on ne trouve, dans leurs ouvrages, que des pensées communes, superficielles et fausses; et c'est pour cela que Quintilien assure que les disciples d'Aristippe et d'Epicure ne peuvent jamais être éloquens, et qu'il ne permet pas à ceux qui aspirent à l'éloquence, de fréquenter les écoles de cette secte (1).

Quelles que soient les pensées d'un écrivain et les idées qu'il a sur les sujets qu'il traite,

> Il faut que chaque chose y soit mise en son lieu;
> Que le début, la fin répondent au milieu;
> Que, d'un art délicat, les pièces assorties
> Ne forment qu'un seul tout de diverses parties (2).

Pour observer toutes ces lois dans la composition d'un ouvrage, il faut connoître à fond le sujet que l'on traite, en embrasser l'étendue et les rapports, appercevoir et saisir la chaîne et la liaison

---

(1) Lib. 2. c. 2.
(2) Boileau, art. poét. chant 1, v. 176.

des idées et des sentimens qui doivent entrer dans la composition de l'ouvrage: or le luxe ne permet pas à ceux qui cultivent les lettres, de méditer sur les sujets qu'ils traitent; il ôte la sagacité qui en découvre les rapports, et l'étendue de l'esprit qui les réunit.

Ainsi, à mesure que le luxe fait du progrès, les ouvrages sont moins bien composés; et comme il diminue sans cesse la capacité d'attention, la sagacité, l'étendue de l'esprit, il arrive nécessairement un temps où l'on ne sait plus discerner les idées, les faits, les sentimens qui doivent entrer dans la composition d'un ouvrage, et où l'on ne sait plus donner à ceux que l'on y fait entrer, l'ordre, la suite, la liaison nécessaires pour qu'ils forment un tout; en un mot, il arrive un temps où il n'y a plus d'unité ni dans la disposition des différentes parties des ouvrages, ni dans les idées qu'il renferme, ni dans la manière de l'écrire: les ouvrages ne sont plus alors que des pensées détachées, lors même que leurs titres annoncent de la suite, de l'ordre dans les sujets que l'on traite.

Comme le luxe diminue essentiellement et sans cesse la capacité d'attention, la sagacité, l'étendue de l'esprit, il arrive un temps où les auteurs et les lecteurs n'en ont que pour faire ou pour entendre une phrase ; on ne s'apperçoit plus alors du désordre qui règne dans les ouvrages, et les contradictions ne sont plus senties ni par les auteurs, ni par les lecteurs.

En effet, pour appercevoir dans un ouvrage une contradiction, il faut au moins que l'attention, l'intelligence et l'étendue de l'esprit embrassent deux phrases ; or, par la progression du luxe, il doit arriver un temps où l'esprit n'a ni la sagacité, ni l'étendue nécessaire pour comprendre et pour comparer deux phrases.

Les auteurs peuvent alors abandonner leur sujet, tomber dans des inconséquences, se contredire, répéter cent fois ce qu'ils ont dit et ce que d'autres ont dit, sans choquer leurs lecteurs ; il suffit alors, pour se faire admirer et pour étonner toujours les lecteurs, que chacune des phrases soit courte,

Et que des traits d'esprit de tems en tems pétillent.

C'est vers ce dernier objet que se porte presque uniquement l'activité de l'esprit de ceux qui cultivent les lettres chez une nation livrée au luxe. Voyons les effets de leurs efforts.

L'esprit humain aime naturellement le beau, le grand, le sublime : l'ame qui le contemple, s'agrandit, s'élève; on est donc sûr d'intéresser un lecteur ou un auditeur, et de lui plaire, en lui offrant de grands objets; il conserve cet amour pour le grand et pour le beau, lorsque le luxe n'a pas encore éteint tous les principes du goût, et qu'il laisse encore subsister l'amour des lettres.

Mais comme, dans la progression du luxe, il arrive un temps où l'esprit n'est pas capable de s'élever à de grandes vues, où il ne peut concevoir que des idées superficielles et saisir que de petits objets, on s'efforce de les revêtir de l'apparence du grand, et l'on cache sous la pompe des mots, des images, des métaphores et des comparaisons, la petitesse réelle des idées et des sentimens.

« C'est alors, dit Longin, que les écrivains prennent pour du sublime, une apparence de grandeur bâtie ordinairement sur de grands mots assemblés au hasard, et qui n'est, à bien l'examiner, qu'une vaine enflûre de paroles, plus digne de mépris que d'admiration : ils n'ont que du vent et de l'écorce ; ils ressemblent à un homme qui ouvre une grande bouche pour souffler dans une petite flûte (1). »

L'esprit humain desire naturellement d'augmenter ses connoissances : il aime à voir des objets nouveaux ; mais le luxe lui ôte la sagacité et l'attention qui les découvrent : il arrive donc un temps où les écrivains, par la progression du luxe, ne peuvent dire que des choses déjà dites, connues et communes ; ils ne peuvent alors donner à leurs ouvrages le mérite de la nouveauté, et intéresser la curiosité que par la manière de dire des

---

(1) Longin, c. 12.

choses communes, et en les offrant sous une tournure nouvelle, ce qui, selon Longin, conduit au style affecté (1).

Il n'y a point de lecteur qui ne desire d'avoir de l'esprit, et qui ne soit flatté, lorsqu'il trouve l'occasion de se rendre à lui-même témoignage qu'il en a : il faut donc, pour plaire, ne pas tout dire sur les sujets que l'on traite, et laisser à la sagacité du lecteur quelque chose à découvrir ; il faut, pour cela, ou lui offrir des idées fécondes et grandes, des vues générales et profondes, ou lui présenter des idées fines, si je peux parler ainsi, des pensées subtiles, des rapports délicats.

Mais, par la progression du luxe, il arrive un temps où l'on ne peut faire entrer dans les ouvrages que des idées communes, superficielles, qui ne peuvent par conséquent exercer la sagacité du lecteur que par la manière dont elles sont énoncées : on supplée alors à la profondeur des idées par l'obscurité des

---

(1) Longin, c. 3 et 4.

expressions; à leur généralité, par des mots vagues qui, n'exprimant rien de distinct, paroissent contenir de grands principes et de grandes idées, ce qui produit le galimathias.

Lorsque, chez une nation livrée au luxe, les écrivains veulent mettre dans leurs ouvrages des pensées fines et nouvelles, ils tombent dans un défaut contraire ; naturellement la finesse qui plaît dans les pensées, consiste à découvrir des rapports qu'il est difficile d'appercevoir, et agréable de connoître : or, l'homme de luxe, dont la capacité d'attention et la sagacité diminuent sans cesse, n'apperçoit dans les objets que des rapports qu'il est aisé de découvrir, ou que l'on connoît ; il ne peut donc mettre de finesse que dans la manière de les exprimer, et il dit d'une manière obscure et recherchée des choses communes et triviales, ce qui produit le style précieux.

Tous les hommes de luxe aiment que les objets fassent sur les sens et sur l'imagination, des impressions agréables, et ils ne peuvent ni embrasser les idées générales, ni appercevoir les pensées élevées et profondes; ils ne peuvent sentir l'ordre et la régularité de la composition : les écrivains qui desirent de leur plaire, s'occupent donc principalement du choix et de l'arrangement des expressions ou des mots les plus propres à faire sur l'oreille et sur l'imagination des lecteurs ou des auditeurs, les effets les plus agréables; ils s'efforcent de mettre de l'harmonie, de l'élégance, de la douceur dans leur style, et sacrifient à ces qualités la justesse, la finesse, la beauté des pensées, l'ordre et la raison même; ils ressemblent, comme disoit un ancien, aux guitares qui rendent des sons harmonieux et qui ne s'entendent pas (1).

» Alors le discours paroît clair sans
» l'être; on croit entendre, et, dans le
» fond, on n'entend rien : on pourroit
» dire de ces sortes de discours, qu'il
» faut de l'attention, et même de l'esprit,

---

(1) Diogen. Laert. in Cleanth.

» pour n'y rien comprendre ; alors un
» sot croit voir des pensées où il n'y a
» qu'un verbiage inintelligible (1). «

Tels furent les sophistes et leurs admirateurs à Rome, lorsqu'elle fut corrompue par le luxe. » Nous sommes
» accablés, dit Cicéron, par une foule
» d'hommes médiocres, d'une érudition
» superficielle : leur esprit, trop étroit
» pour embrasser un objet, le partage
» et le met, pour ainsi dire, en pièces
» pour pouvoir le saisir : ils séparent les
» mots de la pensée ; et leurs discours,
» semblables à un corps sans ame, ne
» contiennent que des sons vides (2). »

Dans cet état les esprits n'ont plus de principes de critique ni de goût, et le desir de dire des choses extraordinaires, les jette dans tous les excès, et leur fait parcourir successivement toutes les espèces de mauvais styles, selon leur caractère et celui que le luxe donne à leur siècle, sans qu'il soit possible de

---

(1) Trublet, Essais de littérature, t. 3, p. 44.
(2) Cic. de orat. l. 3, c. 6.

fixer cette nation dans les vrais principes du goût.

» Lorsque les richesses font naître le » luxe chez un peuple, dit Sénèque, » il cherche d'abord à se procurer des » parures et des étoffes plus belles que » celles qu'il avoit ; il se dégoûte ensuite » des meubles qu'il avoit, et en desire » de plus magnifiques : il lui faut des » habitations plus vastes ; il veut que les » murs soient revêtus des marbres les » précieux, que l'or brille sur les toits, » et forme une agréable variété de cou- » leurs ; on s'occupe ensuite de la ma- » gnificence des repas, on se dégoûte » des mets ordinaires, on change l'or- » dre des services. Lorsqu'une fois on » a contracté cette inconstance, on se » lasse aussi des manières de parler usi- » tées ; on veut, dans les ouvrages d'es- » prit et dans les discours la même va- » riété que dans les mets ; tantôt on fait » revivre des expressions surannées, ou » l'on forge de nouveaux mots ; tantôt on » veut des métaphores hardies et fréquen- » tes : voilà pourquoi l'on a vu le style se

» corrompre, pourquoi l'on a estimé tan-
» tôt les expressions fortes, et tantôt les
» mots doux et cadencés comme si l'on
» chantoit; pourquoi dans un temps les
» images hardies et gigantesques ont plu,
» et dans un autre temps les phrases
» coupées, un peu obscures, et qui con-
» tenoient plus de choses qu'elles ne
» sembloient en dire; pourquoi il y a eu
» des siècles où l'on employoit à tout
» propos et sans distinction les méta-
» phores. Les Grecs ont exprimé la cause
» de toutes ces vicissitudes dans ce pro-
» verbe, le langage et le style sont tels
» que les mœurs (1). «

Lorsqu'une nation a cultivé les belles-lettres avec succès, le luxe n'y éteint pas subitement et absolument le goût, le génie et les talens : à la naissance de la dépravation du goût, il y a des littérateurs, des poëtes, des orateurs, des historiens, qui attaquent les auteurs médiocres ou partisans du mauvais goût : aussitôt ceux-ci forment une secte foible

---

(1) Senec. ep. 114.

d'abord, mais qui s'accroît à mesure que le luxe éteint le goût dans les auteurs et dans les lecteurs : il arrive donc un temps où cette secte devient dominante, attaque et rabaisse tous ceux qui, dans les siècles précédens, n'ont ni pensé, ni écrit comme eux : les associés de cette secte, incapables de connoître le mérite des grands modèles qui les ont précédés, et d'en approcher, se croient de bonne foi infiniment supérieurs à eux, ne voient rien au-dessus d'eux-mêmes, osent le dire, et attribuent à leur siècle une supériorité incontestable sur tous les siècles passés. » On sait, dit Cicéron, » quels orateurs nous avons perdus, le » petit nombre de ceux qui nous donnent » quelqu'espérance, le nombre infiniment » plus petit de ceux qui ont des talens, » et l'excessive présomption de tous (1). «

Il arriva un temps où ils attaquèrent la gloire des plus beaux génies, et où le plus médiocre des rhéteurs et des discoureurs présomptueux, se crut de bonne

---

(2) Cic. de officiis, l. 2, n. 19.

foi beaucoup au-dessus de Cicéron, et immédiatement après Sabinius (1).

M. Huet avoit observé le même effet du luxe par rapport aux sciences et aux lettres.

» Il se forme, dit-il, une cabale
» d'*apendeutes*, de gens ignorans et non
» lettrés, qui, sentant leur incapacité,
» et ne pouvant se résoudre à une étude
» assidue de plusieurs années, parce
» qu'elle les obligeroit à sortir de leur
» crasse, à quitter leur vie molle, les
» douceurs de leurs fainéantises, le ver-
» biage et les fadaises de leurs cafés, ont
» cherché un chemin plus court pour
» réparer leur défaut, et se mettre au-
» dessus de ceux auxquels ils se recon-
» noissent si inférieurs, et dont la com-
» paraison les rendoit méprisables : ils ont
» entrepris de se faire un mérite de leur
» incapacité, de ridiculiser l'érudition,
» et de traiter la science de pédanterie;
» ils se sont constitués les arbitres du
» génie, du bon goût et du véritable

---

(1) Tacit. dial. de orat. c. 26.

» savoir ; pour décrier l'étude de l'anti-
» quité, ils ont décrié le mérite des
» anciens, qu'ils ne connoissent pas, et
» lui ont préféré celui des modernes,
» c'est-à-dire le leur. Ainsi, ne se con-
» tentant pas de jouir aujourd'hui tran-
» quillement du fruit de l'étude de
» tant de siècles éclairés, de toutes ces
» belles connoissances et de toutes ces
» belles découvertes qui ont façonné,
» poli, enrichi la vie des hommes, ils
» veulent encore priver les auteurs de
» tant de biens, de l'honneur qui leur
» est dû (1). «

Du temps de Molière, il y avoit une société dont la maxime fondamentale étoit :

Par nos lois, prose et vers, tout nous sera soumis;
Nul n'aura de l'esprit, hors nous et nos amis.

M. Bret, dans son excellente édition de Molière, observe qu'il est encore aujourd'hui des sociétés qui disent : Nul n'aura de l'esprit, hors nous et nos amis;

---

(1) Huetiana, p. 2.

» tant il est difficile, ajoute-t-il, de dé-
» raciner, dans une nation vaine et fri-
» vole, les ridicules qui tiennent à l'or-
» gueil et à une certaine représenta-
» tion (1) ! «

La Bruyère parle d'une société ou d'une espèce de secte dont les membres s'étoient promis de s'admirer réciproquement : » Eux seuls, dit-il, savent juger, savent
» penser, savent écrire, doivent écrire;
» il n'y a point d'ouvrage d'esprit si
» universellement goûté des honnêtes
» gens; je ne dis pas qu'ils veuillent
» approuver, mais qu'ils daignent lire.
» Un des leurs, Arsène, du haut de son
» esprit, contemple les hommes; et,
» dans l'éloignement où il les voit, il
» est comme effrayé de leur petitesse (1). «

Le luxe qui diminue sans cesse la capacité d'attention, la sagacité, le goût dans la nation, grossit continuellement la secte et le nombre de ses adhérens : elle devient redoutable, se cons-

---

(1) T. 5, p. 410 édit. in-8°.
(2) Les caractères, c. 1.

titue l'arbitre du goût, le tribunal suprême juge du mérite des ouvrages, et le seul qui puisse départir aux écrivains le degré de gloire, de réputation et d'estime qui leur est dû. Ainsi Euripide et Ménandre succombèrent presque toujours sous les intrigues des plus misérables poëtes de leur temps (1).

Alors tous les écrivains médiocres, et tous ceux qui aspirent à quelque espèce de célébrité, s'associent à la secte, ou la ménagent.

Les partisans et les adhérens de cette secte, livrés au luxe, à la fureur de la célébrité, et à la cupidité qu'entraîne le luxe, se divisent bientôt, et chacun d'eux emploie toutes les ressources du manège et de l'intrigue pour parvenir à la célébrité ou à la fortune.

Alors les écrivains, partagés entre le luxe, la cupidité, le manège et l'intrigue, deviennent de plus en plus incapables de penser, de méditer, de choisir les sujets qu'ils doivent traiter, et de les bien

---

(1) Quintil. l. 3. Aulugel. l. 17, c. 4.

traiter; d'un autre côté, le progrès du luxe diminue sans cesse dans les nations où il domine, la capacité d'attention, la sagacité, l'étendue d'esprit : il arrive donc un temps où les ouvrages d'esprit, quelque frivoles qu'ils soient, quelque peu de liaison et de suite qu'il y ait dans les pensées qu'ils renferment, quelque superficielles qu'en soient les idées, demandent, pour être entendus, un degré d'application et d'intelligence dont les lecteurs livrés au luxe sont incapables : alors l'amour des lettres s'éteint, et elles ne sont plus cultivées que dans les parties qui ont du rapport au luxe : tels sont les drames bouffons, les chansons, les contes, les facéties.

Tous les effets que j'attribue au luxe par rapport aux sciences et aux lettres, sont des suites de sa nature, et nous allons les voir attestés par l'histoire.

Chapitre VI.

L'histoire atteste tous les effets que j'attribue au Luxe par rapport aux sciences et aux lettres.

Les sages qui entreprirent de réunir les Grecs dispersés et de les civiliser, employèrent le secours de l'éloquence et de la poésie pour leur faire entendre et retenir les premières notions de la morale ; ils leur enseignèrent les arts nécessaires pour subsister. Aux premiers inventeurs des arts nécessaires et utiles, aux premiers poëtes qui avoient enseigné la morale, succédèrent des poëtes lyriques, voluptueux, dramatiques, des musiciens, des peintres, des sculpteurs, des architectes dont on récompensa et dont on honora les talens comme nécessaires au bonheur des sociétés : ces artistes se livrèrent à l'étude des arts agréables et y firent des progrès considérables (1).

Ainsi le luxe précéda, dans la Grèce, la naissance des sciences ; elles n'étoient

---

(1) Voyez les t. 9 et 10 des Antiquités de Gron.

cependant pas inconnues aux sages qui adoucirent les mœurs des Grecs : nés au milieu des nations policées, ou instruits dans les collèges des philosophes, ils savoient leurs systèmes sur l'origine du monde, sur les causes des phénomènes, sur les lois de la nature ; mais ces connoissances ne pouvoient intéresser des hommes qui sortoient de la barbarie, et que leur premier genre de vie avoit rendus presque incapables de réfléchir; ils se contentoient de les communiquer à quelques disciples qui les perpétuèrent par le moyen de la tradition et sous le voile des allégories, mais d'une manière imparfaite : tels une ancienne tradition nous représente Amphion, Orphée, Musée (1).

Ce qu'ils disoient de l'origine du monde et des causes des phénomènes, n'étoit, pour ainsi dire, qu'un appât qu'ils offroient à la curiosité, pour la tourner vers ces grands objets, aussi-tôt

---

(1) Fabricius. biblioth. Græc. l. 1 et L. Girald. hist. poet. dial. 2.

que par le moyen des établissemens qu'ils avoient formés pour l'instruction des citoyens, les esprits se seroient élevés au degré d'intelligence et de sagacité nécessaires pour sentir combien ces connoissances étoient intéressantes et dignes d'occuper l'esprit humain.

Ce tems arriva enfin, et l'on vit Thalès, Phérécyde, Pythagore, etc., rechercher l'origine et la nature du monde, et les causes des phénomènes qu'il offre ; on les vit renoncer aux plaisirs, à la fortune, à leur patrie, pour voyager chez les nations célèbres par leur habileté dans les sciences.

Ils revinrent en Grèce, enrichis des connoissances de l'Orient et de l'Egypte ; et les mêmes causes qui avoient excité leur curiosité, disposèrent leurs contemporains à l'étude des sciences. Ces philosophes avoient embrassé dans leurs études la morale, la politique, la physique, l'astronomie, la géométrie, l'éloquence, et ils rendirent toutes ces sciences accessibles par la manière dont ils en exposoient les principes ; ils eurent des disciples et des admirateurs.

Mais les écoles et les systêmes des philosophes n'éteignirent point le luxe chez les Grecs : ainsi, tandis que le desir de s'éclairer, la passion de la gloire, l'amour de la vérité arrachoient aux plaisirs les Thalès, les Phérécydes, les Pythagores, et développoient leurs facultés intellectuelles et leur génie, le luxe dégoûtoit leurs disciples de la méditation et de l'étude ; il diminuoit leur sagacité, rétrécissoit leur esprit, resserroit leurs vues, et les disposoit à préférer les plaisirs des sens, à la satisfaction que procure la connoissance de la vérité.

L'école de Pythagore qui, s'établit avec tant de succès et tant d'éclat, et qui produisit tant de grands hommes, succomba sous les efforts des factions formées par des hommes livrés au luxe, même du vivant de Pythagore, et le progrès du luxe ne lui permit jamais de recouvrer sa première splendeur. On ne trouve dans aucun de ses sectateurs, ni dans aucune des écoles qu'ils ont formées, le beau système des connoissances humaines que ce philosophe avoit établi.

L'école Ionienne n'offre plus de physiciens, de géomètres, d'astronomes, depuis Archélaüs, maître de Socrate : celui-ci porte toute la sagacité de son esprit vers l'étude de l'homme, et il y fait de grands progrès ; mais ses disciples qui n'ont ni son génie, ni son application, ne prennent qu'une partie de son système de morale, et l'on voit sortir de son école différentes sectes, entre lesquelles une enseigne que le souverain bonheur de l'homme consiste dans les plaisirs des sens. Toutes les autres écoles éprouvent la même décadence.

Comme les Grecs avoient cultivé avec beaucoup de soin l'art de parler, les philosophes avoient uni l'éloquence à la philosophie. Ainsi, lorsqu'ils ne firent plus de découvertes, la philosophie se réduisit à l'art d'exposer les systèmes qu'ils avoient embrassés : tels on nous représente les anciens sophistes, tels étoient ceux qui suivirent Alexandre le Grand (1).

Chacune des écoles ou des sectes qui s'étoient formées dans la Grèce, vouloit prévaloir sur les autres ; elles s'attaquoient vivement, et la philosophie devint absolument contentieuse, si je peux parler ainsi. Au lieu de méditer et d'observer, les philosophes s'occupèrent des moyens d'embarrasser leurs adversaires : l'attention et la sagacité de l'esprit se porta vers l'art de parler et de disputer. Les sophistes firent d'abord quelques progrès ; mais ils ne firent qu'orner les idées des philosophes, ou exposer en style, tantôt fleuri, tantôt pompeux, les systêmes qu'ils avoient adoptés, ou plutôt les opinions qui étoient à leur portée.

Ils voulurent moins persuader que plaire ; ils couroient après les pensées qui avoient plus d'éclat que de solidité :

---

(1) Dialogues de Platon. Plutarq. Vie d'Alex.

les digressions fréquentes, les fables, les métaphores les plus hardies entroient à tout propos dans leurs conversations, dans leurs leçons, dans leurs discours.

Telle est l'idée que les anciens nous donnent en général des sophistes, et en particulier de Protagoras.

« Il institua les disputes publiques, » mêla le scepticisme à la philosophie, » se mettant peu en peine du sens et de » la pensée; il disputa contre des mots, » et établit le genre superficiel de dis- » puter, qui fut en vogue, comme le » dit Timon en ces termes : Protagoras » cet homme moitié déclamateur, moi- » tié philosophe (1). »

La sagacité des sophistes, leur capacité d'attention, l'étendue de leur esprit diminuant sans cesse, bientôt ils ne comprirent plus les principes et les systèmes des philosophes; ils n'eurent plus sur les différens objets de la philosophie et des sciences que des idées va-

---

(1) Laert. in Protag. in orat. Plat. in sophist. Plut. vie de Themist. et de Nicias.

gues, superficielles, imparfaites et fausses, comme Socrate le prouve aux plus célèbress.

On n'eut donc besoin pour apprendre les sciences et pour les enseigner, que d'entendre la signification des mots qui leur étoient consacrés, de savoir la grammaire qui apprend à construire une phrase, et d'avoir un peu d'imagination pour orner ce que l'on vouloit dire. Dès ce moment, les rhéteurs et les grammairiens furent transformés en philosophes, et ils crurent qu'avec l'intelligence grammaticale des mots techniques de chaque science ou art, ils en possédoient tous les principes.

Ils prétendoient apprendre au charpentier à faire des charpentes, au maçon à bâtir, au cordonnier à faire des souliers, au général à conduire une armée ; en un mot, ils prétendoient enseigner un cours complet de sciences et d'arts, et communiquer à leurs disciples, dans un petit nombre de leçons, toutes les lumières que l'on peut acquérir ; de sorte qu'il ne restoit plus rien à apprendre, lorsqu'on avoit eu le bonheur d'entendre un sophiste pendant assez peu de temps. Socrate demandant à Dionysodore » s'il est bien vrai que » les sophistes sachent toutes choses, » ajouta : seriez-vous aussi charpentiers, » maçons, tanneurs ? Dionysodore ré- » pond : Nous sommes tout (1). «

Comme ces discoureurs ne desiroient ni de découvrir, ni de faire connoître la vérité, mais d'acquérir de la célébrité, de plaire, de se faire admirer et de gagner de l'argent, ils sacrifièrent à la pureté de la diction, à l'élégance des expressions, à l'exactitude grammaticale, la justesse des pensées, la solidité des raisonnemens.

» Ils étoient, dit Plutarque, sem- » blables aux bouquetières, qui choi- » sissent à l'œil les belles et odorantes » fleurs, en tissent et composent un » ouvrage qui est bien souef, mais qui » au demeurant ne porte point de fruit, » et ne dure qu'un jour ; leurs disciples

---

(1) Plut. in Eutydem.

» étoient comme des guêpes, qui res-
» pirent le parfum des fleurs, mais qui
» n'en tirent point de miel; ils s'atta-
» choient non aux choses, ni à la subs-
» tance, ains alloient requérant que le
» langage fût rond, pur et attique.

» Ces erreurs, ajoute Plutarque, sont
» cause qu'il se trouve grande indigence
» de sens et de bon entendement, et à
» l'apposite grande abondance de babil
» et de caquet, ès jeunes gens par les
» écoles, pour autant qu'ils n'observent
» la vie, ni les actions, ni le déporte-
» ment des philosophes en l'administra-
» tion et gouvernement de la chose pu-
» blique, ains donnent toute louange
» aux beaux termes, paroles élégantes,
» et au beau dire, sans savoir si ce qu'ils
» disent est utile ou inutile, nécessaire
» ou bien superflu (1). «

On n'estima plus dans les philosophes
que les graces du style: une expression
triviale rendoit un homme ridicule, et
faisoit échouer les meilleurs raisonne-

_____

(1) Plutarq. *Comment il faut ouïr.*

mens. Socrate ayant dit au grand Hippias, qu'un homme avec lequel il s'entretenoit sur la nature du beau, lui avoit demandé si une belle marmite étoit une belle chose : « Ah Socrate ! s'écria » le grand Hippias, il n'est pas possible » qu'un homme soit assez grossier pour » employer des termes si bas dans une » matière si relevée ! » Hippias conclut qu'il ne faut pas raisonner avec un tel homme (1).

Les sophistes ne s'étoient pas appliqués avec moins de soin à prendre les inflexions les plus propres à flatter l'oreille : « Les devis, les leçons et les » harangues de ces sophistes faisant montre » de leur éloquence, dit Plutarque, » ont non-seulement la couverture des » paroles fardées, qui cache la sentence ; » mais qui plus est, ils adoucissent la » voix par je ne sais quels entonnemens » et accens de chansons qu'ils donnent » à leur prononciation ; et qui ravissent » les écoutans hors d'eux-mêmes, en les

---

(1) Plat. in Hippias.

» tirant là où ils veulent, en leur don-
» nant une certaine volupté, et en re-
» cevant une plus vaine gloire; tellement
» qu'il leur arrive proprement, ce que
» répondit Denys, lorsqu'ayant promis
» au théâtre à quelque joueur de ci-
» thre, qui avoit excellemment joué,
» un grand présent, depuis ne lui donna
» rien : car autant que tu m'as, ce dit-il,
» donné de plaisir en chantant, autant
» en as-tu reçu de moi en espérant. Toutes
» telles contributions fournissent et payent
» les auditeurs qui écoutent tels haran-
» gueurs ; car ils sont admirés pour au-
» tant de temps comme ils demeurent
» en la chaire à haranguer ; mais la ha-
» rangue étant finie, aussi tôt est écoulé
» le plaisir des uns et plus tôt encore la
» gloire des autres ; de manière que ceux-
» là ont dépensé en air autant de temps
» comme ils ont demeuré à écouter, et
» ceux-ci toute leur vie qu'ils ont em-
» ployée à ainsi parler (1). »

Ils ne pouvoient souffrir ni la discus-

---

(1) Plutarq. *Comment il faut ouïr.*

sion, ni l'examen; et pour masquer leur ignorance, lorsqu'on leur proposoit quelque question ou quelque difficulté, » chacun d'eux tenoit une fable toujours » prête pour divertir ses auditeurs, » comme s'il ne parloit qu'à des en- » fans (1).

» C'étoient des hommes qui, à quel- » que prix que ce fût, vouloient faire » du bruit; c'étoient des enthousiastes, » des hommes tranchans, qui parloient » sans hésiter et sans réfléchir : ils étoient » toujours prêts à discourir, et ne ré- » pondoient jamais, ou ne répondoient » qu'avec une peine extrême aux ques- » tions qu'on leur faisoit.

» Si vous leur demandez quelque » chose, ils s'arrachent quelques petites » paroles énigmatiques, comme on tire » des flèches rouillées d'un vieux car- » quois : si vous leur demandez ce que » signifient ces termes, ils en détachent » d'autres qu'ils ont également fabriqués, » mais sur un modèle tant soit peu dif-

---

(1) Plat. in sophist.

» férent, sans qu'il soit possible de rien
» conclure avec ces sortes de gens, qui
» n'ont jamais rien conclu ensemble (1).»

Avec ces obscurités, avec ces plaisanteries, les sophistes pouvoient parler sur tous les sujets, sans craindre qu'on les convainquît d'ignorance, d'erreur ou de contradiction avec eux-mêmes (2).

Rien n'est plus imposant que ce foible et dangereux talent aux yeux des jeunes gens sans lumières et sans sagacité ; aussi les sophistes les recherchoient-ils avec ardeur. Ils avoient des espèces de proxenètes qui vantoient leurs talens, leurs qualités, même leurs vertus, et qui tâchoient par ce moyen d'inspirer le desir de les voir et de les entendre. Ils posssédoient l'art de flatter la vanité de leurs disciples par des adulations accommodées à leur état et à leur caractère ; par ce moyen ils se faisoient une multitude de partisans et de disci-

---

(1) Plat. in Thœter.
(2) Cressolius, theatrum veterum rhetorum, l. 3, c. 5.

ples, parmi lesquels les uns restoient dans l'admiration pour leurs maîtres, et dans la soumission à leurs décisions ; les autres, persuadés par leurs éloges, se croyoient supérieurs à leurs maîtres : ceux-ci ne venoient plus dans les écoles pour apprendre, mais par fantaisie, dit Platon, selon que l'enthousiasme de la philosophie les prenoit, et toujours convaincus que les autres étoient de francs ignorans (1).

La jalousie, la passion de la célébrité, l'amour de l'argent divisoient tous ces prétendus philosophes ; mais l'intérêt commun les réunissoit. Ainsi, quoique ennemis secrets les uns des autres, ils formèrent une secte qui entreprit de s'emparer de l'estime universelle, si je peux parler ainsi. Ils prétendirent sur-tout se faire respecter et imprimer de la terreur : ils se vantoient de pou-

---

(1) Plato. ibid. Philostr. vit. sophist. Cressol. ibid. l. 4, c. 4. Tacit. dial. de orat. c. 29. Colligunt enim discipulos non severitate disciplinæ, nec ingenii experimento, sed ambitione salutantium et illecebris adulationis.

voir flétrir les citoyens les plus vertueux, de faire tomber les meilleurs ouvrages, de détruire les réputations les mieux établies, de rendre ridicules les meilleurs esprits et les hommes les plus estimables ; en un mot, tout médiocres qu'ils étoient, ils prétendirent exercer un empire absolu dans la république des lettres (1).

Chacun d'eux avoit un certain nombre de disciples, qui se trouvoient dans tous les lieux où le sophiste devoit prononcer quelque discours. Chaque disciple applaudissoit, s'extasioit à chaque mot qui sortoit de la bouche du sophiste.

Ces disciples blâmoient au contraire les ouvrages des ennemis des sophistes, calomnioient et déchiroient leurs auteurs. Ils firent une guerre cruelle à tous ceux qui ne les admiroient pas. Socrate qui les avoit rendus ridicules, qui avoit confondu leur orgueil, et dévoilé leur ignorance ; Théotime, qui avoit

---

(1) Plat. in Thæter. in Gorg. in sophist. in Phædon.

écrit contre les principes d'Epicure, périrent par les calomnies et par les intrigues des sophistes (1).

Le luxe qui avoit rendu les sophistes incapables de méditer sur la nature, et de comprendre les systèmes des premiers philosophes, leur ôta la capacité d'attention nécessaire pour entendre même les notions générales des sciences; ils renoncèrent aux discussions philosophiques; ils firent des déclamations, et sur-tout des panégyriques; ils louèrent les dieux, les héros, les villes (2).

Ces déclamateurs, ces sophistes participoient au luxe de leur siècle; ainsi le luxe d'un côté diminuoit sans cesse en eux la capacité d'attention, la sagacité, l'application; et de l'autre il augmentoit le besoin de s'enrichir, et l'ardeur de la célébrité qui procuroit des richesses. Ils cherchèrent donc les moyens d'acquérir de la célébrité et de la fortune, le plus promptement et avec le moins

---

(1) Plat. apol. de Socrate. Athénée, l. 13, c. 9.
(2) Cressollius, l. 3, c. 7, 8, 9. Cic. de orat.

de travail et d'application qu'il étoit possible. Ils réduisirent la philosophie et l'éloquence à la connoissance d'un certain nombre d'expressions qu'ils avoient l'art de débiter de la manière la plus capable de flatter l'oreille, et d'en imposer à des disciples et à des auditeurs encore plus ignorans qu'eux.

» Je peux, dit un de ces sophistes à
» un jeune aspirant, vous rendre dans un
» seul jour égal à moi, qui prime dans
» toutes les assemblées, et qui confond
» tous ceux qui osent parler : ne soyez
» point effrayé de votre ignorance, quel-
» que profonde qu'elle soit; ayez seule-
» ment encore plus de présomption, et
» sur-tout de l'audace et de l'impudence :
» renoncez à la pudeur, à l'équité, à la
» modestie; ces qualités sont inutiles, ou
» même contraires à votre objet : parlez
» haut, ayez le ton arrogant, et un main-
» tien tel que le mien : tout ceci est
» absolument nécessaire, et suffit; quel-
» quefois cependant il faut être habillé
» avec goût.

» Je ne vous expose ici que les qualités

» essentielles pour aspirer à l'état de so-
» phiste, et la rhétorique ne reconnoît
» pour ses disciples, que ceux qui en
» sont doués.

» Il faudra vous rendre familiers quinze
» ou tout au plus vingt mots attiques sur
» toutes sortes de matières, acquérir l'art
» de les placer dans la conversation,
» comme des espèces d'assaisonnemens
» piquans : il faut ensuite savoir quelques
» mots abstraits, peu usités, et rarement
» employés par les anciens : il faut vous
» rendre maître de ces expressions, afin
» de les décocher contre tous ceux qui
» parleront : le vulgaire vous admirera
» et vous croira doué d'une intelligence
» et d'une érudition extraordinaire, et
» qui surpasse infiniment sa capacité.

» Ne lisez point les anciens, tels que
» le foible Isocrate, le lourd Démosthène
» ou le froid Platon, mais les ouvrages
» composés depuis peu, et sur-tout des
» déclamations, afin de vous faire un maga-
» sin de lieux communs que vous puissiez
» employer dans l'occasion, comme vos
» propres idées.

» Souriez avec complaisance en par-
» lant, condamnez et tournez en ridicule
» tout ce que les autres diront, et faites-
» vous dans chaque assemblée un parti
» qui vous applaudisse : si quelqu'un vous
» contredit ou refuse de vous admirer,
» indignez-vous, traitez-le sans ménage-
» ment, et employez contre lui les ex-
» pressions les plus insultantes : arrivez
» toujours le dernier dans une assemblée,
» et n'approuvez jamais ce que l'on y
» dit ; faites même sentir que ce que
» l'on dit ou ce que l'on loue ne vous
» plaît pas.

» Du reste, souvenez-vous qu'il faut
» être confiant, hardi, impudent, et avoir
» toujours une provision de mensonges
» et de calomnies vraisemblables contre
» tout le monde : quant à votre conduite
» particulière, ne vous refusez à aucun
» vice, et permettez-vous tous les crimes.

» Si vous suivez exactement tous ces
» préceptes, dans peu de temps vous serez
» un homme célèbre « (1).

---

(1) Lucian. in Rhetor. præcept.

Tels, à peu près, Aulugelle nous représente de jeunes philosophes qu'il avoit vus à Athènes (1).

Comme le luxe diminuoit sans cesse la capacité d'attention et le goût des lettres et des sciences, il arriva un temps où l'on n'alla plus dans les écoles des sophistes ; on les appela dans les maisons pour les entendre discourir pendant les repas, sur des sujets qu'on leur indiquoit, et ensuite pour leur faire dire des facéties, et des propos *de triacleurs*, disent les anciens (2).

» Vous vous étonnez, dit Sénèque,
» que la sagesse n'ait pas encore achevé
» son ouvrage, tandis que nous ne som-
» mes occupés qu'à perfectionner le vice ;
» c'est à cet objet que nous employons
» nos yeux et nos mains : au contraire,
» qui veut s'approcher de la sagesse ? qui
» la croit digne d'être connue ? qui vou-
» droit la regarder, si ce n'est en pas-

---

(1) Lib. 1, c. 2.
(2) Plutarq. *Comment il faut ouïr.* Aulugel. l. 1, c. 3 ; l. 8, c. 13.

» sant ? qui s'applique à la philosophie
» et aux arts libéraux, si ce n'est dans
» la cessation des jeux et des spectacles,
» dans un jour pluvieux et où l'on ne sait
» que faire ?

» Voilà pourquoi tant de sectes de
» philosophes se sont éteintes, faute de
» successeurs ; les vieux et les nouveaux
» académiciens n'ont laissé après eux
» personne qui enseigne leur doctrine ;
» l'école de Pythagore, si féconde en
» grands hommes, et dont l'éclat avoit
» excité l'envie, ne trouve plus de maî-
» tres, ni de disciples : la secte nouvelle
» des Sextius, digne de la force et de la
» vertu Romaine, ayant commencé
» avec beaucoup de vigueur, est entiè-
» rement éteinte.

» Mais combien fait-on d'efforts pour
» empêcher que le nom et la mémoire
» d'un bateleur ne se perdent ? La fa-
» mille des Pylades et des Bathylles sub-
» siste encore dans leurs successeurs : il
» y a beaucoup de docteurs qui l'ensei-
» gnent ; il n'y a point dans Rome de
» maison particulière où quelque théâtre

» ne soit dressé : la philosophie ne trouve
» jamais son tour ; on la méprise : voilà
» pourquoi, loin de trouver quelque chose
» de ce que les anciens n'avoient pas re-
» cherché fort exactement, on a laissé
» perdre ce que l'on avoit déjà trouvé (1). »

On conservoit cependant encore les ouvrages des philosophes, des poëtes, des orateurs célèbres, mais on ne les lisoit pas. « Des ignorans moins lettrés
» que des esclaves, dit Sénèque, ont
» des livres, non pour les étudier, mais
» pour tapisser leur salle à manger. On
» fait construire à grands frais des ar-
» moires de cèdre et d'ivoire, que l'on
» remplit d'auteurs inconnus et mépri-
» sés : on bâille au milieu de cet amas
» de volumes dont on n'estime que les
» titres et les caractères. Vous trouverez
» chez les hommes les plus désœuvrés
» la collection complette des orateurs et
» des historiens, et des tablettes éle-
» vées jusqu'au faîte de la maison : au-
» jourd'hui dans les bains même et dans

---

(1) Senec. Quæst. nat. l. 7. c. 32.

» les thermes, on place une bibliothèque
» comme un ornement nécessaire.

» Je pardonnerois ce délire, s'il ve-
» noit d'un excès d'amour pour l'étude ;
» mais on ne recherche avec tant de soin
» les ouvrages et les portraits des plus
» grands hommes, que pour en parer les
» murailles (1). «

Le luxe ne laissa pas même subsister
ces foibles vestiges de l'amour pour les
lettres.

« Un petit nombre de maisons autre-
» fois célèbres par l'application sérieuse
» qu'elles donnoient aux lettres, ne con-
» noissent à présent que les plaisirs d'une
» honteuse paresse, et retentissent de
» chansons ou de sons d'instrumens, dit
» Ammien Marcellin ; au lieu d'un phi-
» losophe, c'est un chanteur ; au lieu
» d'un orateur, c'est un maître en fait
» d'arts amusans. Aux bibliothèques fer-
» mées pour toujours comme des tom-
» beaux, on substitue des instrumens de
» musique, des lyres grandes comme

---

(1) De tranquil. animi. c. 9.

» des voitures, des flûtes, et un atti-
» rail coûteux de machines nécessaires
» au jeu des histrions.

» Enfin on en est venu à ce point
» d'indignité, que les étrangers ayant
» été brusquement chassés de la ville,
» il n'y a pas long-temps, à cause de la
» famine que l'on craignoit, les amateurs
» des sciences, qui n'étoient qu'en très-
» petit nombre, furent chassés sans délai
» et sans miséricorde ; mais on garda
» tous les domestiques des histrions
» et des mimes, et même tous ceux
» qu'ils réclamèrent à ce titre : on con-
» serva de même, sans la moindre diffi-
» culté, trois mille danseuses avec les
» chœurs et leurs directeurs « (1).

Dans les temps qui suivent, on voit l'ignorance faire des progrès rapides, et le luxe éteindre continuellement les sciences et les arts, jusqu'à la ruine de l'empire Romain, époque pendant laquelle les incursions des nations barbares s'unissent au luxe pour consommer

___

(1) Ammian. Marcell. l. 14. c. 8.

l'anéantissement

l'anéantissement des sciences et des beaux-arts, mais que le luxe auroit achevé seul, et quand même il n'auroit pas ouvert les provinces de l'empire aux barbares; le mépris que le luxe avoit inspiré pour les anciens, l'espèce de fureur qu'il avoit produite pour les spectacles et pour la dissipation, l'incapacité de l'application qu'il avoit répandue et communiquée à tous ceux qui cultivoient les lettres, n'anéantissoient-elles pas les ouvrages des grands hommes et des philosophes, aussi sûrement et aussi efficacement que les incursions des barbares?

J'atteste sur tous ces effets du luxe les écrivains anciens et modernes, qui ont transmis l'histoire littéraire de ces siècles (1).

---

(1) Sénèque; Plutarque; Pétrone; Longin; Tacite, dialogue sur les orateurs; Suetonius, de claris grammaticis et rhetoribus; Lucian. Quintil. Aulugel. Cressolius, theatrum veterum rhetorum. Lil. Giral. hist. poet. Vossius, hist. orat. poet. et historic. Tableau des révolutions de la littérature ancienne et moderne, traduit de l'italien. Histoire de la littérature d'Italie, par Tiraboschi, etc.

CHAPITRE VII.

De quelques préjugés contraires à ce que j'ai dit des effets du luxe, par rapport aux facultés de l'esprit, aux talens, aux sciences & aux arts.

Les partisans du luxe pensent que l'homme tend naturellement à l'inaction et au repos; que le luxe seul peut le garantir d'une léthargie funeste; que lui seul a produit les arts, les sciences, et les différens genres de littérature; que par conséquent il développe les facultés intellectuelles de l'homme, et donne de l'activité à l'esprit loin de l'éteindre.

» Dans les temps où l'industrie et les » arts fleurissent, dit M. Hume, les » hommes sont entretenus dans une oc- » cupation continuelle : l'esprit acquiert » une nouvelle vigueur, étend ses puis- » sances et ses facultés. Bannissez les » arts de la société, vous privez les » hommes de l'action et du plaisir.

» Un autre avantage de l'industrie et » du raffinement des arts mécaniques,

» est que communément le même siècle
» qui produit de grands philosophes et
» de grands politiques, des généraux et
» des poëtes fameux, abonde aussi en
» bons constructeurs de vaisseaux. On ne
» doit pas s'attendre que dans une na-
» tion où l'astronomie est ignorée, et la
» morale négligée, il se trouve des ou-
» vriers capables de fabriquer une pièce
» d'étoffe dans le degré de perfection
» dont elle est susceptible : l'esprit du
» siècle se communique à tous les arts ;
» le génie de l'homme n'est pas plutôt
» tiré de la fatale léthargie qui l'engour-
» dit, qu'il fermente, pour ainsi dire,
» s'agite, se tourne de tous côtés, et
» perfectionne tous les arts et toutes les
» sciences ; l'ignorance profonde est
» entièrement bannie, et les hommes
» jouissent du privilège des créatures
» raisonnables, de penser aussi bien que
» d'agir, de cultiver les plaisirs de l'es-
» prit aussi bien que ceux du corps (1). «

Je ne connois pas assez les rapports

---

(1) Discours polit., tom. 1, p. 46.

de l'art du tisserand avec l'astronomie, pour juger si la connoissance de cette science est nécessaire dans un état pour donner à une pièce d'étoffe toute la perfection dont elle est susceptible, comme l'assure M. Hume ; mais je crois que les besoins de l'homme, le desir qu'il a de s'éclairer, le plaisir qu'il éprouve lorsqu'il augmente ses connoissances, suffisent pour donner naissance aux sciences et aux arts. Ce n'est point le luxe qui a produit les arts et les sciences en Egypte et à la Chine : ce n'est ni faute d'esprit, ni faute de génie ou de lumières, que beaucoup de peuples ont banni le luxe, les arts et les sciences qui y ont rapport : l'extinction du luxe n'y a point anéanti les arts et les sciences nécessaires ou utiles au bonheur des hommes et des sociétés.

M. Hume dit » que le génie, tiré par » le luxe d'une fatale léthargie, fer- » mente, s'agite, se tourne de tous cô- » tés, et perfectionne tous les arts et » toutes les sciences. «

Mais le desir de s'éclairer, la considération qu'obtiennent les connoissances, et les lumières supérieures, ne suffisent-elles pas pour donner de l'activité à l'esprit humain, et pour développer le génie ?

Lorsque Charlemagne prit le gouvernement de l'empire François, la nation étoit ensevelie dans la plus profonde ignorance : livrée à la dissipation, au plaisir, à la débauche, et entraînée par l'habitude et par la fureur de la guerre ; pour dissiper les ténèbres dont ses états étoient couverts, ce grand prince n'appela point à son secours des fabricans d'étoffes précieuses, des bijoutiers, des peintres, des sculpteurs, des musiciens, des danseurs, mais des hommes qui avoient recueilli les restes précieux des lettres, et qui les avoient cultivées dans la retraite ; on ne trouve parmi les coopérateurs de Charlemagne, pour le rétablissement des lettres, aucun homme de luxe.

Les troubadours, les musiciens, les danseurs que la reine Constance amena de Provence, avancèrent-ils la culture des lettres, des sciences et de la morale ?

Les apologistes du luxe comptent dans l'histoire des lettres et des sciences quatre époques qui leur paroissent décisives en faveur de l'influence du luxe sur le progrès des lettres, des sciences et du goût. Ces quatre époques sont le règne d'Alexandre, celui d'Auguste, celui de François I, et celui de Louis XIV.

Mais c'est une erreur ; le luxe n'a ni commencé ni cessé avec Alexandre, et cependant on a vu qu'avant et après ce prince, les sciences étoient déchues ; le luxe n'a fait qu'augmenter à Rome depuis Auguste, et les sciences aussi bien que les arts s'y anéantirent avant la destruction de l'empire Romain, et sans que le luxe éprouvât aucune diminution.

Le luxe n'avoit point formé les littérateurs qui illustrèrent le règne de François I ; ce n'est point dans le sein du luxe que se sont formés les Bacons, les Descartes, les Newtons, les Bossuets, les Corneilles, les Racines, etc.

Voici, ce me semble, la cause de l'erreur dans laquelle les partisans du luxe tombent sur les effets qu'ils lui attribuent, par rapport au progrès des sciences.

L'homme de luxe cherche le bonheur dans les sensations agréables ; mais il ne peut éprouver sans cesse des sensations agréables ; cependant il veut nécessairement être heureux, et il veut l'être toujours, et continuellement : il y a donc beaucoup d'intervalles qu'il est obligé de remplir par des amusemens. Dans une nation qui n'a ni lettres, ni sciences, ni arts, ces intervalles se remplissent par la danse, par la chasse, par les joûtes, par des combats, par des courses sur les terres des nations voisines. Telle est une grande partie des peuples de l'Afrique et de l'Amérique ; telles étoient les nations Celtiques pour la plupart ; telles sont encore plusieurs nations descendantes des Celtes en Asie (1).

---

(1) Cæsar de bello Gallic. Tacit. de morib. Germ. Peloutier, hist. des Celtes ; Labat, et les différens

Lorsque le temps et les circonstances conduisent une de ces nations à la paix, et qu'elle a les arts nécessaires à sa subsistance, son ardeur pour la guerre et pour les combats se calme, ses mœurs s'adoucissent, parce que la cause qui les rendoit féroces, cesse, et l'on remplace la guerre, le pillage des nations voisines et les combats, par des joûtes, par des carrousels (1).

Le faste, la galanterie, la musique, la danse s'unirent aux carrousels, aux tournois, aux courses, en un mot, à tous les exercices et à tous les divertissemens qui étoient presque toujours militaires, chez des peuples où presque tout étoit soldat et guerrier.

Ce nouvel état des esprits et des mœurs conduisit à la mollesse, à l'amour de la parure. L'oisiveté, la mollesse, l'amour de la parure, la galan-

---

voyageurs. Histoire des découvertes faites par divers savans voyageurs.

(1) Ducange, Dissert. sur Joinville. Le Menetrier, Traité des carrousels.

terie forment ces assemblées dans lesquelles, selon les partisans du luxe, on se plaît à montrer son goût dans son ajustement et dans la conversation (1).

Comme ces occupations et ces amusemens ne suffisent pas pour remplir le desir que l'homme a d'être heureux, il se porte naturellement et par instinct vers tout ce qui peut l'arracher à l'ennui qui le tourmente ; et s'il y a dans cette nation des littérateurs, des savans, des philosophes, les hommes de luxe ont recours à eux. La conversation des premiers intéresse la curiosité des hommes de luxe, diminue le poids de l'ennui qui les accable ; les hommes de luxe aiment dans ce moment les savans, les favorisent, leur accordent des honneurs, les récompensent. Les littérateurs, les philosophes, les savans célèbrent les souverains, les ministres, les grands, les riches qui favorisent ou qui cultivent les sciences et les lettres : les lettres et les sciences acquièrent des établissemens

---

(1) Hume, ibid.

solides ; ainsi l'intérêt, la vanité, le goût de l'amusement font passer l'amour des sciences et des lettres dans toutes les conditions que la nécessité n'assujétit pas à un travail continuel.

Le desir de l'estime, l'émulation, l'amour de la gloire éveille, pour ainsi dire, tous les esprits, excite leur activité, et leur donne une énergie extraordinaire pour les différentes parties des sciences et de la littérature pour lesquelles chacun se sent le plus d'attrait : on remonte aux principes des sciences et du goût, et l'on voit des savans, des littérateurs, des érudits, des orateurs, des poëtes qui se distinguent par leurs lumières et par leurs productions.

Les partisans du luxe, qui n'envisagent notre histoire littéraire que dans cette époque, n'hésitent point à prononcer que le luxe est le seul et unique principe créateur du génie, des talens, des sciences et des lettres, et que sans lui toutes les nations seroient encore ensevelies dans l'ignorance, et condamnées à la stupidité.

C'est une erreur. 1°. L'ignorance barbare des peuples qui ont conquis l'empire Romain, leur mépris pour les sciences et pour les lettres, n'est pas l'état naturel et primitif de ces peuples, qui, dans la plus haute antiquité, avoient des savans, des poëtes, des philosophes qui jouissoient du respect, de la considération et de la confiance de la nation. Lorsqu'on suit leur histoire, on voit que la guerre, et le luxe qui en est inséparable, les avoient plongés dans l'ignorance, et leur avoient inspiré le mépris que nous voyons chez elles pour les sciences, lorsqu'elles s'emparèrent de l'empire Romain dans l'occident.

2°. Le luxe est-il le seul moyen de sortir de l'ignorance et de la barbarie? La Chine, l'Egypte n'ont-elles pas acquis, sans le secours du luxe, toutes les connoissances nécessaires pour le bonheur des hommes et pour la prospérité des sociétés.

3°. Pour retirer utilement les hommes de l'ignorance et de la barbarie, il faut leur faire sentir les funestes effets de leur état, et la nécessité de cultiver leur raison : il faut par ce moyen leur donner le courage, la constance, l'application nécessaires pour sortir de l'ignorance et pour s'élever à la vérité : or, ce n'est point ainsi que le luxe a retiré les hommes de la barbarie et de l'ignorance ; c'est, comme on l'a vu, parce qu'il les a livrés à l'ennui, et que l'ennui les a obligés de recourir aux lettres et aux sciences comme à un amusement.

Aussi n'est-ce point vers les connoissances utiles et importantes que le luxe a d'abord dirigé l'esprit, mais vers les parties purement agréables de la littérature ; telles que la poésie galante et voluptueuse, la mythologie, les fables, et généralement vers tout ce qui fait des impressions agréables sur l'imagination.

Cependant, comme l'histoire et les sciences contiennent beaucoup de connoissances intéressantes même pour la curiosité, et que les hommes de luxe sont inconstans ; il arrive un temps où, dégoûtés de la littérature purement agréable, ils passent à l'amour de l'histoire et des sciences. Considérons un peu l'esprit humain dans le moment où le luxe le porte vers les sciences, vers l'histoire, et vers les connoissances importantes.

Pour éclairer les hommes de luxe, il faut leur rendre la vérité facile à saisir, et, pour ainsi dire, palpable ; il faut sur-tout leur plaire. Les savans, les littérateurs sont donc forcés de chercher à exposer les faits, les idées, les vérités d'une manière agréable, et de choisir des faits piquans, des idées et des images agréables, et dont l'intelligence ne demande pas une grande attention. Ainsi ce n'est pas, à proprement parler, l'esprit des hommes de luxe qui s'élève aux sciences ; ce sont les sciences qui s'approchent des hommes de luxe.

Les orateurs, les poëtes, les historiens, qui voient que les idées philosophiques, les faits singuliers, les connoissances scientifiques plaisent, veulent devenir philosophes : ils cherchent dans les écrits des philosophes les idées et les connoissances philosophiques; mais occupés de l'art de parler ou d'écrire agréablement, ne s'étant exercés qu'à donner à ce qu'ils disoient ou écrivoient une tournure agréable et piquante, ils ne recueillent dans les écrits des philosophes que les idées superficielles qu'ils peuvent exposer agréablement et très-brièvement. De leur côté, les érudits, les savans, les philosophes, au lieu d'approfondir l'histoire et les sciences, ne s'occupent qu'à chercher des idées et des faits qui puissent intéresser et amuser des hommes incapables d'une longue attention, et que la vérité la plus importante ne toucheroit pas, si elle n'étoit énoncée élégamment et agréablement. L'effort général de l'esprit se tourne vers l'art de dire agréablement, et d'une manière imposante, des choses communes ou singulières, et de les mettre à la portée des hommes les plus inappliqués et les moins exercés à faire ou à suivre un raisonnement : on ne dit plus sur les sujets que l'on traite que des lieux communs.

Il est facile d'acquérir la connoissance des lieux communs et des idées vagues; » mais il y a ceci à remarquer sur les » lieux communs, dit un des plus beaux » génies de l'antiquité, que jamais ils » ne peuvent nous rendre savans sur au- » cune matière particulière, à cause » qu'ils sont vagues, et ne traitent » point un sujet déterminé (1). «

On tâche alors de suppléer aux idées par les images et par les comparaisons : » ce qui est une preuve qu'on manque » des véritables idées des choses, et que » l'esprit n'ayant pas assez de force pour » regarder les objets dans eux-mêmes et » dans leurs principes naturels, il est » obligé de les considérer par réflexion » dans ces figures indirectes, qui sont » les comparaisons (2). «

Le style devient alors l'objet principal

---

(1) Aristot. rhetor. l. 1, c. 7.
(2) Sentimens de Cléanthe, lettre 2.

des écrivains et des lecteurs ; et selon M. Pope, » ils apprécient un livre comme » les femmes apprécient un homme par » l'ajustement : leur éloge est toujours » le même ; le *style en est excellent*. Quant » au sens, ils supposent avec humilité » qu'il est fort bon : comme on ne trouve » d'ordinaire que peu de fruits sur » un arbre abondamment chargé de » feuilles, de même on trouve rarement » beaucoup de sens dans beaucoup de » mots (1). «

Ainsi, lorsque le luxe étend le goût des sciences, il ne permet d'acquérir que des idées superficielles ; il resserre l'étendue de l'esprit ; il éteint le génie ; il empêche les hommes de s'élever aux idées lumineuses, aux principes féconds auxquels on n'arrive jamais que par la méditation, et par la discussion dont les hommes de luxe sont incapables ; il fait préférer le faux brillant au vrai simple, les mots aux choses. La Mothe le Vayer disoit : » La plupart des livres

---

(1) Essai sur la critique, part. 2, t. 1, p. 209.

» qu'on voit aujourd'hui sortir de la
» presse, sont de la nature de ces vins
» doux et nouveaux, qui plaisent d'a-
» bord, mais qui nuisent à l'estomac,
» font mal à la tête, et ne sont jamais
» de durée. La plupart de ces livres pro-
» mettent beaucoup, et tiennent peu :
» ce sont des buissons creux, où le
» meilleur chasseur perd sa peine. Il y
» a des feux volages qui paroissent dans
» des compositions, dont l'éclat ne dure
» qu'un instant, et nous conduit à des
» fondrières d'ignorance (1).

» Cependant, dit le même auteur,
» ces écrivains ne laissent pas de se faire
» valoir ; ils ont l'artifice d'acquérir de
» la réputation par des cabales sem-
» blables à celles dont Vitruve se plaint
» dans la préface de son troisième livre.
» Il remarque au sujet des arts, qu'une
» infinité de personnes y ont obtenu de
» l'estime par un bonheur qui fait voir
» que les ignorans assez souvent l'em-
» portent sur les plus habiles.

---

(1) Homélie 22, t. 14, p. 313.

» O! que l'observation de Vitruve a de rapport à ce qui se passe en nos jours dans toutes sortes de professions, et dans celle des livres autant qu'en toute autre !

» Cette grande réputation vient ordinairement des louanges qui se donnent par pure flatterie ou par cabale, afin d'en recevoir de pareilles: *Mutuum muli scabunt* (1).

» Combien d'hommes admirables, et qui avoient de très-beaux génies, dit la Bruyère, sont morts sans qu'on en ait parlé ! combien vivent encore dont on ne parle point, et dont on ne parlera jamais (2)! «

Les savans, les orateurs, les poëtes, les littérateurs ne sont pas inaccessibles aux défauts et aux vices que nous avons vu que le luxe produit nécessairement; tels sont la frivolité, l'inapplication, la dissipation, la mollesse, le faste, la recherche de tous les plaisirs, l'amour

---

(1) La Mothe le Vayer, ibid. p. 240, 251.
(2) Les mœurs de ce siècle, c. 2.

des richesses qui les procurent, le desir de la célébrité et l'intrigue qui conduisent à la fortune. Ainsi, chez les nations mêmes où le luxe auroit créé des talens et des génies pour les sciences et pour les lettres, il arrivera un temps où les savans et les hommes de lettres seront non-seulement superficiels, mais encore frivoles, fastueux, dissipés et cupides; où ils obtiendront par intrigue les places, les récompenses, les distinctions dues au génie, au talent, au mérite; où l'esprit se rétrécira sans cesse, et ne s'éclairera que sur l'art d'intriguer et de cabaler, de capter la bienveillance des personnes en crédit, et de supplanter un concurrent; ainsi le luxe, après avoir formé des établissemens pour développer les talens et le génie, les remplira d'hommes médiocres, et enfin d'hommes sans mérite et même sans aucun titre littéraire : alors la gloire des sciences et des lettres s'éclipsera, et elles toucheront à leur fin.

Cependant, comme les établissemens formés pour encourager et pour récompenser les talens subsisteront, et que les soi-disant littérateurs s'enrichiront, on prétendra que les lettres et les sciences fleurissent, lors même qu'elles seront presque éteintes.

Mais, dira-t-on, notre siècle où le luxe est porté au plus haut degré, n'est-il pas aussi le siècle de la raison, du goût, du génie et des talens? n'a-t-il pas, par la supériorité de ses lumières, mérité d'être nommé à juste titre le siècle de la philosophie?

Je conviens que depuis quelque temps on donne ce titre à notre siècle; mais suffit-il de se dire et de se croire philosophe pour l'être en effet?

Plutarque rapporte » qu'Aristarque,
» en parlant des sophistes qui contrefai-
» soient les philosophes, disoit: ancien-
» nement le monde avoit peine à four-
» nir sept sages; mais, de notre temps,
» à peine pourroit-on trouver autant
» d'ignorans (1). «

_____

(1) Plutarque, de l'amitié fraternelle. Laert. in Aristarq.

» Après le règne d'Adrien, Lucain,
» Sénèque, Martial avoient fait oublier
» leurs prédécesseurs; l'on préféroit
» Stace à Horace, Silius Italicus à Virgile, les deux Sénèques à Cicéron,
» des historiens obscurs à Tite-Live:
» les nouveaux philosophes Grecs tâchoient de rabaisser le mérite de Platon, de Zénon, de Thalès, et les sophistes; les grammairiens et les rhéteurs n'avoient rien plus à cœur que
» de faire perdre le souvenir des anciens
» savans (1). «

Doutoit-on alors qu'on ne vécût dans le siècle des talens, du génie, de la lumière et de la philosophie?

Sans m'ériger en Aristarque, qu'il me soit permis de faire quelques réflexions sur le fondement du titre de siècle de lumières que l'on donne à notre siècle.

Depuis que le luxe a porté la curiosité de l'esprit vers les sciences, vers la philosophie et vers la littérature, on a fait des traités élémentaires sur les dif-

---

(1) Hist. de la littérature d'Italie, tom. 1, p. 263.

férentes parties des sciences, de la philosophie et de la littérature ; mais bientôt les traités élémentaires sont devenus trop forts pour le degré d'application dont les hommes de luxe sont capables. On a fait des dictionnaires et des journaux pour toutes les sciences, des abrégés de tous les livres, et même des abrégés des dictionnaires.

Dans la nécessité de proportionner les traités, les abrégés, les définitions à la capacité d'attention, toujours décroissante, des lecteurs livrés au luxe ; les définitions des dictionnaires se sont réduites à des définitions grammaticales, à des définitions de mots, à des descriptions. Les livres sont devenus des recueils de faits singuliers, de traits piquans, de discours vagues, de lieux communs, de pensées détachées, de notions superficielles que l'on exprime le plus heureusement et le plus agréablement que l'on peut ; et chaque écrivain assure à son lecteur que son dictionnaire ou son ouvrage contient tout ce que l'on peut savoir, ou du moins tout ce qu'il est utile de savoir sur le sujet qu'il traite.

On croit alors que les sciences sont à la portée de tous ceux qui savent lire et qui peuvent se procurer des dictionnaires sur les différens objets des sciences. Tous les lecteurs se trouvent tout-à-coup astronomes, mathématiciens, chimistes, physiciens, botanistes, érudits, politiques, moralistes, etc.

Des hommes qui apprennent les sciences avec tant de facilité, ne pourroient sans injustice méconnoître en eux-mêmes une force d'esprit, une sagacité extraordinaire, et dans le siècle, un degré de lumière supérieur aux lumières de tous les siècles passés. Il est même certain que l'on est plus disposé à porter ce jugement à mesure que l'on est plus superficiel et moins éclairé. On pourroit donc croire communément que notre siècle a une supériorité de lumières, de goût et de talens, quoique en effet il n'eût pas cet avantage.

M. Huet avoit fait ces observations sur l'état des sciences en France.

» Toutes les sciences, dit-il, se rédui-
» sent aujourd'hui principalement en
» dictionnaires, et on ne cherche plus
» d'autres clefs pour les pénétrer. Qui
» est présentement la dame *virtuose*,
» qui est le jeune magistrat, qui est
» même le régent novice, qui ne croit
» pas pouvoir aller de pair avec les sa-
» vans du premier ordre, après s'être
» muni d'un bon Moréri, dont les com-
» pilateurs ne seroient pas reçus dans le
» second (1) ? «

Ménage disoit : » Les dictionnaires et
» les loteries qu'on voit multiplier tous
» les jours, sont, pour le siècle, une
» marque sûre d'ignorance et de gueu-
» serie (2). «

La supériorité des talens et du goût de notre siècle est encore bien moins sûre que la supériorité de nos lumières. M. de Voltaire, dans une lettre à M. l'abbé d'Olivet, dit :

---

(1) Huetiana, p. 175.
(2) Menagiana, tom. 1, p. 137.

Cher doyen de l'académie,
　Vous vîtes de plus heureux temps ;
Des neuf sœurs la troupe endormie
Laisse reposer les talens :
Notre gloire est un peu flétrie ;
Ramenez-nous, sur vos vieux ans,
Et le bon goût, et le bon sens
Qu'eut jadis ma chère patrie.

C'est de notre siècle et de notre temps que M. de Voltaire dit dans la même lettre : » La langue françoise s'altère de » jour en jour ; mais le style se corrompt » bien davantage. On prodigue les ima- » ges et les tours de poésie en physique ; » on parle d'anatomie en style ampoulé ; » on se pique d'employer des expressions » qui étonnent, parce qu'elles ne con- » viennent pas au sujet. Le déplacé, le » faux, le gigantesque semblent vouloir » dominer aujourd'hui ; c'est à qui ren- » chérira sur le passé : on appelle de » tous côtés les passans pour leur faire » admirer des tours de force qu'on subs- » titue à la démarche simple, noble, » aisée, décente des Pélissons, des Fé- » nelons, des Bossuets, des Massillons.... « On s'exprime enfin aussi ridiculement

» que l'on pense; et, à la honte de l'es-
» prit humain, ces impertinences ont
» des partisans (1). «

C'est d'après cette idée de notre siècle, qu'il dit aux auteurs:

Servez d'antiques mets, sous des noms empruntés,
A l'appétit mourant des lecteurs dégoûtés;
Mais sur-tout écrivez en prose poétique,
Et d'un style ampoulé parlez-moi de physique;
Donnez du gigantesque, étourdissez les sots:
Si vous ne pensez pas, créez de nouveaux mots,
Et que notre jargon, digne en tout de notre âge,
Nous fasse de Racine oublier le langage.

Voyez l'apologue sous lequel il peint le siècle de Louis XIV et notre temps:

Jadis en sa volière un riche curieux
Rassembla des oiseaux le peuple harmonieux:
Le chantre de la nuit, le serin, la fauvette,
De leurs sons enchanteurs égayoient sa retraite.
Il eut soin d'écarter les lézards et les rats;
Ils n'osoient approcher. Ce temps ne dura pas:
Un nouveau maître vint; ses gens se négligèrent;
Sa volière tomba, les rats s'en emparèrent;
Ils dirent aux lézards: Illustres compagnons,
Les oiseaux ne sont plus, et c'est nous qui régnons (2).

---

(1) Lettre de M. de Voltaire à M. l'abbé d'Olivet sur sa prosodie.

(2) Les deux siècles. Mélanges, t. 1, p. 169.

C'est de ce siècle si glorieux de sa supériorité en tout genre, que le même auteur dit :

D'un siècle dégoûté la démence imbécille
Préfère les Remparts et Faxhal à Virgile ;
On verroit Cicéron sifflé dans le palais ;
Le léger vaudeville et les petits couplets
Maintiennent notre gloire à l'opéra-comique :
Tout le reste est passé ; le sublime est gothique (1).

L'auteur du tableau historique des révolutions de la littérature ancienne et moderne, observe que depuis le siècle de Louis XIV, les lettres et les talens sont chez nous dans un état de décadence, et il n'hésite point à l'attribuer au luxe.

» Le seul usage général de mener une
» vie délicieuse, délicate et molle, dit-
» il, ne peut que dérober une grande
» partie du temps que l'on devoit em-
» ployer à la lecture et à l'étude. Cepen-
» dant on ne perd pas pour cela le de-
» sir de paroître homme de lettres et

---

(1) Epître au roi de la Chine.

» bel-esprit. Il vaut donc mieux laisser
» là l'étude des langues et des ouvrages
» anciens, et chercher des voies abré-
» gées pour apprendre ainsi sommaire-
» ment un peu de tout. Il ne manque
» pas d'écrivains empressés à subvenir à
» ce nouveau besoin par des ouvrages
» qui, d'un côté, font plaisir aux lecteurs
» qui aiment à trouver de la briéveté et
» très-peu de peine, et qui, d'autre part,
» n'exigent des auteurs, ni un grand gé-
» nie, ni une grande imagination, ni
» une grande habileté. C'est delà que
» sont venus les essais, les abrégés, les
» lettres en matière de sciences, les
» journaux, les bibliothèques, les en-
» cyclopédies, les dictionnaires univer-
» sels et autres semblables ouvrages:
» quoiqu'ils alongent plutôt la carrière
» qu'il faut courir dans les lettres, et
» qu'ils en retardent le progrès au lieu
» de le faciliter, ils servent néanmoins à
» donner une culture superficielle, et à
» faire honneur d'une érudition dont on
» n'a pas la réalité ; d'où l'on comprend
» aisément que la littérature tombe et

» se perd précisément lorsqu'il y a plus
» de littérateurs (1). «

Cet auteur prétend, il est vrai, » que
» la physique, la médecine, les mathé-
» matiques ont beaucoup acquis par les
» nouvelles découvertes, et que de plus
» elles ont été traitées avec une mé-
» thode plus claire, avec plus de déli-
» catesse et plus d'élégance que par le
» passé (2). «.

Mais en accordant cet avantage à
notre siècle, qu'en conclura-t-on en
faveur du luxe ? Mettra-t-on au nombre des hommes de luxe les Bernoulli,
les Euler ?

Je ne nie point qu'il n'y ait de vrais
savans en tout genre, des philosophes
respectables, des hommes de talent et
de génie ; mais puisque, de l'aveu de
cet auteur, » l'usage général de mener
» une vie délicieuse, molle et délicate
» ne peut que dérober une grande par-

_____

(1) Tableau des révolutions de la littérature ancienne et moderne, p. 296.
(2) Ibid. p. 293.

» tie du temps que l'on devroit employer » à la lecture, à l'étude, « n'est-il pas évident que les savans qui s'occupent de la médecine, de la physique, des mathématiques, participant à cette vie molle et délicate, doivent être moins capables de faire des découvertes que leurs prédécesseurs ; qu'ils le deviendront moins, à mesure qu'ils participeront davantage au progrès du luxe? et si les sciences n'éprouvent pas encore la décadence que l'on observe dans les lettres, elles la subiront nécessairement par les progrès du luxe.

Voyons ses effets par rapport aux principes qui doivent conduire l'homme à la vertu.

Chapitre VIII.

Le Luxe tend à détruire dans l'esprit de l'homme tous les principes qui peuvent le conduire à la vertu, ou l'y ramener s'il s'en est écarté, et le détourner du vice ou l'en corriger s'il s'y est abandonné.

Je ne prétends pas que le luxe soit l'unique source des égaremens de l'esprit humain, par rapport aux principes de la morale et de la religion ; je veux seulement prouver que par sa nature il tend à les anéantir ; qu'il porte l'esprit à les combattre, et qu'il saisit pour les attaquer toutes les opinions de ceux qui, sans être des hommes de luxe, se sont trompés sur ces grands objets, lorsque leurs opinions sont favorables au luxe, et que les auteurs de ces opinions profitent souvent des dispositions que le luxe donne aux esprits, pour les accréditer, pour acquérir de la célébrité, ou pour se faire des protecteurs.

Ce que j'ai a à dire sur ce sujet se réduit à prouver que l'homme est susceptible de principes de morale et de religion qui le portent à la vertu, et qui le détournent du vice; que le luxe tend, par sa nature, à anéantir ces principes, et qu'il a toujours produit ces effets.

Article I.

L'esprit humain est susceptible de principes qui, par leur nature, portent l'homme à la vertu, et qui l'y rappellent s'il s'en est écarté, qui tendent à le détourner du vice, et à l'en corriger s'il s'y est abandonné.

L'homme, comme raisonnable, est capable d'acquérir l'idée du juste et de l'honnête, et cette idée est naturellement et essentiellement jointe avec un sentiment d'amour pour l'un et pour l'autre, qui porte l'homme à la justice et à l'honnêteté, et qui l'y rappelle s'il s'en est écarté.

Il peut aussi, comme raisonnable, acquérir l'idée de l'injuste et du déshonnête; et cette idée est jointe à un sentiment de haine et d'aversion pour l'un et pour l'autre, qui le détourne des actions injustes et déshonnêtes, et qui tend à le corriger s'il s'en est permis quelqu'une.

En effet, l'homme aime à penser avantageusement de lui-même; il aime naturellement et nécessairement ce qui lui donne une idée avantageuse de lui-même, et il fait effort pour se mettre dans l'état où il peut prendre cette idée. Or, l'homme qui croit qu'il y a une justice et une honnêteté essentielle, ne peut prendre de lui cette idée, qu'autant que ses actions sont conformes à cette justice et à cette honnêteté; ainsi l'idée de la justice et de l'honnêteté le porte par elle-même aux actions justes et honnêtes.

Par la même raison, l'homme qui a l'idée de l'injuste et du déshonnête, se mésestime et pense désavantageusement de lui, s'il a commis des actions injustes et malhonnêtes; et cette improbation, cette haine de soi-même, causées par des actions injustes ou malhonnêtes, le porte à cesser d'en commettre, et à réparer celles qu'il a commises, afin de se réconcilier avec lui-même, et de ne pas se mésestimer.

Comme raisonnable, l'homme peut connoître que son bonheur dépend de sa fidélité à suivre les règles du juste et de l'honnête; et comme il veut nécessairement être heureux, cette connoissance le porte à la pratique des actions justes et honnêtes, et le détourne des actions injustes et malhonnêtes.

L'homme, comme raisonnable, peut connoître qu'il est l'ouvrage d'une intelligence toute-puissante, qui lui a prescrit des lois, et qui réserve des récompenses à ceux qui sont humains, justes, bienfaisans, et des châtimens aux injustes et aux méchans. Cette connoissance conduit donc l'homme à la vertu, et le détourne du vice.

Enfin, il y a une religion qui apprend que Dieu lui-même a révélé et prescrit aux hommes leurs devoirs; qu'il a attaché des récompenses éternelles à l'observation de ses préceptes; et qu'un malheur éternel sera le partage des hommes injustes, inhumains, impitoyables, et qui cherchent le bonheur dans des objets qu'ils ne peuvent se procurer qu'aux dépens du bonheur des autres.

La vérité, la persuasion de cette religion, imprimée dans l'esprit de l'homme, est un principe infiniment plus puissant et plus efficace que tous les autres pour porter l'homme à la vertu, pour le détourner du vice, ou pour l'en corriger s'il s'y est abandonné.

Ce fut par le moyen de ces principes que les plus sages législateurs fécondèrent dans le cœur des hommes sauvages les germes des vertus sociales : ce fut par ces principes qu'Hipparque et Numa les rendirent florissantes pendant leurs règnes dans Athènes et à Rome (1).

Ce sont ces principes qui ont produit, développé, affermi la vertu des Pythagores, des Epaminondas, des Aristides, des Socrates, des Phocions.

Combien de vertus les principes de

_____

(1) Plato in Hipparc. Plutarq. vie de Numa.

la religion chrétienne n'ont-ils pas produites depuis son origine ? combien n'en produisent-ils pas tous les jours, dont la plupart sont ignorées ou peu connues, parce que la religion qui les inspire condamne l'orgueil, l'ostentation et la vanité qui les publient ? combien de torts et de crimes n'empêche-t-elle pas ou ne répare-t-elle pas ?

J'atteste sur tous ces points les monumens les plus incontestables de l'histoire du christianisme. J'atteste non-seulement les ministres de la religion, mais les magistrats que l'exercice de leurs charges met à portée de connoître les mœurs, et de pénétrer dans les détails de la vie privée des citoyens et des familles.

Ces principes n'empêchent pas sans doute tous les vices et tous les crimes, même dans ceux qui en sont imbus, qui en font profession ; mais pour en conclure raisonnablement quelque chose contre ces principes, il faudroit faire voir que c'est en suivant ces principes qu'ils sont tombés dans le vice et dans le crime ; car si l'on n'y est tombé que parce que l'on a abandonné les principes dont on faisoit profession, c'est une injustice et une absurdité que de juger et de condamner ces principes, d'après la mauvaise conduite de ceux qui en font profession. Faut-il proscrire les lois, les magistrats, les souverains, parce qu'ils ont quelquefois abusé de leur pouvoir, ou que l'on a mal observé les lois, et qu'elles n'ont pas empêché tous les crimes ?

De ce que les hommes qui font profession de croire et de suivre ces principes font des actions mauvaises et condamnables, ne faut-il pas au contraire conclure qu'ils n'entendent pas assez bien ces principes, ou qu'ils ne connoissent pas assez la nécessité de les suivre, et s'efforcer de les en convaincre, au lieu d'attaquer et de détruire en eux la croyance de ces principes ?

La loi naturelle n'est observée, ni généralement, ni scrupuleusement et toujours par ceux mêmes qui la connoissent : en conclura-t-on que la connoissance de cette loi est inutile ?

N'est-il pas évident que si vous effacez ces principes de l'esprit de l'homme, il devient le jouet de toutes les impressions des objets sur ses organes; qu'il est entraîné par toutes les passions et par tous les desirs qui s'élèvent dans son cœur; qu'il suit toutes les idées qui s'offrent à son esprit; qu'il cède à toutes les suggestions de ceux qui lui parlent; qu'il n'est plus qu'un automate sensible, et qu'il peut devenir un monstre de cruauté?

Voici comment M. de Voltaire parle à un prétendu philosophe qui avoit attaqué ces vérités.

Insipide écrivain, ...
Reconnoissons ce Dieu, quoique très-mal servi.
De lézards et de rats mon logis est rempli,
Mais l'architecte existe; et quiconque le nie,
Sous le manteau du sage est atteint de manie
Consulte Zoroastre, et Minos, et Solon,
Et le martyr Socrate, et le grand Cicéron:
Ils ont adoré tous un maître, un juge, un père.
Ce systême sublime à l'homme est nécessaire;
C'est le sacré lien de la société,
Le premier fondement de la sainte équité,
Le frein du scélérat, l'espérance du juste.
Si les cieux, dépouillés de son empreinte auguste,
Pouvoient cesser jamais de le manifester,
Si Dieu n'existoit pas, il faudroit l'inventer:

Que le sage l'annonce, et que les rois le craignent.
Rois, si vous m'opprimez, si vos grandeurs dédaignent
Les pleurs de l'innocent que vous faites couler,
Mon vengeur est au ciel, apprenez à trembler.
Tel est au moins le fruit d'une utile croyance.
Mais toi, raisonneur faux, dont la triste imprudence
Dans le chemin du crime ose les rassurer,
De tes beaux argumens quel fruit peux-tu tirer?
Tes enfans à ta voix seront-ils plus dociles?
Tes amis au besoin plus sûrs et plus utiles?
Ta femme plus honnête? et ton nouveau fermier,
Pour ne pas croire en Dieu, va-t-il mieux te payer?
Ah! laissons aux mortels la crainte et l'espérance (1).

Faisons voir que le luxe tend par sa nature à anéantir tous ces principes.

ARTICLE II.

Le Luxe tend par sa nature à anéantir tous les principes dont on vient d'exposer les effets.

La connoissance du juste et de l'honnête, de l'injuste et du déshonnête, aussi bien que celle des devoirs qui en découlent, est autant et plus que toute autre connoissance à la portée de l'homme; cependant, pour l'acquérir, il faut de

---

(1) Epître à l'auteur du livre des trois imposteurs; Mélanges, t. 1, n°. 35.

l'attention, de l'application, de la sagacité, de l'étendue d'esprit, au moins à un certain point : il en faut pour découvrir les devoirs qui naissent de l'idée du juste et de l'honnête ; enfin, il en faut pour appliquer la connoissance de ces devoirs à sa conduite particulière. Je ne crois pas devoir m'arrêter à le prouver : or, par ce que j'ai dit des effets du luxe sur l'esprit humain, il diminue sans cesse la capacité d'attention, la sagacité, l'étendue de l'esprit. Le luxe rend donc de plus en plus l'esprit moins capable d'acquérir les idées du juste et de l'honnête, de connoître les devoirs qui en découlent, et d'appliquer la connoissance de ces devoirs à sa conduite ; et enfin il arrive un temps où, par sa progression, le luxe prive l'homme de la capacité d'attention, de la sagacité, de l'étendue d'esprit nécessaire pour acquérir même imparfaitement ces connoissances.

Pour connoître la nécessité de suivre les idées du juste et de l'honnête, et la liaison des devoirs qu'elles imposent avec le bonheur de l'homme, il faut aussi de l'attention, de la sagacité, de l'étendue d'esprit, et peut-être plus que pour acquérir ces idées. Le luxe, qui diminue sans cesse la capacité d'attention, l'étendue de l'esprit et la sagacité, le conduit donc enfin à une incapacité absolue de connoître la nécessité de suivre, pour son propre bonheur, les devoirs qu'imposent les idées du juste et de l'honnête.

On a vu que lorsque le luxe laisse subsister dans l'homme la capacité d'attention, la sagacité, l'étendue de l'esprit, il les porte vers des objets frivoles, vers des arts d'agrément, et vers la recherche des moyens de procurer des sensations agréables : la connoissance du juste et de l'honnête, celle des devoirs qui en naissent, l'application de la connoissance de ces devoirs à la conduite, la liaison essentielle de l'observation de ces devoirs avec le bonheur de l'homme, sont étrangères à ceux qui cultivent leur esprit ; et par conséquent elles s'éteignent et s'anéantissent dans ceux mêmes qui conservent de la capacité d'attention, de la sagacité, de l'étendue dans l'esprit.

L'homme de luxe est heureux par des sensations agréables de toute espèce, et non par la pratique des vertus sociales, ou par l'observation des devoirs qui naissent des idées du juste et de l'honnête : la connoissance du juste et de l'honnête, ni celle des devoirs qui en naissent, n'ont aucune influence sur son bonheur ; il néglige de l'acquérir, et même il la méprise. Ainsi, quand le luxe, par sa nature, ne rendroit pas l'homme incapable de s'élever aux idées du juste et de l'honnête, et à la connoissance des devoirs qu'elles imposent, il éteindroit et anéantiroit ces idées, ces connoissances, par l'indifférence, par le mépris, par l'éloignement qu'il inspireroit pour elles.

Il en est ainsi des effets du luxe par rapport aux principes de la religion : les besoins de l'homme, ses penchans, les phénomènes de la nature conduisent sa raison à la connoissance de son auteur, et lui découvrent qu'il est juste, bienfaisant ; qu'il a prescrit à l'homme des lois ; que la justice, l'humanité, la bienfaisance sont des devoirs dont il récompensera l'observation et dont il punira la violation, soit dans cette vie, soit après la mort, comme je l'ai prouvé dans un ouvrage sur la sociabilité (1).

La connoissance de ces principes religieux demande de la réflexion, de l'attention, un certain degré d'intelligence et d'étendue d'esprit, dont le luxe rend l'homme incapable.

Les principes religieux ne contribuent pas davantage au bonheur de l'homme de luxe, que les principes de la morale ou les idées du juste et de l'honnête. Le luxe inspire donc à l'homme la même indifférence et le même mépris pour la religion naturelle, que pour les principes de la morale ; et par conséquent il tend, par sa nature, à éteindre la loi naturelle.

---

(1) De la sociabilité, t. 1, sect. 2, c. 2, art. 1.

Il en est de même de la religion chrétienne : l'enseignement, l'instruction entrent essentiellement dans le plan de son établissement, et forment une des plus importantes fonctions du ministère évangélique.

Mais pour sentir la force des preuves de la religion, pour en connoître solidement la vérité, pour juger sainement de la beauté, de la pureté et de la nécessité de sa morale, par rapport au bonheur des hommes, il faut au moins quelque attention, quelque application : or, le luxe fait contracter une paresse d'esprit, une habitude d'inapplication, qui rend pénible le moindre effort de l'esprit. Les hommes de luxe ne conservent de toutes les facultés de l'ame, que la capacité de recevoir des sensations : la nécessité de réfléchir les met dans un état de peine et de fatigue auquel ils se refusent. Ils ne connoissent donc ni les fondemens, ni la beauté de la religion, et le luxe en efface les principes de leur esprit.

Les hommes de luxe font consister le

bonheur dans le faste, dans la mollesse, dans les plaisirs des sens ; ils n'estiment digne de leur attention que ce qui a rapport à ces objets : la religion chrétienne qui les condamne, ne s'offre à l'homme de luxe que comme une chimère enfantée par la superstition et par l'ignorance : ils méprisent donc cette religion, et ne se permettent pas d'en approfondir les principes, ou même de leur donner la moindre attention.

Le luxe conduit à l'insensibilité, à l'inhumanité, à l'injustice et au crime. Les principes de la morale et de la religion sont donc non-seulement inutiles, mais encore contraires au bonheur de l'homme de luxe.

En effet, le luxe ne les anéantit pas subitement et absolument dans l'homme ou dans les sociétés. Les institutions civiles, l'enseignement public, le culte religieux en perpétuent la mémoire, en rappellent l'obligation, et forment des citoyens vertueux qui s'opposent au progrès du vice, et dans lesquels l'homme de luxe trouve des adversaires redoutables, des censeurs incommodes, des observateurs importuns : il trouve une censure et une improbation continuelle dans les exemples mêmes de vertus et dans l'idée du devoir, dans la religion, dans sa propre conscience ; car, je le répète, il est extrêmement difficile, ou plutôt impossible, que le luxe puisse effacer subitement et absolument tous les principes de la morale et de la religion dans tous les hommes élevés et vivans dans des sociétés policées.

Les hommes passionnés pour le luxe, et qui le regardent comme le principe de leur bonheur, sont donc gênés, inquiétés par les principes de la morale, de la loi naturelle, de la religion naturelle ou révélée ; ils tendent par instinct à s'en affranchir.

Alors, parmi ceux qui sont chargés de l'enseignement de la morale et de la religion, il s'en trouve qui, par une fausse prudence ou par foiblesse, pour s'emparer de la confiance des hommes de luxe, ou pour se livrer eux-mêmes au luxe avec moins de crainte, entreprennent de tempérer l'austérité prétendue des principes de la morale, de faciliter l'expiation des fautes qu'ils ne peuvent excuser, de calmer les craintes que la morale et la religion font naître, sans l'obliger à renoncer aux plaisirs que le luxe procure.

Ainsi ces moralistes altèrent et corrompent enfin les principes de la morale et de la religion, comme on l'a vu dans tous les temps et chez tous les peuples où le luxe a été dominant.

Les hommes de luxe incapables d'application, d'examen, de doute, adoptent leurs principes, suivent leurs opinions comme des vérités salutaires, et se soumettent à leurs décisions comme aux ordres de la Divinité même. Ainsi, à mesure que le luxe s'étend, on altère les vrais principes de la morale et de la religion.

Quelque facilité que les moralistes donnent aux hommes de luxe pour remplir les préceptes de la morale et de la religion, ils ne leur permettent cependant pas tout ; quelque facilité qu'ils leur procurent pour expier leurs fautes ; ils laissent cependant subsister l'idée d'une autre vie, et la croyance des châtimens réservés aux transgresseurs des préceptes de la morale et de la religion.

Ces idées seules inquiètent encore l'homme de luxe, elles le troublent : il faudroit, pour qu'il jouît sans remords, sans regret et sans crainte, qu'il n'y eût ni morale, ni religion.

Le luxe tourne donc l'activité de l'esprit vers la recherche des moyens de se persuader qu'il n'y a ni morale, ni religion, ni crimes à se reprocher, ni châtimens à craindre ; comme il tourne l'industrie vers la recherche des moyens de se garantir des injures de l'air, et de se procurer une jouissance tranquille, des sensations agréables, et des plaisirs que l'on regarde comme la source du vrai bonheur.

Ainsi, parmi les hommes de luxe qui ont cultivé ou qui cultivent les lettres et les sciences, il s'en trouve qui font l'examen de la morale et de la religion, non pour connoître si les principes en sont

sont vrais, mais pour se convaincre que tout ce que l'on en dit est faux. On porte donc toute l'attention de l'esprit vers tout ce qui peut être contraire à la morale ou à la religion, et jamais sur ce qui en prouve la vérité et la nécessité pour le bonheur de l'homme et des sociétés.

Le desir qu'ils ont de se persuader, ou de persuader aux autres que la morale et la religion sont fausses, transforment donc en preuves ou même en démonstrations les plus minces difficultés; ils ne voient les principes de la morale et de la religion que comme des faussetés contraires au bonheur des hommes et des sociétés : chacun d'eux croit avoir fait une découverte importante, sur-tout pour les riches puissans, voluptueux, injustes et méchans. Ce sont les premiers auxquels ils communiquent leurs découvertes.

Ceux-ci, qui desirent ardemment que la religion et la morale soient fausses, saisissent toutes les difficultés qui les combattent, et fixent sur elles toute l'atten.

Tome I. P

tion de leur esprit; ils sont d'ailleurs incapables de douter, et ils ignorent les preuves qui établissent la vérité de la morale et de la religion; ils ont donc des raisons de croire que les principes de la morale et de la religion sont faux, et ils n'en ont aucune qui les porte à croire qu'ils sont vrais; ainsi, ils n'hésitent point à juger que la morale et la religion sont des préjugés.

Dès ce moment leurs craintes, leurs inquiétudes, leurs remords se dissipent, et ce n'est qu'alors qu'ils commencent à être véritablement heureux. C'est aux lumières, aux instructions des ennemis de la religion qu'ils doivent la sécurité, le calme et le bonheur dont ils jouissent; ils sont remplis de confiance, d'admiration, de respect, de reconnoissance pour ces nouveaux docteurs; ils deviennent leurs disciples, leurs amis, leurs protecteurs, et s'ils le peuvent, leurs bienfaiteurs.

On est sûr alors, en attaquant la morale et la religion, de se concilier la bienveillance, de mériter l'estime et d'obtenir la protection des hommes riches, puissans, et livrés au luxe; et comme dans une nation où il règne ce sont eux qui possèdent la puissance, le crédit, les richesses, les dignités, c'est un moyen d'acquérir de la célébrité, de mériter des graces, d'obtenir des places, que d'attaquer la morale et la religion.

Il s'éleve aussitôt une multitude d'écrivains et de discoureurs qui attaquent la morale et la religion, chacun conformément à son caractère, au genre d'étude auquel il s'est appliqué, au dégré de lumière qu'il a, à la mesure et à l'espèce de talent ou d'esprit dont il est doué, au goût, au caractère, à l'esprit de son siècle, de sa nation, de ses lecteurs ou de ses auditeurs, des compagnies et des coteries qu'il fréquente.

Leurs discours, leurs ouvrages, sont accueillis favorablement par tous les hommes de luxe, que les devoirs prescrits par la morale et par la religion obligent d'interrompre leurs plaisirs ou distrayent de leurs jouissances, et surtout par ceux qui ont à se reprocher des vices, des injustices, des crimes.

Comme ils n'ont jamais connu, ou qu'ils ont oublié les preuves et les fondemens de la morale et de la religion, une difficulté qui les attaque est à leurs yeux une bonne preuve de leur fausseté, ou du moins une raison de ne pas admettre ces principes comme vrais : cette persuasion leur est agréable ; ils craignent d'être détrompés ; ils ne lisent ni n'écoutent rien de ce qui pourroit les éclairer.

D'ailleurs, pour entendre la solution d'une difficulté, il faut plus de sagacité, plus d'application, plus d'étendue d'esprit, que pour sentir la difficulté ; or, presque tous, ou du moins le plus grand nombre des lecteurs et des auditeurs livrés au luxe, sont incapables d'application et dépourvus de sagacité et d'étendue d'esprit ; ils sont donc hors d'état de lire et d'entendre la réfutation des difficultés qui attaquent la morale et la religion : ainsi, l'ignorance et la foiblesse de leur raison leur donne quelquefois une sécurité. et une opiniâtreté qu'ils prennent pour de la fermeté et pour de l'héroïsme.

Le luxe tend donc par sa nature à éteindre les principes de la morale et de la religion, et la rapidité de ses progrès à cet égard, aussi bien que leur étendue, dépend du degré d'ignorance et de corruption qu'il a produit chez une nation, et de la liberté de parler et d'écrire dont on y jouit.

J'ai prouvé que le luxe diminue continuellement la capacité d'attention, la sagacité, l'étendue de l'esprit : ainsi les hommes de luxe deviennent de plus en plus ignorans, superficiels, dissipés, et il arrive un temps où ils sont incapables, non seulement de suivre une discussion, mais même un raisonnement; tout au plus ils entendent une comparaison; ils sont frappés d'un trait d'imagination, ils sentent une plaisanterie.

Ainsi il arrive un temps où ceux qui attaquent la morale et la religion sont obligés, pour être entendus, de chercher dans la religion ou dans la morale, dans la vie ou dans le caractère de ceux qui en font profession, les idées, les faits, les pratiques qui, détachées du système et de l'esprit de la morale et de la religion, peuvent paroître faux, ridicules, et contraires au bonheur des hommes et des sociétés. Les ouvrages qui attaquent la religion et la morale, ne sont plus alors que des historiettes, des contes inventés, des allégories sans justesse et sans vérité, des bouffonneries, des satyres, des libelles que l'on peut entendre avec la moindre attention et le plus petit degré d'intelligence; ainsi la haîne et le mépris des principes de la morale et de la religion pénètrent dans tous les états et dans toutes les conditions auxquelles le luxe se communique.

Pour se persuader que les principes de la morale et de la religion sont faux, tous ces hommes de luxe n'ont besoin ni d'étudier, ni de méditer, ni de réfléchir; ils croient avoir découvert sans peine, sans travail, sans étude, la fausseté d'une croyance qui a fait illusion, pendant une longue suite de siècles, à toutes les nations; ils se croient doués d'une sagacité et d'une pénétration supérieure à celle des plus grands hommes des siècles passés. Ils sont donc vains, présomptueux, et regardent comme des imbécilles ou comme des sots ceux qui croient les principes de la morale et de la religion. La vanité, la présomption et l'orgueil s'unissent donc à l'incapacité d'application et à l'ignorance, pour les fixer dans leur persuasion et pour les empêcher de se détromper.

Leur nombre se multiplie à mesure que le luxe fait des progrès, et il arrive un temps où ils dominent dans tous les états, dans tous les ordres et dans toutes les classes des citoyens, et où l'on devient ridicule, si l'on ose être religieux et respecter les principes de la morale ; alors les partisans et les défenseurs de la morale et de la religion sont condamnés au mépris et à l'obscurité, ou deviennent l'objet de la haine et de la satyre. On exalte au contraire tous les ennemis de la religion, on publie les louanges, on célèbre les talens du plus médiocre écrivain qui l'attaque, on le place au rang des génies, et l'on associe à cette gloire tous ceux qui adoptent ou qui défendent ces opinions.

Par ce moyen, les ennemis de la morale et de la religion mettent dans leurs intérêts, l'amour-propre et la vanité : beaucoup de personnes, même sans être livrées au luxe, adoptent les opinions qui attaquent la morale et la religion, pour acquérir quelque petite espèce de célébrité; lisent et admirent les ouvrages qui la combattent, pour s'associer à un parti qui vante ses sectaires, et qui, selon l'expression d'un plaisant, leur donne des brevets de philosophie et de bel-esprit.

Les hommes qui ont secoué le joug de la religion ne sont point gênés par l'idée du devoir, ni inquiétés par les remords, ou tourmentés par la crainte de l'état qui suit la mort. Ils regardent les écrivains et les discoureurs qui leur ont enseigné cette doctrine, comme des génies bienfaisans qui éclairent la terre, qui font la guerre à l'erreur, qui brisent les fers dont la superstition a chargé le genre humain, qui rendent la raison et la liberté aux hommes séduits, tyrannisés et abrutis par l'ignorance et par la superstition.

Voilà ce que dans les siècles de luxe on appelle la liberté philosophique, la liberté de penser; et l'on a pour elle le zèle, l'enthousiasme que l'on a dans les républiques pour la liberté civile et patriotique. On a contre ceux qui défendent la morale et la religion, la même ardeur que contre les tyrans. Les hommes de luxe et leurs docteurs, ennemis de la morale et de la religion, forment donc une secte qui a ses chefs, ses prédicans, ses enthousiastes, qui pour faire des prosélytes, pour accréditer leur secte, pour perdre ceux qui les combattent, emploient l'intrigue et toutes les ressources de tous les sectaires et de tous les fanatiques. Les sophistes firent périr Socrate, parce qu'il confondoit leur orgueil, et qu'il défendoit contre eux les principes qui conduisent à la justice et à la vertu. L'Epicurien Zénon accusa et fit périr Théotime, parce qu'il avoit fait un livre contre Epicure (1).

---

(1) Plat. apol. de Socrate; Athénée, l. 13, c. 34.

Article III.

L'Histoire atteste tout ce que l'on a dit des effets du Luxe par rapport à la Religion et à la Morale.

Je considérerai les effets du luxe par rapport à la morale et à la religion chez les Grecs, chez les Romains, chez les Anglois et chez les François; ces exemples m'ont paru suffisans pour faire voir que l'histoire justifie tout ce que j'ai imputé au luxe.

§. I.

Des effets du Luxe par rapport à la Morale et à la Religion chez les Grecs.

Thucydide et tous les monumens historiques nous représentent les Grecs, à leur origine, comme une multitude d'hommes féroces errans et dispersés, qui s'étant réunis par troupes, se chassoient réciproquement de leurs possessions et vivoient de pillage. Cette guerre produite par la nécessité, dit cet historien, fut entretenue par la défiance, par les passions, et par l'ignorance des principes de la sociabilité (2).

Des législateurs adoucirent leurs mœurs, et, après avoir ressuscité dans leurs cœurs l'humanité, la bienfaisance, l'amitié, les réunirent et les lièrent par tous ces principes; ils éclairèrent leur raison sur les avantages de leur nouvel état, ils leur donnèrent des lois, ils leur enseignèrent la morale; ils firent aimer et craindre les dieux, dont la puissance ne laissoit ni le crime impuni, ni la vertu sans récompense, soit dans cette vie, soit dans une autre.

A ces premières institutions des sociétés chez les Grecs, succédèrent des philosophes connus sous le nom de sages, que leurs vertus, leurs lumières, leur prudence rendirent recommandables: presque par-tout on leur confia le gouvernement des villes, et leur principal soin fut d'éclairer les citoyens sur le malheur des méchans, sur l'excellence

---

(1) Thucydid. liv. 1.

de la vertu : tous enseignèrent que la volupté rend l'homme malheureux, et que la vertu seule est la source d'un bonheur solide (1).

Les philosophes et les politiques qui les suivirent, loin de s'écarter de cette doctrine, s'appliquèrent à la perfectionner. Ils apprirent à l'homme qu'il ne pouvoit être heureux qu'en s'affranchissant de la tyrannie des passions et des sens, en fuyant la volupté, en préférant le juste et l'honnête à tous les avantages, à la gloire, à la fortune, à la vie même ; tous les dialogues de Platon sont remplis de ces principes, aussi bien que la morale d'Aristote.

Dans les repas et dans les assemblées, on s'entretenoit des biens que les hommes ont reçus des dieux, et de l'obligation de les adorer et de leur rendre un culte. Rien n'étoit plus important pour les Grecs que de remplir ce devoir ; ils invoquoient les dieux en se levant, en se couchant, au commencement et à la fin de leurs tra-

---

(1) Hesiod. Oper. et Dies, v. 334 et suiv.

vaux et de leurs entreprises : on chantoit leurs louanges, avant, pendant et après le repas, afin que le respect des dieux ne permît pas aux convives de s'écarter des règles de l'honnêteté (1).

Ils célébroient dans leurs repas, les hommes justes et la beauté de la vertu, tel est l'objet de cette hymne d'Aristote : « O vertu ! les hommes ne s'élèvent » à toi qu'avec peine ; mais est-il un » objet plus digne de leurs recherches ? » Rien n'est aussi puissant que tes char- » mes. Les Grecs, épris de ta beauté, » ont affronté les périls, supporté la » douleur, et bravé la mort : tel est » l'effet de la félicité dont tu remplis » les ames; elle est plus douce que le » sommeil, plus précieuse que l'or, plus » touchante que les liaisons de la pa- » renté (1). «

Mais les institutions et les exemples des sages ne détruisirent point les germes

---

(1) Xenoph. in Conviv. Plat. in Tim. Athen. l. 13, c. 6.
(1) Athen. l. 14, c. 16. Stobée, serm. 1. Laert. in Aristot.

du luxe : contenu d'abord, il acquit des forces, devint plus commun, et corrompit les souverains, les magistrats, les riches.

L'industrie se porta donc vers la recherche des moyens de procurer des sensations agréables ; les cours, les habitations des souverains, des grands, des riches, furent remplies d'artistes de toute espèce, de musiciens, d'historiens, d'architectes, de poëtes, de sophistes, de plaisans avides de célébrité, de plaisirs et d'argent (1).

La vertu n'avoit cependant pas perdu ses droits sur les esprits et sur les cœurs : plusieurs écoles de philosophes, l'éducation, les institutions politiques et religieuses, lui formoient encore des disciples, et lui rendoient un hommage mortifiant pour les hommes de luxe ; elle étoit célébrée sur les théâtres et dans les spectacles mêmes destinés à réjouir les citoyens (2).

---

(1) Aristot. Ethic. l. 10, c. 16.
(2) Théâtre des Grecs, fragm. de Ménandre, etc.

Les dieux paroissoient dans les tragédies pour la récompenser, pour la venger des ambitieux, des voluptueux, des méchans. Les richesses et la volupté n'y paroissoient que comme des sources de vices, de crimes et de malheurs.

Les jouissances des souverains et des riches livrés au luxe, n'étoient donc pas un bonheur pur : l'opinion publique, les sentimens religieux, les remords troubloient leur félicité, les rendoient inquiets et mécontens au milieu de leurs plaisirs; l'idée de la mort, et de l'état qui succède à cette vie, les tourmentoit dans tous les tems (4).

Les poëtes, les déclamateurs, les sophistes, qui environnoient les hommes de luxe, furent donc sûrs de leurs plaire en justifiant le luxe et la volupté, en leur persuadant que le luxe et la volupté étoient les vrais biens, et le seul moyen de parvenir au bonheur. Les souverains, les grands, les riches trouvoient dans ce système, non seulement leur apologie, mais encore l'éloge de leur sagesse, et

―――――――――――――――――――――
(1) Plutarq. de la superstition.

la preuve de la supériorité de leurs lumières, puisqu'eux seuls connoissoient le vrai bonheur, et les moyens d'y arriver. Une raison supérieure les y avoit conduits, pour ainsi dire, à leur insu, tandis que les philosophes disputoient sur sa nature sans pouvoir s'accorder.

De ce que le luxe et la volupté étoient la source du vrai bonheur, ils devoient être la fin de l'homme; tous les autres avantages étoient des moyens d'y arriver, sans excepter la vertu même qui n'étoit qu'une sottise, lorsqu'elle ne conduisoit pas aux moyens de jouir des plaisirs du luxe.

« La volupté est le souverain bien,
» disoient-ils, il n'y en a point d'autres;
» c'est le but où doit tendre le sage : l'hon-
» nêteté et la vertu ne doivent être esti-
» mées qu'autant qu'elles procurent les
» moyens de multiplier les jouissances ;
» et nous avons le plus profond mépris
» pour l'honnêteté et pour ses sectateurs,
» tant quelle ne les conduit point à un
» accroissement de jouissances. (1) ».

---

(1) Athénée, l. 12, c. 2. Plat. in sophist. in. Gorg. de legib.

Il y avoit des souverains, des grands, des riches livrés au luxe, et injustes, usurpateurs, méchans, que leur conscience et la justice des dieux faisoit trembler: pour les délivrer de ces craintes, on imagina d'abord mille pratiques superstitieuses; ensuite les sophistes attaquèrent comme des préjugés, tous les principes de la morale sur lesquels se formoit la conscience, et tous les dogmes qui servent de fondement à la croyance d'une autre vie, et des peines qui y sont réservées aux méchans.

Les uns se vantoient de rendre toutes les maximes de la morale incertaines; les autres soutenoient que les hommes étoient essentiellement méchans, et ils enseignoient que la justice et la vérité étoient funestes au bonheur des hommes: là, ils représentoient comme des imbécilles, ceux qui en faisoient la règle de leur conduite et le fondement de leur bonheur. Les hommes avides, injustes, méchans, étoient au contraire sages, éclairés, estimables et heureux; ils prétendoient que le juste et l'injuste, l'honnête et le deshonnête, n'étoient que des mots différens donnés à des actions qui, par elles-mêmes, n'étoient ni bonnes ni mauvaises, ni honnêtes ni déshonnêtes.

D'après ces principes ils réduisoient la méchanceté en système.

« Que le méchant, disoient-ils, sem-
» blable à ces pilotes habiles, ou à ces
» grands médecins qui voient tout d'un
» coup jusqu'où leur art peut aller,
» qui prennent sur le champ leur parti,
» et qui, lorsqu'ils ont fait quelque fausse
» démarche, savent adroitement la re-
» dresser ; que le méchant conduise ses
» entreprises injustes avec tant d'adresse,
» qu'il ne soit pas découvert : car s'il se
» laisse surprendre en faute, ce n'est plus
» un habile scélérat. Le chef-d'œuvre de
» l'injustice est de paroître homme de
» bien, sans l'être. Que le parfait scélérat
» ait donc toute la méchanceté qu'il peut
» avoir : en commettant les plus grands
» crimes, qu'il sache se faire la répu-
» tation d'honnête homme ; et s'il vient
» à broncher, qu'il puisse se relever
» aussitôt : qu'il soit assez hardi et assez

» puissant, soit par lui même, soit par
» ses amis, pour emporter par la force
» ce qu'il ne peut obtenir autre-
» ment (1) ».

La politique, selon eux, avoit imaginé la divinité ; ils aiguisoient mille épigrammes, ils lançoient mille bons mots contre toutes les pratiques religieuses, qui pouvoient ou faire craindre de commettre le crime, ou donner des remords à ceux qui l'avoient commis ; ils n'attaquoient pas la superstition pour ramener les hommes aux principes de la religion, comme Socrate, mais pour anéantir toute espèce de religion, en persuadant qu'en effet il n'y en avoit point d'autre que la superstition (2).

« Si quelqu'un s'avise de parler en leur
» présence de l'état des méchans après
» la mort, de leurs châtimens et de leurs
» souffrances, ces petits hommes pointil-
» leux et mal intentionnés, dit Platon,

---

(1) Plat. republ. l. 2, trad. de Groult, t. 1.
(2) Ibid. liv. 1 et 2. Laert. in Bion, in Theod. in Diagor.

» vous répondent dédaigneusement,
» qu'ils croient entendre un homme qui
» rêve, ou qui est en délire (1). «

« Lorsqu'ils traitent de la nature des
» êtres, dit le même philosophe, leurs
» altercations ressemblent à la guerre
» des géans : quelques-uns de ces docteurs
» s'étant saisis de grands quartiers de pier-
» res, et de gros chênes, dépeuplent le
» ciel, y anéantissent tous les êtres in-
» visibles, et attirent en bas pour ainsi
» dire tout ce qu'il y a de substances : car
» ils ne tiennent pour des choses vrai-
» ment existantes, que celles qui sont
» aussi solides et aussi palpables qu'un
» arbre ou un rocher, et ils ne connois-
» sent d'autre substance que le corps (2). «

Voilà la doctrine que le luxe substitua aux instructions des premiers sages qui avoient policé les Grecs. Voila comment les sophistes partisans du luxe combattoient la morale des Thalès, des Phérécydes, des Pythagores, des Socrates, des Platons, etc.

---

(1) Plat. in Theœtet.
(2) Plat. in sophist.

Cependant ces discoureurs se vantoient d'enseigner la vertu, et promettoient de rendre vertueux tous ceux qui écoutoient leurs leçons avec docilité ; ils débitoient leurs maximes, tantôt dans des phrases ampoulées, tantôt sous une écorce d'érudition, quelquefois sous le voile des allégories ; ici, avec véhémence et avec enthousiasme ; là, en plaisantant et dans des facéties (1).

Mais il s'en falloit beaucoup que leurs leçons produisissent les effets qu'ils promettoient.

Lorsqu'après la mort de Clitus, la nature déchiroit le cœur d'Alexandre, et lui faisoit sentir toute l'horreur de son meurtre, le devin Aristandre lui représenta que la mort de Clitus avoit été arrêtée par le destin, et que par conséquent elle étoit inévitable ; ses réflexions parurent soulager Alexandre.

On fit alors entrer Callisthène et Anaxarque : le premier fit peu d'effet ; mais Anaxarque, philosophe orgueilleux et

---

(1) Plat. in sophist. Laert in Bion. in Protag. in Diagor.

déclamateur éloquent, éleva la voix, et dit :

« Quoi ! est-ce là cet Alexandre sur
» qui la terre entière a les yeux ? Eh le
» voilà étendu sur le plancher, fondant
» en larmes comme un vil esclave, crai-
» gnant la loi et le blâme des hommes,
» lui qui doit être la règle de toute jus-
» tice, puisqu'il n'a vaincu que pour être
» seigneur et maître, et nullement pour
» servir et pour se soumettre à une vaine
» opinion. «

« Ne savez-vous pas, continua-t-il,
» s'adressant à ce prince, ne savez-vous
» pas que Jupiter a auprès de lui sur son
» trône, d'un côté la justice, et de l'autre
» Thémis ? Pourquoi cela, sinon pour
» faire entendre que tout ce que le prince
» fait est juste ?

» Le discours d'Anaxarque allégea vé-
» ritablement l'affliction d'Alexandre,
» mais il le rendit plus orgueilleux et
» plus injuste en même temps (1). «

La doctrine des sophistes produisit de

_____

(1) Plutarq. vie d'Alex.

semblables effets dans plusieurs états où ils l'enseignèrent, et leurs progrès effrayèrent les souverains et les magistrats: ils furent chassés par Antiochus, par Lysimachus, et bannis d'Athènes, de Messène, de Thèbes, comme perturbateurs du repos public, comme destructeurs de toutes les vertus sociales, et de tout principe de justice, d'honnêteté et de subordination (1).

» Voilà, dit un écrivain de ces temps, » ce qu'est l'académie, voilà ce qu'est » Xénocrate. Que les dieux comblent de » biens Démétrius et les législateurs qui » ont chassé de l'Attique cette troupe » d'hommes qui n'avoient d'autre occupa- » tion que d'apprendre aux jeunes gens ce » qu'ils appellent la force des mots (2). «

Ce ne fut pas sans peine que l'on vint à bout d'expulser ces hommes dangereux: lorsque Sophocles les eut condamnés à labourer la terre, un orateur prit

---

(1) Athénée, l. 12, c. 24; l. 13, c. 34. Ælian. var. hist. l. 9, c. 12.

(1) Athénée, ibid.

leur défense, et les premiers ordres d'Antiochus ne furent pas exécutés.

« Je vous avois écrit, dit ce prince à
» Phanias, de ne souffrir aucun philoso-
» phe dans mes états : j'apprends cepen-
» dant qu'ils y sont encore en grand nom-
» bre et qu'ils corrompent la jeunesse ;
» je vous ordonne donc, aussitôt que ma
» lettre vous sera parvenue, de faire pu-
» blier que tous les philosophes aient à
» sortir de mes états. Vous ferez fouetter
» les jeunes gens qui auront été en so-
» ciété avec eux, et vous punirez leurs
» pères de la peine que l'on inflige aux
» crimes graves (1). »

Mais la doctrine des sophistes est si utile, si consolante pour les hommes que le luxe a corrompus, qu'elle trouve toujours des protecteurs assez puissans pour en assurer la durée, et même pour la faire triompher des attaques des magistrats et des vrais philosophes.

Protagoras et les sophistes dont Platon expose la doctrine, devinrent redou-

---

(1) Athénée. l. 12, c. 12.

tables aux vrais philosophes du temps même de Platon, par la faveur que leur accordoient les riches et les souverains. Le sophiste Bion fut le favori d'Antigone, Cynéas le conseiller de Pyrrhus, Aristippe le favori de Denys (1).

§. II.

Des effets du Luxe par rapport à la Morale et à la Religion chez les Romains.

Les principes de morale et de religion que Numa établit à Rome, formèrent les mœurs des Romains et les conservèrent, ainsi que les institutions civiles, malgré les désordres que causèrent le luxe et les passions, sous les rois et depuis leur expulsion : occupés à se défendre, à consolider leur gouvernement ou à étendre leur puissance, ils s'appliquèrent peu aux lettres et aux sciences, avant la ruine de Carthage, et avant l'établissement de la domination Romaine dans la Grèce : alors les Grecs

---

(1) Plat. in Protag. Laert. in Bion. in Aristip, Plutarq. vie de Dion, et de Pyrrhus.

se rendent à Rome, et les Romains vont étudier en Grèce les lettres et les sciences.

Les systêmes des philosophes Grecs, apportés à Rome, y excitèrent une espèce d'enthousiasme qui alarma Caton: ce rigide partisan des mœurs antiques, craignit que la passion des systèmes et l'esprit sectaire n'altérassent l'amour de la patrie et de la vertu. Il fit porter un décret pour engager les philosophes à s'éloigner de Rome (1).

Cependant les philosophes Grecs conservèrent à Rome des disciples recommandables par leur naissance, par leurs talens, par leurs vertus, par leurs emplois, par leurs magistratures; tels furent Scipion l'Africain, Lelius, etc. (2).

Ces illustres Romains avoient adopté les principes de la philosophie de Socrate, de Platon, de Zénon, de Pythagore (3).

---

(1) Plutarq. vie de Caton.
(2) Velleius Paterculus, liv. 1, c. 13. Cic. Tuscul. l. 4, c. 2. de fin. l. 4, c. 9.
(3) Cic. ibid. et Tuscul. l. 1, c. 32; de legib. l. 1; pro Achia ; pro Murena. Tacit. annal. l. 16. Cic. de orat.

La doctrine de ces philosophes leurs paroissoit propre à former des citoyens et des magistrats intègres et vertueux, à conserver l'harmonie dans la république, à y faire régner la paix et la concorde ; enfin, ces illustres Romains croyoient la providence, et attendoient une autre vie, où la vertu recevoit une recompense (1).

Le luxe qui s'accroît assez rapidement depuis cette époque, arrête le progrès de cette philosophie, et porte les efforts de l'esprit vers la nouvelle académie qui prétendoit rendre incertaines et problématiques toutes les connoissances humaines, sans excepter les principes de la morale, ni les croyances religieuses (2).

La doctrine de la nouvelle académie exigeoit une discussion fatiguante, et supposoit sur l'existence des dieux et de l'autre vie, une incertitude effrayante pour les hommes de luxe ; ils préférèrent la doctrine d'Épicure, qui nioit sans détour et sans hésiter l'existence des

---

(1) Cic. de senect. Somnium Scipionis.
(2) Cic. acad. quæst. de nat. Deorum, etc.

dieux et celle d'une autre vie, et qui affranchissoit l'homme des craintes que donne la religion. C'est le premier et le plus grand des avantages que Lucrèce attribue à la doctrine d'Epicure, dont le progrès à Rome fut aussi rapide que celui du luxe: ses sectateurs, obscurs et méprisés pendant la vie des personnages les plus illustres qui suivoient la doctrine de Socrate, de Platon, de Zénon, de Pythagore, devinrent considérables lorsque ces personnages ne furent plus; ils le devinrent davantage à mesure que le luxe fit du progrès. On vit César en plein sénat, appuyer son sentiment sur la doctrine d'Epicure, et prétendre qu'il ne falloit pas punir du dernier supplice les conjurés, parce que la mort n'est rien et que l'homme n'est plus rien après la mort (1).

Le livre d'Epicure, qui avoit pour titre, *les Dogmes principaux*, et qui commençoit par celui-ci: *Dieu ne s'embarrasse de rien, ni pour lui ni pour au-*

---

(1) Sallust. de bello Catil.

trui, étoit adopté par un grand nombre de sectateurs assez ardens et assez redoutables défenseurs de ce dogme, pour qu'Atticus craignît les effets de leur ressentiment, s'ils l'entendoient accorder à Cicéron que la nature est gouvernée par la raison des dieux immortels. » Je vous » l'accorde, dit-il, car j'espère que mes » confrères les Epicuriens n'en enten- » dront rien. Cette précaution n'est pas » inutile, répond Cicéron; car ces hom- » mes si bons sont colères, et ne vous » pardonneroient pas d'avoir abandonné » le point capital de la doctrine de leur » maître (1). «

Cette doctrine ne fut pas adoptée seulement par les hommes de luxe qui se piquoient de cultiver les lettres et la philosophie ; elle pénétra chez le peuple. » Il est arrivé, je ne sais comment, dit » Cicéron, que celui qui a le moins d'au- » torité et le plus de pouvoir, je veux » dire le peuple, fortifie extremement » leur parti (des Epicuriens), de sorte

---

(1) Cic. de legib. l. 1.

» que si je ne les réfute, il faut renoncer
» à tout sentiment de vertu, d'honneur,
» et de véritable gloire (1). «

Du temps de Juvénal, personne, pas même les enfans, ne croyoit ni aux dieux, ni aux peines de l'autre vie (2).

Par ce que je viens de dire des effets du luxe chez les Romains, par rapport à la morale et à la religion, on voit : 1°. que le progrès de l'épicuréisme, ou du matérialisme, car c'est la même chose, on voit dis-je, que le progrès de l'épicuréisme marche d'un pas égal avec la corruption, l'ignorance et la décadence des talens et du goût, comme il est évident pour tous ceux qui ont suivi l'histoire littéraire des Romains (3).

2°. On voit par ce qui vient d'être dit, qu'il seroit absurde de penser que le siècle de Juvénal étoit un siècle de

---

(1) Cic. de finibus, l. 2, n. 14.
(2) Juvenal. sat. 2.
(3) Cic. de claris orat. Petron. Senec. Sueton de claris grammat. et rhetor. Tacit. dialog. de orat. Aulu-Gell. Hist. littér. d'Italie par Tiraboschi. Révolut. de la littérat. ancienne et moderne, c. 3 et 4.

lumières en comparaison du siècle de Scipion l'Africain, de Caton, de Lélius, de Furius, de Cicéron, et des plus illustres jurisconsultes, parce qu'ils avoient cru la providence et l'immortalité de l'ame que le peuple ne croyoit pas. On voit qu'il seroit absurde de conclure que les enfans avoient plus de lumières au siècle de Juvénal, que les plus grands hommes du siècle de Scipion l'Africain, parce que ceux-ci croyoient la providence et l'immortalité de l'ame, que ceux-là rejetoient comme des fables.

3°. On voit, par ce qui a été dit d'Atticus, que les matérialistes étoient, du temps de Cicéron comme du temps de Socrate, des ennemis dangereux de tous ceux qui n'admettoient pas leurs dogmes, quoiqu'ils prétendissent être des modèles d'humanité, et les défenseurs de la liberté de penser.

§. III.

Des atteintes que le Luxe a portées à la Morale et à la Religion en Angleterre.

Le luxe, éteint en apparence chez les Anglois sous Charles I, pendant la ré-

publique et sous le protectorat, reparut avec une espèce de fureur sous Charles II. » Ce roi fut reçu à Londres avec des ac-
» clamations extraordinaires, et l'on com-
» mença dès-lors à s'appercevoir que sous
» prétexte de se réjouir du rétablissement
» du roi, les Anglois se jetoient dans
» une dissolution qui n'auroit pas été
» tolérée sous la domination des presby-
» tériens ou des indépendans, et qui ne
» fit que croître sous ce règne, par le
» mauvais exemple du roi et de sa
» cour (1). «

On vit alors le luxe produire en Angleterre, par rapport à la morale et à la religion, tous les effets que je lui ai attribués : voici comment M. Pope en trace le tableau.

» C'est une ivraie qui a germé et
» qui s'est multipliée avec abondance
» dans le temps fertile du plaisir, des ri-
» chesses et du repos, lorsque l'amour
» faisoit tous les soins d'un monarque
» indolent, rarement aux conseils, jamais

---

(1) Thoiras, hist. d'Anglet. l. 22, t. 9, p. 139.

» à la guerre ; les courtisans gouvernoient
» l'état, et les ministres composoient des
» farces, les beaux-esprits avoient des
» pensions et les jeunes seigneurs avoient
» de l'esprit. A la représentation de la
» pièce d'un homme de cour, le cœur
» des belles palpitoit en liberté ; l'éventail
» discret n'étoit plus appelé au secours
» de la modestie : ensuite la licence d'un
» règne étranger inonda le pays des opi-
» nions corrompues du hardi Socin; des
» prêtres sans foi réformèrent la religion ;
» ils enseignèrent des méthodes plus
» agréables de se sauver ; la créature, en
» sujet libre du ciel, disputoit ses
» droits, de peur que Dieu même ne
» parût un souverain trop absolu : les
» chaires sacrées épargnèrent leurs saintes
» satyres, et le vice fut surpris d'y trouver
» des flatteurs. Encouragés par-là, les es-
» prits-forts, nouveaux Titans, bravèrent
» les cieux, et des volumes de blas-
» phêmes autorisés, firent gémir la
» presse (1). «

---

(1) Essai sur la critiq. part. 2, t. 1, p. 124.

Hobbes fut le premier qui se signala dans cette guerre livrée à la religion et à la morale, parmi les philosophes Anglois. Les troubles et les guerres qui avoient agité l'Angleterre pendant et après le règne de Charles I, déterminèrent Hobbes, égoïste peureux et atrabilaire, à imaginer une forme de gouvernement qui pût prévenir la naissance des factions et des partis, qui amènent presque toujours les discordes publiques et les guerres civiles.

Les presbytériens, les épiscopaux et toutes les sectes religieuses avoient eu beaucoup d'influence dans tous les troubles de l'état : Hobbes voulut soumettre la religion au souverain, et réduire la croyance, le culte, l'exercice, la discipline religieuse à une pure institution politique ; il attaqua le clergé, la révélation, la loi naturelle ; il prétendit que tout arrivoit par une nécessité irrésistible.

Il supposoit d'ailleurs que l'homme est naturellement et essentiellement ennemi de ses semblables, qu'il abuse de ses forces, lorsqu'il le peut impunément ; qu'il n'a point d'autre loi que ses desirs, ni d'autre règle que son intérêt et son pouvoir.

Les ambitieux, les factieux, les hommes livrés à leurs passions et au luxe, en réfléchissant sur eux mêmes, trouvèrent qu'ils avoient été déterminés par tous ces motifs; ils jugèrent que Hobbes avoit connu parfaitement la nature humaine » et Charles II lui-même étoit » persuadé qu'il n'y avoit ni honneur ni » vertu dans le monde, et que l'intérêt » étoit l'unique motif de toutes les actions » des hommes (1). «

Hobbes fut bien traité par ce prince; il se fit à la cour des protecteurs puissans, et beaucoup de disciples, mais à ce qu'il paroît, peu recommandables par leurs qualités personnelles; car, lorsqu'on lui en parloit, il disoit, » qu'il étoit permis » de se servir de mauvais instrumens pour » faire du bien : si l'on me jetoit dans » un puits profond, et que le diable

---

(1) Thoiras, hist. d'Anglet. t. 9, p. 134.

» me présentât son pied fourchu, je le
» saisirois pour en sortir (1). «

Les écrits de Hobbes, le progrès de sa doctrine et la licence des mœurs déterminèrent le parlement à porter un bill contre l'athéisme et contre le libertinage (2).

Cependant le luxe faisoit de nouvaux progrès, et préparoit des protecteurs, des admirateurs, des disciples à ceux qui voudroient attaquer la morale et la religion : plusieurs écrivains qui aspiroient à la célébrité, et que leur tempérament ne portoit point au plaisir, se crurent appelés à cette entreprise, en prenant toutes les précautions possibles pour paroître n'attaquer que les abus de la religion, ou plutôt l'abus que le clergé faisoit de son autorité, et les erreurs qu'il avoit ajoutées à la religion. Les hommes de luxe que les principes de la religion inquiétoient, adoptèrent cette doctrine, et formèrent une secte qui prit le nom

---

(1) Chauffepied, art. Hobbes.
(2) Ibid.

d'esprits-forts, ou de libres penseurs. Voici l'idée qu'un des plus beaux génies de l'Angleterre donne des chefs de cette secte.

» Il y a une espèce de gens sombres,
» stériles et mélancoliques, qui destitués
» des talens nécessaires pour faire quel-
» que figure dans le monde en suivant les
» principes d'une généreuse charité, s'ef-
» forcent à sortir de leur bassesse natu-
» relle, en traversant les efforts de ceux
» qui excellent dans les sciences les plus
» salutaires au genre humain.

« Si l'on pouvoit se résoudre à se di-
» vertir d'une matière aussi importante
» que le salut, on pourroit entrer dans
» un examen assez comique des satisfac-
» tions merveilleuses, des plaisirs pi-
» quans et du libertinage délicieux que
» nos esprits-forts se procurent en se débar-
» rassant des liens qui tiennent les pas-
» sions humaines, pour ainsi dire garrot-
» tées. Pourroit-on s'empêcher de rire,
» en voyant que les chefs respectables de
» cette secte dont on vante tant les pro-
» grès, sont des libertins sobres, qui

» n'animent leurs longues conversations
» que par quelques tasses de café, et
» qui n'ont pas assez de feu dans l'imagi-
» nation et dans les sentimens, pour ti-
» rer leur libertinage des bornes de la
» théorie.

» Ces sages par excellence, ces pro-
» fonds docteurs de l'incrédulité, ne sont
» que des débauchés spéculatifs, trop
» contens de voir une jeunesse évaporée
» affranchie par leurs rapsodies officieuses
» du joug de la religion, nager dans les
» plaisirs, sans participer eux-mêmes à
» ces délices dont leur doctrine leur
» fraye le chemin.

» C'est ainsi que des humains pesans,
» pour complaire à une vanité stérile,
» renoncent à une félicité éternelle, sans
» songer à s'en dédommager par les char-
» mes d'une volupté passagère. Quelle
» pitié de savoir se délivrer des entraves
» de la vérité, et de n'avoir pas l'esprit
» de profiter de cette liberté bienheu-
» reuse ! Quelle conduite mal suivie,
» que d'être aussi étroitement emprisonné
» dans son indolence qu'un chrétien l'est
» dans son devoir !

» Un esprit-fort de ce caractère a l'ame
» pour ainsi dire léthargique; il est in-
» capable d'avoir la moindre idée de ces
» sentimens agréables que la religion fait
» naître dans un cœur véritablement gé-
» néreux et sensible. N'en déplaise à ces
» messieurs, s'il leur est impossible d'être
» dévots, c'est faute de génie et de senti-
» ment.

» Les sentimens qui ont leur source
» dans la piété, aussi bien que ceux qui
» procèdent des objets sensibles, ne sont
» vifs qu'à proportion de la vivacité na-
» turelle de l'esprit et du cœur; sur ce
» pied-là, notre auteur peut s'assurer
» qu'il ne connoît point ce qu'il s'efforce
» de décrier, et que son athéisme pré-
» tendu n'est qu'une stupidité réelle. Je
» le crois aussi peu capable de faire une
» prière fervente qu'un poëme épique.

» La troupe d'athées qui déshonora
» le siècle passé, ne servoit pas le dia-
» ble gratis, comme nos chefs de la nou-
» velle secte : ils se distinguoient par des
» excès convenables à leurs principes,
» au lieu que nos fameux contemporains

» ne nuisent à la société que pour lui être
» nuisibles (1). «

L'homme que l'auteur du Mentor moderne peint sous ces traits, est Collins, auteur de deux discours, l'un sur la liberté de penser, occasionné par la naissance et par le progrès d'une secte qui en tire son nom; et l'autre discours sur les fondemens et les raisons de la religion chrétienne.

Wolston, Tindal, Toland, ne montrèrent pas moins de zèle contre la religion et pour le progrès de la secte des libres penseurs. C'étoit, selon Swift, leur seule ressource pour acquérir de la célébrité. » Auroit-on jamais su, dit-il,
» qu'Argile fût un beau génie, et Toland
» un philosophe, si la religion, ce sujet
» inépuisable, ne les avoit pourvus abon-
» damment de syllogismes et de traits
» d'esprit ?

» Quel autre sujet renfermé dans les
» bornes de la nature et de l'art, auroit
» été capable de procurer à Tindal le

---

(1) Mentor moderne, t. 1, discours 3.

» nom d'auteur profond et de le faire lire ?
» Si cent plumes de cette force avoient
» été employées pour la défense du chris-
» tianisme, elles auroient été d'abord li-
» vrées à un éternel oubli (1). «

Le même écrivain se sert du motif de la vanité pour détourner les chefs des libres penseurs du projet d'abolir le christianisme.

» Ils ne considèrent pas, ces sages
» écrivains, dit-il, quel avantage et
» quelle félicité c'est pour de grands es-
» prits d'être suffisamment pourvus d'ob-
» jets de mépris et de raillerie ; tant qu'il
» y aura des gens d'église, ces beaux gé-
» nies auront de quoi turlupiner et de quoi
» invectiver, et ce qui n'est pas un avan-
» tage méprisable, d'invectiver sans ex-
» poser leur vie au moindre péril.

» Si le christianisme étoit un jour aboli,
» comment ces esprits-forts, ces profonds
» raisonneurs trouveroient-ils un autre su-
» jet si exactement proportionné à leur
» tour d'esprit, et si capable d'en étaler

---

(1) Swift, dissert. contre l'abolition du christianisme.

» toute la force et toute la beauté ? De
» quelles merveilleuses productions d'es-
» prit ne serions nous pas privés, sans pou-
» voir nous attendre à quelque ouvrage
» équivalent de la part de ces génies, qui
» s'étant uniquement exercés sur la ma-
» nière de tourner la religion en ridicule,
» se sont mis hors d'état de briller sur tout
» autre sujet (1)? «

Tous ces écrivains avoient, comme on le voit, beaucoup de rapport avec les sophistes anciens ; comme eux ils étoient plaisans, railleurs, superficiels, mauvais raisonneurs, et manquoient de bonne foi autant que de logique.

» Collins n'a fait que renouveler les
» objections surannées des anciens juifs,
» contre le système chrétien ; il y a ré-
» pandu plus de fiel ; il les a assaisonnées
» avec plus de malice : mais les a-t-il
» mises dans un plus grand jour, y a-t-il
» ajouté le moindre degré de vraisem-
» blance (2)? «

» Bentley attaqua Collins avec tout

---

(1) Ibid.
(2) Le sens littéral de l'Ecriture, par Stakouse, préf.

» l'ascendant que lui donnoit la supé-
» riorité de sa cause, et celle de son
» génie. On peut dire qu'il y rendit l'au-
» teur du discours sur la liberté de pen-
» ser, si petit, si léger, si méprisable,
» que l'on est surpris, après avoir lu ses
» remarques, qu'un écrit aussi pitoyable
» que l'est le *discours sur la liberté de pen-*
» *ser* ait pu faire tout le bruit qu'il a
» fait (1). «

Wolston composa des discours sur les miracles de Jésus-Christ, dans lesquels il prétendoit que ces miracles n'étoient que des allégories. » C'est un tissu de fades
» plaisanteries et de turlupinades bour-
» geoises, sur un fonds d'indigne chicane
» et de pitoyable ergoterie (1).

» Si l'on ôtoit des discours de Wols-
» ton, tous les passages tronqués ou in-
» fidèles, qu'il a puisés sans choix et sans
» goût, tant dans les ouvrages supposés
» que dans les véritables écrits des pères,
» on n'y trouveroit plus, au lieu de rai-

---

(1) La friponnerie laïque des prétendus esprits-forts, trad. de l'anglois, Amst. chez Wetstein, 1738.

(2) Biblioth. angl. t. 14, p. 429.

» sons, que d'insipides bouffonneries, des
» railleries insultantes, et des blasphêmes
» qui font horreur (1).

» Avec plus de talent que Wulston,
» pour devenir l'avocat de l'irréligion,
» Tindal s'est attaché à approfondir les
» sujets qu'il traite : mais, après tout,
» qu'est-ce que son livre ? une misérable
» répétition de lieux communs contre le
» clergé, des plaintes calomnieuses et
» cent fois rebattues sur l'obscurité de
» quelques textes de l'écriture sacrée, un
» long enchaînement de sophismes en-
» nuyeusement cousus ensemble : la mé-
» thode en est si confuse, les raisonne-
» mens si entortillés, on y trouve tant
» de citations superflues, tant de fades
» redites, et les mêmes objets y revien-
» nent si fréquemment, toujours mêlés
» avec d'autres qui n'y ont aucun rapport,
» qu'il en coûteroit infiniment plus de
» peine pour ranger les différentes ma-
» tières de ce livre sous certains chefs,
» afin de les bien comprendre, que pour

---

(1) Stakouse, ibid.

» y faire une réponse complette après
» en avoir saisi le vrai sens (1).

» L'auteur qui fait flèche de tout bois,
» n'agit pas, entre autres choses, avec
» beaucoup de candeur dans les citations
» qu'il a entassées, de quantité de théo-
» logiens ou autres auteurs : pour y trou-
» ver de quoi favoriser ses idées, il tord
» ou estropie souvent leurs paroles, et
» en les détachant de la suite du discours,
» en supprimant ce qui suivoit ou ce qui
» précédoit, ou même ce qui étoit entre
» deux, il leur prête des pensées fort
» éloignées de leurs véritables senti-
» mens (2). «

Tindal disoit lui-même, que les uns lisoient l'écriture pour croire ce qu'elle renferme; mais que lui au contraire la lisoit pour ne point la croire (3).

―――

(1) Ibid.
(2) Bibliothèque raisonnée, t. 1, p. 43.
(3) Bibliothèque Britannique, t. 22, p. 269. Pope parle de Tindal dans la Dunciade; et l'on trouve une note sur le vers 367, qui dit : Tindal avoit fait une brochure diffamatoire contre le comte Stanhope, qui fut supprimée, étant encore manuscrite, par un homme

Toland attaqua les prêtres, la révélation, la religion, et ensuite la divinité; tout dans cet auteur est frivole et médiocre; la passion de la célébrité lui fit adopter l'athéisme, il eût été un des plus zélés théistes s'il avoit eu le bonheur de vivre parmi des Athées (1).

Il faisoit tous ses efforts pour mettre de l'enjouement et de l'érudition dans tout ce qu'il écrivoit, et malgré l'apparence d'érudition, de critique et de philosophie par laquelle il veut en imposer aux ignorans, il faut se crever les yeux pour ne pas voir qu'il n'écrit que pour rire (2).

Du reste, rien n'étoit aussi vain que Toland : il se peignoit comme le plus magnanime et le plus généreux défenseur de la vérité, comme le restaurateur de la liberté philosophique, comme un philosophe, que ni les menaces, ni les

---

distingué à qui il la montra, comptant sur son approbation. Tindal publia dans la suite cette pièce avec les changemens requis contre celui même à qui il l'avoit montrée.

(1) Biblioth. Angl. t. 14, p. 356.
(2) Ibid. t. 9, p. 236.

dangers, ni les souffrances n'avoient pu faire changer de conduite et qui avoit toujours préféré l'honnête à l'utile (1).

Cependant son caractère n'étoit rien moins qu'estimable, et Collins qui le connoissoit à fond assuroit qu'il n'avoit aucune probité. (2).

Tels étoient les chefs des libres penseurs en Angleterre : voici l'idée que Swift donne de leurs disciples :

» Ce sont des gens d'esprit et de plai-
» sir, de jolis gens : ils prétendent que
» si l'on bannit une fois l'évangile de nos
» royaumes, elle enveloppera dans sa
» ruine toute religion en général avec
» tous ces préjugés pernicieux de l'édu-
» cation qui sous le nom de vertu, de
» conscience, d'honneur, de justice, ne
» font que troubler le repos des hommes,
» et que ce qu'on appelle véritable raison,
» force d'esprit, est presque incapable
» de déraciner pendant la vie (3).

---

(1) Ibid. t. 15, p. 351.
(2) Dictionn. de Chauffepied, art. Toland.
(3) Swift, dissertation contre l'abolissement du Christianisme.

» Une fois parvenus à ce degré de lu-
» mière, les esprits-forts d'Angleterre
» pensent tout ce qui leur plaît, et ils s'a-
» bandonnent à toutes les extravagances
» que leur penchant ou leur imagination
» leur suggère : leurs idées sont aussi bizar-
» res que leurs discours et leurs actions,
» et ils ne veulent pas que leur esprit soit
» gêné par les formules de la bienséance,
» et du sens commun ; c'est pour cela
» qu'ils méprisent toutes les règles du
» bon raisonnement, sous prétexte
» qu'elles sont trop vulgaires pour des
» hommes d'une bonne éducation : un de
» ces esprits forts prétendoit avoir imagi-
» né un nouveau système de sens com-
» mun (1). «

C'est de ces esprits-forts, chefs ou disciples, écrivains ou prédicans, que Pope compose la cour de la déesse Stupidité.

Il déplore l'état où le luxe a réduit la morale et la religion en Angleterre ; c'est ainsi que dans une épître à M. Gay, il dit :

---

(1) Le Spectateur, t. 3, Disc. 19.

» On ne se souvient presque plus de
» la vertu, et si quelqu'un conserve en-
» core des sentimens d'honneur et de reli-
» gion, il faut qu'il se cache pour échap-
» per à la dérision.

» Notre fidélité ne passe-t-elle pas en
» proverbe, notre politique n'est-elle pas
» une illusion, notre politesse une pan-
» tomime, notre commerce une ligue de
» fripons autorisés qui sappent le fonde-
» ment de toute industrie ? Y a-t-il parmi
» nous quelques traces de religion et de
» liberté, à l'exception de nos cours de jus-
» tice et de nos temples ? En un mot, le
» caractère actuel des Anglois est tel,
» que, selon eux, il y a moins de gloire
» à agir sagement, qu'à empêcher les
» autres de le faire (1). «

Ces funestes effets du luxe par rapport
à la morale et à la religion, se sont éten-
dus à tous les ordres des citoyens.

» Je n'alléguerai ici, dit Swift, que
» des faits dénués de toute exagération,
» de tous traits de satyre ; et je crois que

---

(1) Lettre de Pope à M. Gray, t. 7, p. 258.
Tome I.   R

» tout le monde m'accordera sans peine ce
» que je vais avancer. Il est d'abord certain
» que parmi nos nobles et nos gens oisifs, il
» y en a à peine un contre cent, qui pa-
» roisse reconnoître la religion pour le
» principe de sa conduite, et que la plus
» grande partie est prête à avouer natu-
» rellement dans les conversations ordi-
» naires, son irréligion et son incrédu-
» lité.

» Il en est de même à l'égard du petit
» peuple, sur-tout dans les grandes villes,
» où la profanation et l'ignorance des arti-
» sans, des marchands du plus bas ordre
» et des domestiques sont montées au
» plus haut degré qu'on puisse s'imaginer.

» On remarque encore dans les pays
» étrangers, qu'il n'y a pas dans tout l'uni-
» vers une race de créatures raisonna-
» bles, qui paroisse aussi peu suceptible
» de sentimens religieux que nos soldats
» Anglois, et j'ai entendu assurer à des
» officiers de distinction, que parmi tous
» ceux de notre armée qu'ils avoient fré-
» quentés, ils n'en avoient pas connu
» trois qui par leurs discours et par leur

» conduite, parussent croire un seul mot
» de l'évangile : on peut hardiment avan-
» cer la même chose par rapport à nos
» forces navales.

» Les actions de ces incrédules ne
» répondent que trop juste à leurs
» sentimens. On ne sait plus ce que c'est
» que d'affecter du moins la sagesse et
» de pallier les vices, on les expose har-
» diment au yeux de tout le monde,
» comme les choses les plus indifférentes
» de la vie humaine, sans le moindre re-
» mords de conscience, et sans craindre
» de s'attirer par-là une mauvaise répu-
» tation (1). «

C'est ainsi que du tems de Cicéron le peuple avoit adopté la doctrine d'Epicure (2).

---

(1) Swift, Projet pour l'avancement du Christianisme. On peut, sur ces progrès de l'irréligion et de l'immoralité en Angleterre, voir un discours adressé aux Magistrats : il est traduit en entier dans la Bibliothèque Britannique, t. 11, p. 309. L'auteur parle d'une confrairie de blasphémateurs qui s'étoit établie depuis peu dans la ville de Dublin, et qui en prenoit le titre. Blasters ibid, p. 341.

(2) Ci-dessus, §. 2.

Est-ce par la supériorité de leurs lumières que les nobles, les gens aisés, les petits marchands, les soldats, les matelots, dont parle Swift, sont parvenus à abjurer tout principe de morale et de religion ? Faut-il les regarder comme des philosophes, et les Addison, les Pope, les Bentley, les Clark, etc. comme des hommes ensevelis dans les préjugés ? Croirons-nous que Collins, Toland, Tindal, etc. ont produit cette irréligion en éclairant leurs compatriotes ?

§. IV.

Des effets du Luxe par rapport à la Morale et la Religion en France.

Ce ne fut point par des ouvrages sérieux et philosophiques, mais par des chansons et par des poésies libres, que le luxe porta les premières atteintes à la morale et à la religion en France.

Ce désordre commença sous François I, et ne fit que s'accroître sous Henri II. » Tous les hommes judicieux regardèrent » comme le caractère le plus marqué

» de la corruption de ce règne, cette mul-
» titude innombrable de poëtes, dont la
» cour de ce prince fut remplie, qui cap-
» toient, par la plus basse adulation, la
» bienveillance d'une maîtresse ambi-
» tieuse, corrompoient le goût des jeunes
» gens, les détournoient des bonnes étu-
» des par leurs frivoles productions, et
» bannissoient par leurs chansons las-
» cives, du cœur des jeunes demoiselles
» l'innocence et la pudeur (1). «

Le mal augmenta sous François II.
» Deux crimes par trop horribles, et
» toutefois contraires l'un à l'autre, à
» savoir, l'athéisme et la magie, dont
» l'un nie toute divinité, et l'autre met
» le diable au lieu de Dieu, passèrent
» dès lors bien avant en France, et ce
» qui aggrava en ce sujet l'ire de Dieu,
» fut que la connoissance des bonnes
» lettres, moyen ordonné de Dieu pour
» apprendre à le connoître duement, et
» par conséquent pour la conservation
» du genre humain, ayant été ranimée

―――――――――――――

(1) Hist. de De Thou, l. 22, ann. 1559.

» en France par François I, plus anno-
» bli par cela que par toute autre chose
» connue en son temps, se tourna aux
» esprits enclins et curieux en occasion
» de toute méchanceté; ce qui s'est trou-
» vé principalement en certains grands
» esprits adonnés à la poésie Françoise,
» qui lors vinrent à sourdre par troupes.
» Les écrits de quelques-uns ors et sales,
» et remplis de blasphêmes, sont d'autant
» plus détestables, qu'ils sont emmiellés
» de tous alléchemens qui peuvent faire
» glisser, non seulement en toute lubri-
» cité, mais aussi en toute horrible im-
» piété, ceux qui les ont aux mains (1). «

Rien n'est plus contagieux que l'abus qu'un homme célèbre fait de son talent contre la religion et contre la morale; tous les littérateurs médiocres, se piquent de penser, de parler et d'écrire comme lui: les poëtes grands esprits dont parle l'historien la Planche, firent une secte.

Les poëtes, les orateurs, les littéra-

---

(1) Hist. de l'état de france, par la Planche, pag. 7.

teurs, se piquent d'un goût exquis et d'une grande délicatesse de langage, surtout ceux qui vivent à la cour et auprès des grands; ils se qualifièrent beaux-esprit, ou simplement *esprits :* c'est ainsi que Montagne les nomme, et voici, selon lui, quels étoient leurs principes par rapport à la morale. » Ce siècle auquel
» nous vivons, dit-il, est si plombé, que
» je ne dis pas l'exemption, mais l'ima-
» gination de la vertu en est à dire, et
» semble que ce ne soit autre chose qu'un
» jargon de collège : c'est un affiquet à
» pendre en un cabinet.

» Nos jugemens sont encore malades
» et suivent la dépravation de nos mœurs.
» Je vois la plupart des *esprits* de mon
» temps faire les ingénieux, à obscurcir
» la gloire des belles et glorieuses ac-
» tions, leur donnant quelqu'interpréta-
» tion vile, et leur controuvant des oc-
» casions et des causes vaines.

» Grande subtilité ! qu'on me donne
» l'action la plus excellente, et je m'en
» vais y fournir vraisemblablement cin-
» quante vicieuses intentions; Dieu sait

» à qui le veut entendre, quelle diver-
» sité d'images ne souffre notre interne
» volonté : ils ne font pas tant malicieu-
» sement que lourdement les ingénieux
» à toutes leurs médisances.

» C'est l'office des gens de bien, de
» peindre la vertu la plus belle qui se
» puisse, et ne messiéroit pas quand la
» passion nous transporteroit à la faveur
» de si saintes formes. Ce que ceux-ci
» font au contraire, ils le font ou par
» malice, ou par ce vice de ramener leur
» créance à leur portée, de quoi je viens
» de parler; ou, comme je pense plutôt,
» pour n'avoir pas la vue assez forte et
» assez nette, ni dressée à concevoir
» la splendeur de la vertu en sa pureté
» naïve.... Sottes gens! (1) «

Dégagés par les principes qu'ils s'é-
toient faits, ces beaux esprits crurent
jouir de la vraie liberté, s'y être élevés
par une force de raison extraordinaire:
ils prirent aussi le titre d'esprits-forts.

Ils avoient cependant adopté, dans les

---

(1) Essais de Montaigne, l. 1, c. 35.

opinions des philosophes et des sophistes anciens, les erreurs qui pouvoient calmer les inquiétudes des hommes vicieux, étouffer les remords, rendre la vertu méprisable : mais comme la poésie, et la littérature agréable et frivole étoient alors beaucoup plus à la mode que la philosophie, ils prirent la dénomination de beaux-esprits, et dédaignèrent le nom de philosophe qui ne présentoit alors à l'imagination, qu'un pédant imbu de préjugés, de maximes tristes, et de principes austères.

Le progrès de cette secte allarma les chrétiens, et attira l'attention du gouvernement. La vigilance des tribunaux de justice, et l'exécution de quelques-uns de ces prétendus esprits-forts, ou beaux-esprits, contint la licence (1).

Mais comme le progrès de cette doctrine est toujours proportionné à celui du luxe, le nombre des disciples croissoit continuellement ; il fut moins dangereux

---

(1) Doctrine curieuse du P. Garasse : censure de cet ouvrage, épître qui est à la tête.

de la professer, et on l'enseigna avec plus de liberté : tel fut le poëte Hénault qui avoit acquis de la réputation ; « homme, » dit Bayle, qui aimoit le plaisir et la » débauche, et qui faisoit profession » d'athéisme avec une fureur et une af- » fectation abominable. Il composa plu- » sieurs systêmes sur la matérialité de » l'ame (1). «

Il avoit puisé ses erreurs chez les anciens; il étoit un fort mince philosophe; et Spinosa, qu'il alla voir en Hollande, fit peu de cas de son savoir. A la mort les choses changèrent bien ; il se convertit, et vouloit porter les choses à l'excès (2).

Le poëte Linières surnommé l'Idiot de Senlis, devint un des prédicans de la doctrine des esprits forts : il entreprit une critique infâme du nouveau testament, et il disoit de lui-même :

<blockquote>
La lecture a rendu mon esprit assez fort
Contre toutes les peurs que l'on a de la mort,
Et ma religion n'a rien qui m'embarrasse :
Je me ris du scrupule, et je hais la grimace.
</blockquote>

---

(1) Dictionn. de Bayle, art. Hénault.
(2) Ibid.

Le fort de Linieres étoit de plaisanter sur la religion ; il réussissoit à composer des chansons impies. Boileau lui reprochoit de n'avoir de l'esprit que contre Dieu (1).

Ce n'est, comme je l'ai remarqué, que par accident que le luxe porte l'esprit vers les lettres et vers les siences ; il le ramène naturellement à l'ignorance. « Comme l'ignorance, dit la Bruyere, » est un état paisible et qui ne coûte au- » cune peine, l'on s'y range en foule, et » elle forme à la cour et à la ville un » parti qui l'emporte sur celui des sa- » vans à qui on ôtoit les manières du » monde, le savoir-vivre, l'esprit de so- » ciété, qu'on renvoyoit ainsi dépouillés » à leurs cabinets et à leurs livres. «

Les beaux esprits et les philosophes n'étoient pas mieux traités.

» Il est savant, il est donc incapable » d'affaires, dit un politique : il sait du » grec, continue l'homme d'état, c'est

―――――――――

(1) Note sur le vers 194 de l'Art poétique de Boileau, chant 2.

» un grimaud, un philosophe..... Le
» nom de bel esprit étoit une injure et
» une ironie que l'on employoit sans
» discernement, et qui consoloit d'une
» certaine culture dont on manquoit, et
» qu'on voyoit dans les autres (1).

Les ennemis de la religion et de la morale ne sont donc alors ni des beaux-esprits, ni des savans, ni des philosophes; mais des personnes du bel air et du bon ton, des hommes de plaisirs, des guerriers, des personnages importans, » qui, dit la Bruyere, veulent faire » servir Dieu et la religion à la politique, » c'est-à-dire à l'ordre et à la décoration » de ce monde, la seule chose selon eux » qui mérite qu'on y pense; qui croient » qu'il ne faut pas que dans une certaine » condition, avec une certaine étendue » d'esprit et de certaines vues, l'on songe » à croire comme les savans et le peu- » ple.

» Qui sait même s'ils n'ont pas déja
» mis une sorte de bravoure et d'intré-

---

(1) Les Mœurs de ce siècle, ch. 12.

» pidité à courir tout le risque de l'ave-
» nir (1)? «

» Nous avons, dit Saint-Evremont, cer-
» tains esprits lâches toujours portés à
» l'imitation des autres, qui, sans s'être
» examinés eux-mêmes, et avoir médité
» sur ces choses, donnent dans l'impiété
» seulement pour se déclarer partisans de
» quelque fameux libertin (2). «

Les ennemis de la religion prirent donc le nom d'esprits-forts; c'est celui que la Bruyere leur donne, et sous lequel ils sont généralement désignés dans ce temps, quoiqu'il y eût » dans ce parti des » gens d'un bel esprit, d'une agréable » littérature, esclaves des grands, dit la » Bruyere (3). «

Cependant les sciences et les lettres, encouragées et favorisées par Louis XIV, firent des progrès qui étonnèrent la France et l'Europe ; ceux qui les cultivoient

---

(1) Ibid. ch. 16
(2) Saint-Evremont, réflexions sur la vie, t. 6, p. 32. Conversation du P. Canaye.
(3) La Bruyere, ibid.

avec succès acquirent de la réputation, de la gloire, de l'estime et de la considération.

Le cartésianisme avoit alors fait beaucoup de progrès, on l'expliquoit et on l'enseignoit avec beaucoup de succès; il avoit des partisans distingués, et enfin les cartésiens formèrent un parti ou une école : le cartésianisme fut attaqué dans ses principes, et sur-tout dans ses conséquences, par rapport à la religion; les cartésiens défendirent les sentimens de leur maître avec cette redoutable méthode qui avoit détruit l'empire du péripatétisme ; enfin ils l'employèrent contre les ennemis de l'église catholique, et les matières de controverse presque généralement intéressantes alors, furent traitées avec un ordre et une clarté qui les mit à la portée de tous ceux qui étoient capables d'entendre un raisonnement.

Guidés par cette même méthode, les cartésiens découvrirent la source de nos illusions, l'art de démêler et de débrouiller les sophismes. Leurs ouvrages étoient intéressans par l'importance de leurs objets, par la beauté des idées, par la variété des matières qu'ils traitoient, par l'étendue et par la grandeur des vues, par les agrémens du style, par l'ordre et par la régularité de la composition : tels urent les Pensées de Pascal, l'Art de penser, la Recherche de la vérité, etc.

Ce fut parmi ceux qui respectoient et qui professoient la religion que l'on vit les plus beaux génies, les plus excellens poëtes, les plus grands orateurs, les raisonneurs les plus exacts, les plus habiles littérateurs, les meilleurs critiques, les savans les plus profonds : tels furent les Arnaud, les Pascal, les Nicole, les Tillemont, toute la société de Port-royal, les Mabillon, les Petau, les Papebroc, etc. les Bossuet, les Fénelon, les Racine, les Boileau, les Corneille, et tant d'autres qui illustrèrent les différentes sociétés religieuses ou savantes, et qui font la gloire littéraire de la France.

La secte des esprits-forts fut accablée et comme anéantie par la réputation et par la gloire de ces grands hommes. Pour la ressusciter, il falloit qu'elle parût appuyée sur les principes de la philosophie à la mode.

Les hommes de luxe étoient livrés au plaisir, à la dissipation, ignorans, dépourvus de sagacité pour tout ce qui avoit rapport aux sciences; leurs chefs, leurs docteurs étoient des hommes d'un bel esprit et d'une littérature agréables, des diseurs de bons mots, des chansonniers, et, pour me servir de l'expression de Boileau, des *goguenards*. Tous étoient ignorans et incapables d'opérer ce changement dans la doctrine de la secte; elle ne fut plus qu'une cotterie d'hommes de luxe et de plaisir, pour la plupart ignorans, riches, puissans, et qui avoient, pour la secte et pour la propagation de ses dogmes, le zèle et l'ardeur des sectaires. Ainsi, lorsqu'un nommé Petit fut mis en justice parce qu'on l'avoit trouvé faisant imprimer des chansons impies et libertines de sa façon, on fit en sa faveur des sollicitations puissantes (1).

---

(1) Note sur le vers 194 de l'Art poétique de Boileau, chant 2.

Comme le luxe faisoit des progrès continuels, il tournoit insensiblement contre la religion et contre la morale les talens qu'avoit developpés la révolution arrivée dans les sciences et dans les lettres sous Louis XIV.

Les épigrammes, les bons mots, les chansons ne suffirent pas pour rassurer les hommes de luxe environnés, pour ainsi dire, de la lumière qu'avoit repandue le siècle de Louis XIV, et pour dissiper l'impression qu'avoit faite sur les esprits l'exemple des Arnaud, des Pascal, des Bossuet, des Fénélon, et de tant de savans que l'Europe admiroit. Il falloit rendre incertains les dogmes qu'ils avoient crus, ainsi que les fondemens sur lesquels leur croyance étoit appuyée, et par ce moyen, sapper l'autorité de leur exemple et rendre douteux leurs principes sur la religion et sur la morale.

Les hommes de lettres qui voulurent plaire aux hommes de luxe, et qui peut-être livrés eux-mêmes au luxe étoient gênés par la religion et par la morale, tentèrent cette entreprise, et attaquèrent la religion et la morale, non par des chansons et par des bons mots, mais avec les armes que leur fournissoit la philosophie qu'ils avoient adoptée.

La nécessité de douter de tout ce que l'évidence ne force pas de croire, est le principe fondamental de la philosophie cartésienne; elle fut la base de la réforme que l'on entreprit de faire dans le système des esprits-forts. Appuyés sur cette maxime, les philosophes partisans du luxe, ou qui vouloient plaire aux hommes puissans livrés au luxe, examinèrent la morale et la religion; desirant de les trouver fausses ou mal prouvées, ils n'en firent pas un examen impartial, et portèrent leur attention sur les difficultés qui la combattoient, plus que sur les preuves qui en établissoient la vérité : d'ailleurs, livrés au luxe, à la dissipation, ils ne donnèrent à cet examen, ni le temps, ni l'attention nécessaire pour s'assurer de la vérité. Ils rejetèrent donc les principes de la morale et de la religion, ou du moins ils les regardèrent comme incertains, comme des opinions que ne devoit point admettre celui qui prenoit pour règle de ses jugemens, la maxime qui porte qu'il faut rejeter tout ce que l'évidence ne nous force pas de croire, ou du moins ne pas l'admettre comme vrai.

Il se fit donc alors comme une espèce de réforme dans le parti des hommes de luxe, ennemis de la religion et de la morale : ils combattirent l'une et l'autre, non comme voluptueux et comme hommes de plaisirs, mais comme philosophes, par amour pour la vérité, par la crainte de tomber dans l'erreur, et non pour autoriser les passions ou les excès que le luxe enfante : de sorte que l'irréligion produite par le luxe prit alors le masque de la philosophie; et la philosophie de l'homme de luxe consista non à rechercher la vérité, mais à tâcher de découvrir des difficultés contre la morale et contre la religion.

Rien n'étoit plus intéressant et plus agréable pour les grands, pour les riches, pour les hommes puissans livrés au luxe, que de les délivrer du joug de la morale et de la religion; ils ont loué, exalté, protégé ceux qui avoient le courage de tenter cette entreprise; et parmi les érudits, les littérateurs, les savans, il s'en est trouvé, qui, aspirant à la fortune ou à la célébrité, ont porté l'activité de leur esprit vers cet objet : les livres des libres penseurs Anglois et ceux de Bayle sont devenus des espèces d'arsenaux dans lesquels on a pris des armes pour attaquer la morale et la religion, chacun à sa manière, d'abord avec circonspection, plus hardiment ensuite, et enfin presque aussi librement qu'en Angleterre. Voici comme un de nos meilleurs poëtes parle de cette liberté.

>. . . . Ce n'est plus le temps où la licence
> Daignoit encor copier l'innocence,
> Et nous voiler ses excès monstrueux
> Sous un bandeau modeste et vertueux :
> Quelque mépris, quelque horreur que mérite
> L'art séducteur de l'infâme hypocrite;
> Toujours pourtant du scandale ennemi,
> Dans ses dehors il se montre affermi,
> Et plus prudent que souvent nous ne sommes,
> S'il ne craint Dieu, respecte au moins les hommes.
> Mais en ce siècle à la révolte ouvert,
> L'impiété marche à front découvert;
> Rien ne l'étonne, et le crime rebelle

N'a point d'appui plus intrépide qu'elle :
Sous ses drapeaux, sous ses fiers étendarts,
L'œil assuré, courent de toutes parts
Ces légions, ces bruyantes armées
D'esprits subtils, d'ingénieux pygmées,
Qui sur des monts d'argumens entassés,
Contre le ciel burlesquement haussés,
De jour en jour superbes Encélades,
Vont redoublant leurs folles escalades ;
Qui jusqu'au sein de la Divinité
Portant la guerre avec impunité,
Viendront bientôt, sans scrupule et sans honte,
De ses arrêts lui faire rendre compte ;
Et déja même arbitres de sa loi,
Tiennent en main, pour écraser la foi,
De leur raison les foudres toutes prêtes (1).

Tous ces ennemis de la morale et de la religion partent toujours de cette maxime, qu'il ne faut admettre que ce que l'évidence nous force de croire, ou ce que nous voyons évidemment : or les hommes les plus médiocres peuvent entendre cette maxime, et un ignorant qui en est imbu, trouve dans son ignorance même un motif pour rejeter les vérités les plus certaines et les mieux prouvées pour ceux qui les ont étudiées et approfondies.

---

(1) Rousseau, l. 2, ep. 7. à M. Racine.

Les hommes de luxe à qui l'on enseigna cette maxime, l'adoptèrent donc sans peine, et se crurent autorisés par la raison à nier ou à rejeter tous les principes de la morale et tous les dogmes de la religion qu'ils ne concevoient pas clairement : ils lurent les écrits qui attaquoient la morale ou la religion, et les moindres difficultés contre les principes de la morale ou contre les dogmes de la religion devinrent des raisons de les nier ou d'en douter : on conçoit même que d'après cette méthode, les hommes les plus ignorans et les plus superficiels, en niant les principes de la morale et les vérités de la religion, se sont crus de grands philosophes, et ont dû regarder les Arnaud, les Pascal, les Bossuet, les Fénelon, les Malebranche, les Clarke, les Racine, comme des hommes ensevelis dans les préjugés, doués de quelques talens, mais que la lumière de la philosophie n'avoit point éclairés.

Une partie des hommes de luxe n'avoit jamais réfléchi sur les principes de la morale et sur les vérités de la religion;

ils n'ont eu besoin que de leur ignorance pour être dans l'incrédulité la plus absolue, même sans se donner la peine de lire.

Enfin il y a des hommes de luxe qui, sans réfléchir, sans examiner, adoptent les opinions contraires à la religion, parce qu'elles sont favorables à leurs penchans. » Bien des gens renoncent aux pré-
» jugés reçus, par vanité ou sur parole. Ces
» prétendus esprits-forts, dit l'auteur du
» Système de la Nature, n'ont rien exa-
» miné par eux-mêmes, ils s'en rappor-
» tent à d'autres qu'ils supposent avoir
» pesé les choses plus mûrement. Ces
» sortes d'incrédules n'ont donc point
» d'idées certaines ; peu capables de rai-
» sonner par eux-mêmes, à peine sont-
» ils en état de suivre les raisonnemens
» des autres. Un voluptueux, un débau-
» ché enseveli dans la crapule, un in-
» triguant, un homme frivole et dissi-
» pé, une femme débauchée, un bel-
» esprit à la mode sont-ils donc des per-
» sonnages bien capables de juger d'une
» religion qu'ils n'ont point approfondie,

» de sentir la force d'un argument, d'em-
» brasser l'ensemble d'un système ? Les
» hommes corrompus n'attaquent les
» Dieux que lorsqu'ils les trouvent enne-
» mis de leurs passions (1). «

Par ces mêmes raisons, l'homme de luxe, dans quelque condition qu'il se trouve, renonce à tous les principes de morale et de religion qu'il a reçus; et quel que soit le degré de son ignorance, il pourra, comme le bel-esprit à la mode, juger qu'il ne doit croire que ce qu'il comprend, croire d'autant moins qu'il est plus ignorant, et se juger un grand philosophe.

C'est ainsi que nous avons vu que du temps de Cicéron, l'épicuréisme étoit adopté par la plus grande partie du peuple. C'est ainsi, qu'au rapport de Swift, tant de petits marchands, de soldats et de matelots Anglois ont étouffé en eux tous les principes de la morale et de la religion.

---

(1) Système de la Nature, part. 2. c. 12.

SECTION

SECTION IV.

Des effets du Luxe par rapport au caractère

LA nature donne à tous les êtres vivans des besoins, des organes, des facultés, des inclinations particulières qui distinguent les différentes espèces, et dont la réunion compose pour ainsi dire l'essence de l'animal, ou son caractère.

Les animaux ne trouvent pas autour d'eux les alimens nécessaires à leur subsistance ; tous sont environnés de biens et de maux, tous ont des ennemis, tous ont besoin d'alliés ou d'associés.

Ce mélange de biens et de maux dont la nature environne les animaux, les ennemis et les alliés qu'elle a répandus autour d'eux, développent toutes les facultés avec lesquelles elles les fait naître, et leur fait prendre une manière d'être et de vivre convenable pour se procurer tous les biens et pour éviter tous les maux, pour se garantir de leurs ennemis, pour avoir des associés, pour jouir de l'espèce du bonheur auquel ils sont destinés.

Le caractère de l'animal dépend donc 1°. des besoins, des facultés et des penchans avec lesquels la nature le fait naître; 2°. du mélange de biens et de maux, d'ennemis et d'associés dont elle l'environne.

Chaque animal est pour ainsi dire un petit système où tout est lié et très bien ordonné pour la perpétuité de l'espèce, pour la conservation de l'individu, et pour lui faire remplir sa destination et sa place dans le grand système de la nature; il sort de l'ordre et devient moins propre à la remplir, lorsque ce caractère se change ou s'altère.

Ainsi la nature donne au daïm, au cheval des organes pour brouter et pour pâturer, un estomac propre à digérer l'herbe, les feuilles et les fruits; il a une vitesse et une timidité destinées à le garantir des attaques de ses ennemis; mais il périroit bientôt, s'il vouloit se nourrir de la chair des animaux, si, honteux de sa timidité, il affectoit le courage du lion, s'il vouloit imiter la lenteur du bœuf et renoncer à la vitesse et à l'agilité dont la nature l'a doué.

L'homme a, comme tous les animaux, son caractère qu'il doit suivre s'il veut remplir sa destination, se conserver et être heureux : à mesure qu'il le change ou qu'il l'altère, il devient moins capable de parvenir au but où il doit tendre, et au bonheur qui lui est destiné ; car la nature ne change point ses lois ou son système au gré de l'homme, et elle n'accorde pas plus le bonheur à celui qui sort du caractère qu'elle lui avoit imprimé, qu'elle feroit croître les ongles et les dents du lion aux pieds et à la mâchoire du daim, s'il vouloit devenir carnacier.

Ainsi pour juger des effets du luxe sur le caractère de l'homme, il faut déterminer celui que la nature lui donne ou lui imprime, et voir le changement que le luxe cause dans ce caractère, ou le caractère particulier qu'il imprime à l'homme qui s'y livre.

S ij

Chapitre I.

Du caractère de l'homme de la nature, ou du caractère que la nature imprime à l'homme.

La nature fait naître l'homme avec des organes, une raison et une industrie qui le garantissent des attaques des animaux carnaciers, et qui le rendent supérieur à tous les animaux; mais elle ne donne à aucun homme en particulier une force capable de lui procurer cet avantage: elle a tellement combiné les ressources qu'elle lui accorde pour sa défense, avec la foiblesse de son corps, qu'il ne peut être en sureté que par son union avec les autres hommes.

Ainsi la nature donne à l'homme un caractère de paix, de concorde et d'union avec ses semblables.

Elle le fait naître avec le besoin de manger, mais elle a placé par-tout ce qui est nécessaire pour le nourrir, et elle a donné à ce besoin des bornes très-étroites, de sorte qu'il ne doit point altérer son union avec les autres hommes.

Tant que les alimens destinés à l'homme sont nécessaires ou utiles à sa conservation, ou à sa santé, la nature attache à leur usage un sentiment de plaisir, et aussitôt qu'ils cessent d'être nécessaires ou utiles, ils font naître la satiété et le dégoût. Enfin l'homme ne peut, à cet égard, aller au-delà du nécessaire ou de l'utile sans ressentir du mal et de la douleur.

Il en est ainsi de tous les besoins qui naissent de l'organisation : ainsi la nature donne à l'homme un caractère de tempérance et de sobriété ; elle ne lui permet pas de se livrer uniquement à la recherche des objets destinés à satisfaire les besoins physiques, et de les regarder comme le principe de son bonheur.

Aussitôt qu'il est en sureté, et que les besoins physiques sont satisfaits, le desir de connoître agit sur son esprit ; mais la nature l'a environné de biens et de maux qui l'obligent d'en rechercher les causes, et de découvrir les moyens de se procurer les biens et de se garantir des maux ou d'y remédier. La nature donne donc à l'homme un caractère de réflexion, d'attention, et de méditation qui doit le garantir de la dissipation et de l'étourderie, et empêcher que le desir de connoître destiné à perfectionner la raison et à l'élever à des vérités importantes, ne dégénère en une curiosité vaine, frivole et puérile qui fait regarder ou parcourir beaucoup d'objets, et qui ne permet pas d'en connoître bien aucun; qui affecte l'ame par une grande variété, et qui ne lui procure aucune idée.

Lorsque par tous ces moyens la nature a réuni les hommes et fait régner entre eux la paix et la concorde, l'amitié se développe avec la bienveillance : les hommes réunis et en sureté par leur union, s'aident, se secourent, et les services qu'ils se rendent font naître la reconnoissance ; on ressent de l'attachement, de l'estime et une espèce de respect pour tous les hommes bienfaisans. Ceux même qui ne sont pas l'objet de leurs bienfaits éprouvent pour eux ces sentimens, et se font un plaisir ou même un devoir de les témoigner.

Ces témoignages produisent, dans celui qui en est l'objet, de la satisfaction; il voit que la bienfaisance est une source de plaisirs; il recherche avec empressement les occasions d'exercer cette vertu, il en contracte l'habitude. La nature donne donc à l'homme un caractère d'amitié et de bienfaisance constante et active, qui le porte à rechercher les moyens de procurer le bonheur de ses semblables, et qui l'empêche de chercher le bonheur dans les sensations agréables.

Animé par le desir de procurer le bonheur des autres, il se réjouit de tous les évènemens qui peuvent y contribuer, il s'interdit tout ce qui pourroit l'altérer. La nature donne donc à l'homme un caractère de douceur, d'indulgence et de condescendance pour tous les hommes, un caractère qui le porte à excuser les fautes, et à pardonner celles qu'il ne peut excuser, et qu'il peut pardonner sans nuire aux autres.

Toutes les fois que l'homme suit ce caractère, il est l'objet de l'estime, de la vénération, de l'amour des autres hommes, et il devient un objet de mépris et de haine lorsqu'il s'en écarte. La nature rend donc l'homme attentif sur toutes ses actions, afin qu'il n'en commette aucune qui soit contraire à la bienfaisance et à ce qui mérite l'estime de ses semblables. La nature donne donc à l'homme un caractère de circonspection et de prudence.

Par tout ce que l'on vient de dire, le bonheur de l'homme qui vit en société, dépend principalement de la connoissance de ses rapports avec les autres hommes, de son exactitude à remplir les devoirs ou les obligations qui en naissent. La nature porte donc l'homme à rechercher les principes de la morale, à les suivre, et à les regarder comme le fondement de son bonheur: elle tend à lui donner un caractère de constance et de fermeté qui doit le rendre inviolablement et invariablement ami de ses semblables, équitable, indulgent, et le garantir de la dureté, de l'injustice, de l'envie et de tous les vices contraires au bonheur des autres hommes.

L'homme naît avec le desir de s'estimer ou de s'approuver ; cette estime, cette approbation de soi-même, est une partie essentielle du bonheur que la nature lui destine, et il est malheureux toutes les fois qu'il est forcé de se mésestimer et de se condamner ou de se désapprouver. Ainsi la nature, après avoir conduit l'homme à la connoissance de ses rapports avec les autres hommes, et à celle des devoirs ou des obligations qui en naissent, met au dedans de lui-même un principe ou un caractère de force qui le rend capable de résister aux causes qui le portent à transgresser ces devoirs, et qui l'y rappelle s'il s'en écarte ; et ce principe intérieur de force et de fermeté est ce que l'on appelle *la conscience*.

Les phénomènes de la nature ont des rapports plus ou moins essentiels avec le bonheur de l'homme ; et les effets, l'ordre, la succession, le spectacle de ces phénomènes, sont tels qu'ils portent l'homme à en rechercher la cause, et qu'ils le conduisent à reconnoître que ces phénomènes et l'homme même sont l'ouvrage d'un Etre suprême, tout-puissant, bienfaisant et juste, qui a prescrit des lois à l'homme, qui récompense ceux qui les suivent et qui punit ceux qui les violent. La nature tend donc à donner à l'homme un caractère religieux, qui change en obligations imposées par l'Auteur même de la nature, la bienfaisance, l'humanité, l'amour de ses semblables et la justice ; qui rend la transgression de ces lois ou la violation de ces obligations terrible pour l'homme le plus puissant, comme pour le plus foible (1).

L'homme rempli de ces principes éprouve une satisfaction continuelle dans l'accomplissement de ces devoirs. L'amour et la pratique de ses devoirs se change en habitude, et la réunion de tous ces principes lui donne un caractère de vertu et de force capable de résister à l'impétuosité des passions et de braver les périls.

Aux yeux de l'homme pénétré de tous

---

(1) J'ai prouvé toutes ces vérités dans un Ouvrage sur la sociabilité, et j'y réponds aux difficultés qu'on leur oppose.

les principes que je viens d'exposer, il n'y a point de citoyen qui ne soit estimable, point de fonction qui ne soit une source de satisfaction et de bonheur. La nature tend donc à donner à tous les citoyens un caractère de sérénité, de tranquillité, de constance dans la place qu'ils occupent ; elle étouffe tous les germes de l'envie, de l'ambition et de la discorde.

Dans l'ordre de la nature, toutes les inclinations sociales se développent également, ou du moins dans une proportion exacte, de manière qu'aucune ne doit s'exercer aux depens des autres. La nature donne donc à l'homme un caractère calme, tranquille, équitable, égal, qui doit le préserver de l'inégalité, de la bizarrerie, des caprices, et l'empêcher de se livrer à une seule inclination sociale et de la satisfaire aux dépens des autres, de se passionner pour un seul objet, pour quelques devoirs particuliers, et de leur sacrifier tous les autres objets, toutes les autres affections, tous les autres devoirs.

Ainsi, par exemple, tandis que par le

sentiment de l'amitié elle porte l'homme à procurer le plus grand bonheur de son ami, elle développe l'humanité et la justice qui l'empêchent de sacrifier au desir de rendre son ami heureux, le bonheur, la fortune, la tranquillité, la subsistance des autres hommes.

Voilà les différentes parties du caractère que la nature tend à donner à l'homme, par la foiblesse dans laquelle elle le fait naître, par les besoins auxquels elle l'assujettit, par les moyens qu'elle lui procure pour les satisfaire, par les facultés dont elle le doue, par les inclinations ou par les penchans qu'elle lui donne, par le mélange des biens et des maux qu'elle répand autour de lui, par les ennemis qu'elle a placés par-tout où il existe.

C'est d'après ces principes, c'est en suivant ce système ou ce plan de la nature, que les plus sages législateurs de l'antiquité se sont efforcés de former le caractère des nations qu'ils ont policées; ce sont ces principes qui ont formé le caractère des héros bienfaisans de l'antiquité, celui des sages qui ont civilisé les hommes. C'est ce caractère qui a donné à la Grèce et à Rome, les citoyens, les magistrats, les généraux les plus illustres, par leur habileté, par leur bonté, par leur sagesse, par leurs vertus morales et civiles.

C'est ce caractère que les législateurs de la Chine, guidés par une connoissance profonde de la nature humaine, ont tâché de donner à leurs citoyens, que leurs lois et toutes leurs institutions politiques tendent à leur donner, et à fortifier depuis le moment de la naissance du citoyen jusqu'à sa mort. L'histoire de la Chine offre en effet un nombre infini de citoyens de tout état, qui ont conservé ce caractère dans toutes les prospérités et dans tous les revers dont la condition humaine est susceptible (1).

Tous les hommes sont plus ou moins

---

(1) On peut voir, sur ce sujet, les observations sur l'origine, la nature et les effets de la Philosophie morale et politique dans l'Empire de la Chine, qui précèdent la traduction françoise des livres classiques de cet empire.

estimables, plus ou moins bons souverains, bons magistrats, bons citoyens, bons pères, bons fils, selon que leur caractère approche plus ou moins de ce modèle; il est donc de la dernière importance de connoître les effets du luxe par rapport à ce caractère, et s'il tend à le former dans l'homme, ou à lui en donner un contraire.

Chapitre II.

Du caractère que le Luxe donne à l'homme.

L'homme veut nécessairement être heureux, et l'amour qu'il a pour le bonheur est le principe de toutes ses actions. Chaque système de bonheur, donne donc à ceux qui l'adoptent, une manière de vivre, de penser et d'être qui leur est propre, et qui forme leur caractère : ainsi, les différens systèmes de bonheur adoptés par Socrate, par Antisthènes, par Cratès, par Diogène, par Aristippe, par Zénon, par Epicure, donnoient à ces philosophes et à leurs sectateurs une manière de vivre, de penser, d'agir et d'être qui leur étoit particulière et qui faisoit le caractère de la secte. Le luxe qui est un système de bonheur, doit donc imprimer à ses sectateurs un caractère particulier : voyons quel est ce caractère, et s'il détruit ou développe le caractère que la nature imprime à l'homme.

Le luxe est un système qui fait consister le bonheur dans les sensations agréables que produisent les objets destinés à satisfaire les besoins physiques, et dans les sensations agréables que produisent les corps étrangers par leur action sur les organes de nos sens.

Dans l'institution de la nature, ces besoins sont très-bornés et n'ont qu'une durée très-courte : l'homme qui adopte le système du luxe ne peut donc être heureux qu'autant qu'il augmente l'étendue et la durée de ces besoins. Le luxe donne donc à l'homme un caractère d'intempérance et de profusion, destructif du caractère de tempérance et de sobriété que la nature lui avoit donné.

Lorsque l'homme a contracté ce caractère, le terrain et les productions que la nature lui destinoit, ne suffisent plus à sa subsistance; le besoin d'éprouver des sensations agréables, ne lui permet plus d'être content des productions du climat sous lequel il est né, ni de l'étendue de terre que la nature lui destinoit. Le luxe donne donc un caractère d'avidité et de cupidité qui porte à envahir les portions de terre destinées aux autres hommes : il détruit par conséquent le caractère de concorde, de paix et d'union que la nature donne.

Un homme qui regarde les sensations agréables comme le principe de son bonheur, ne le cherche ni dans les actions d'humanité et de bienfaisance, ni dans les devoirs de l'amitié : le luxe détruit donc le caractère de bonté qui porte à rechercher les moyens de procurer le bonheur de ses semblables; il substitue à ce caractère si précieux, un caractère d'égoïsme, et si je peux parler ainsi, un caractère d'intérêt personnel et de machiavellisme.

L'homme livré au luxe, ne cherche donc point les moyens de mériter l'estime, l'attachement, l'amitié des autres hommes, en procurant leur bonheur, mais les moyens de les asservir et de les obliger à lui procurer des sensations agréables : le luxe détruit donc le caractère de condescendance et d'équité que la nature lui donne.

Celui qui regarde les sensations agréables comme le principe de son bonheur, n'aime que les objets qui en produisent ; or le même objet ne peut produire long-temps des sensations agréables ; le luxe donne donc un caractère d'inconstance, et détruit le caractère de constance et de stabilité que la nature lui avoit donné.

Le luxe ôte la sagacité, l'étendue d'esprit, la capacité d'attention; l'homme de luxe ne peut donc ni réfléchir sur le passé ni prévoir l'avenir ; n'exerçant son esprit que sur des objets frivoles, et qui n'ont rapport qu'aux sensations, il ne peut ni se connoître ni connoître les autres ; il ne peut se former des principes, ni pour se conduire, ni pour juger ; il vit et pense au hasard ; ses idées, ses actions sont sans suite, sans liaison. Ce sont les circonstances et les objets dont il est environné, qui décident de ses affections, qui lui donnent ses opinions, et qui règlent ses jugemens; c'est une espèce de cire molle qui prend toutes les formes qu'on veut lui donner; il n'est rien par lui-même.

Aristote définissoit la matière première : un être qui par soi n'a ni qualité, ni quantité, ni aucune des choses qui font qu'un être a une existence déterminée.

On pourroit appliquer cette définition à l'homme de luxe; il n'est rien par lui-même; le luxe, en l'empêchant d'acquérir des principes et de se conduire par la raison, lui ôte le caractère de l'homme, et ne lui en laisse que le masque : voilà pourquoi Diogène en plein jour, une lanterne à la main, cherchoit un homme au milieu d'Athènes. Les Athéniens n'étoient que des apparences d'hommes; ils recevoient leurs opinions, leurs affections, leurs haines, des rhéteurs, des sophistes, des poëtes; ils adoroient et persécutoient la vertu, ils faisoient périr les citoyens les plus respectables, les plus utiles, les plus nécessaires à la république, et ils ne les avoient pas plutôt perdus qu'ils leur érigeoient des statues : ils écoutoient les poëtes, les orateurs, les sophistes, comme des oracles ; et bientôt après ils les bannissoient ou les faisoient mourir comme des ennemis de l'état, déterminés à cette sévérité par d'autres sophistes qui ne tardoient pas à éprouver le sort des premiers.

Un homme de luxe qui, par je ne sais quel hasard, avoit réfléchi un moment sur les principes de ses actions, disoit franchement de lui-même : *Je suis le très-humble serviteur des circonstances.* Il peignoit par ce trait tous les hommes de luxe.

Le luxe tend à éteindre dans l'homme la faculté de raisonner et n'exerce que la capacité de sentir ; il arrive donc un temps où l'homme de luxe est plus sensible que raisonnable, et enfin un temps où il n'est que sensible : alors, pour intéresser les hommes de luxe, il faut parler, non à la raison, mais à l'imagination et aux sens ; alors celui qui agit sur l'imagination et sur les sens, peut faire croire tout ce qu'il veut ; alors les hommes de luxe rejettent les choses les mieux prouvées, et s'enthousiasment pour les moins vraisemblables ; alors ils allient l'incrédulité la plus décidée avec la plus pitoyable crédulité. » Plusieurs d'entre » eux qui nient l'existence de toute di- » vinité, dit Ammien Marcellin, ne » croient pas pouvoir cependant paroître » en sureté en public, ni manger, ni se » lever, avant que d'avoir, au préalable, » consulté scrupuleusement l'almanach » pour savoir où est la planète de Mer- » cure, ou à quel degré du signe de l'écre- » visse se trouve la lune (1). «

Par son organisation seule, l'homme est porté à prendre les affections, les idées, les sentimens de ceux avec lesquels il vit, ou que supposent les gestes, les paroles, les accens de ceux qu'il voit ou qu'il entend : ainsi, lorsque le luxe n'a laissé à l'homme que la capacité de sentir, et si je peux m'exprimer de la

---

(1) Ammian. Marcell. l. 28, c. 4.

sorte, la faculté sensitive, il n'y a point d'affection, d'opinion, de sentiment dont il ne puisse être imbu, persuadé par celui qui a trouvé l'art d'agir sur sa sensibilité, ou sur sa faculté sensitive. Aussi les siècles de luxe sont-ils le triomphe des hommes doués d'une imagination forte et impétueuse, des fanatiques, des enthousiastes, et même des charlatans les plus médiocres.

Déterminé dans ses opinions, dans ses affections, dans ses sentimens par cette espèce de méchanisme qui constitue la sensibilité physique, l'homme de luxe est prêt à recevoir une opinion, une affection contraire à celle qu'il a ; il se passionne pour celle-ci comme pour la première, et peut même allier les plus contradictoires, comme le savent tous ceux qui ont étudié l'histoire de l'esprit humain.

Le luxe donne donc à l'homme un caractère de précipitation, de témérité et de crédulité, opposé au caractère de circonspection, de prudence et de raison que la nature lui avoit donné.

Indépendamment des causes extérieures qui font prendre à l'homme de luxe toutes les formes imaginables, il porte au dedans de lui-même, un principe de changement continuel; ce sont les sensations agréables qui font son bonheur, c'est vers elles que toutes ses forces tendent; mais par une suite de son organisation, il est impossible que le même objet lui procure long-temps des sensations agréables. Ainsi, comme il n'est heureux que par ce moyen, et qu'il veut l'être toujours, il s'attache continuellement à de nouveaux objets qu'il quitte bientôt. Il ne peut être long-temps dans les mêmes idées, avec les mêmes goûts et les mêmes inclinations; il contracte un caractère dissipé et changeant que rien ne peut fixer.

Dans le besoin qu'il a de varier continuellement sa manière de vivre, il saisit tout ce qui lui offre l'apparence du plaisir, et le quitte subitement, par dégoût, par lassitude; il change de parti, d'opinions, de sociétés, d'amis, d'état, d'emplois, d'exercices, d'occupations, de sentimens, de genre de vie, comme il change de meubles, d'habits, de voitures, de maisons, de bijoux. Le luxe lui donne donc, comme je l'ai dit, non seulement un caractère changeant, mais, comme le dit Montagne, *un caractère merveilleusement ondoyant et divers.*

Toujours fatigué de son état, et ayant toujours besoin d'éprouver des sensations ou des affections vives et nouvelles, il passe brusquement d'un état à un autre, et même à un état contraire. Le luxe donne donc un caractère bizarre et capricieux.

Tous les traits sous lesquels Boileau peint l'inconstance humaine, ont pour cause le luxe, et expriment fidèlement le caractère qu'il donne.

« . . . . Cette égalité dont se forme le sage,
« Qui jamais, moins que l'homme, en a connu l'usage ?
. . . .
L'homme sans arrêt, dans sa course insensée,
Voltige incessamment de pensée en pensée ;
Son cœur, toujours flottant entre mille embarras,
Ne sait ni ce qu'il veut, ni ce qu'il ne veut pas :
Ce qu'un jour il abhore, en l'autre il le souhaite.
. . . .
Voilà l'homme en effet ; il passe du blanc au noir ;
Il condamne au matin les sentimens du soir :

Importun à tout autre, à soi-même incommode,
Il change à tout moment d'esprit comme de mode;
Il tourne au moindre vent, il tombe au moindre choc,
Aujourd'hui dans un casque, et demain dans un froc (1).

Ainsi, chez une nation livrée au luxe, les opinions, les mœurs, les usages, les goûts, les sentimens changent par une suite du caractère que le luxe donne; et cette nation, lorsqu'elle se déprave à tous ces égards, attribue au progrès de sa raison, les vicissitudes qui ne sont que l'effet de son caractère inconstant et capricieux.

Sans humanité, sans attachement pour les autres, capricieux, frivole, inconstant, dépourvu de principes de morale, l'homme de luxe ne s'irrite ni contre le vice ni contre l'injustice : le luxe détruit donc le caractère de justice, de fermeté, de courage, qui attaque, qui poursuit la méchanceté, qui défend le foible contre l'oppresseur, et à ce caractère substitue un caractère d'indifférence pour le vice et pour la vertu, un caractère de

---

(1) Boileau, sat. 8.

foiblesse,

foiblesse, de pusillanimité, de lâcheté qui le rend capable d'excuser le méchant, de devenir l'apologiste, le fauteur, l'associé du vicieux, de l'homme injuste.

Le caractère de bienveillance et de bienfaisance que la nature donne à l'homme, lui fait craindre d'humilier ses semblables : c'est en les rendant plus heureux et meilleurs que l'homme bienfaisant s'estime ; c'est au contraire en les rabaissant que l'homme de luxe se complaît ; c'est en les surpassant par sa magnificence, par sa parure, par sa dépense, c'est en insultant à leur pauvreté ou à leur médiocrité qu'il prétend se rendre considérable : ainsi, au lieu du caractère de modestie que la nature donne à l'homme, le luxe communique un caractère d'orgueil, de vanité, de présomption et d'insolence.

L'homme de luxe est heureux par les sensations agréables, il est malheureux s'il n'en éprouve pas : ainsi tout ce qui dérange le système de plaisir qu'il se fait chaque jour, tout ce qui le distrait de ses jouissances, est pour lui un grand malheur, et un malheur imprévu : celui qui le cause allume donc sa colère ; car il est impossible que dans le commerce ordinaire de la vie les projets des plaisirs, et des jouissances de l'homme de luxe ne soient pas exposés à des obstacles et à des contre-temps : ainsi le luxe lui fait contracter l'habitude de la colère, et lui donne un caractère violent, vindicatif, au lieu du caractère de douceur, d'indulgence et de condescendance que la nature lui destinoit, et qu'il auroit eu s'il avoit suivi ses inspirations.

» Lorsque le luxe s'établit chez une
» nation, et que les arts agréables s'y per-
» fectionnent, dit M. Hume, il se forme
» des sociétés particulières dans lesquelles
» les citoyens se réunissent pour montrer
» leur esprit, et leur goût dans leurs
» habits, dans leurs meubles, dans leurs
» équipages (1). «

Chacune desire d'attirer l'attention, chacune voudroit pouvoir la fixer, tous sont rivaux : l'homme qui, par la magnificence et par le goût de ses ha-

---

(1) Discours sur le luxe.

bits, par la beauté de ses meubles, par la délicatesse et la somptuosité de sa table, obtient des éloges et de l'admiration, fait en quelque sorte disparoître les autres, il les anéantit pour ainsi dire, puisqu'il leur enlève l'espèce de considération qui fait une partie essentielle de leur bonheur ; ils devienent ses ennemis; et pour diminuer la considération dont il jouit, ils cherchent dans tous les objets de son luxe, dans sa personne, dans les choses pour lesquelles il s'estime le plus, des défauts qui contrastent avec ses prétentions, et qui par conséquent le rendent ridicule ; il est à peine sorti de l'assemblée qu'il devient l'objet de la censure et de la raillerie.

Celui qui se distingue par la magnificence, humilie en effet tous ceux qui aspirent à la même gloire : tous applaudissent aux traits de satyre qu'on lance contre lui, et celui qui les imagine devient dans ce moment l'objet des éloges et de la reconnoissance de l'assemblée, parce qu'il rabaisse l'ennemi commun.

Tous ceux qui desirent de se distinguer par leur esprit, dans ces assemblées, s'appliquent donc à rechercher et à découvrir des défauts dans tous les objets et dans toutes les personnes qui attirent l'attention : leur esprit prend ce pli ou cette habitude ; ils ne portent jamais leur vue sur ce qu'il y a de louable, d'estimable ou d'utile dans les objets, dans les personnes, dans leurs actions, dans leur conduite ; jamais ils ne voient ce qui peut les justifier ou les excuser.

Les traits de satyre consolent la vanité et l'amour-propre de tous les membres de cette assemblée ; celui qui n'apporte pas son contingent de médisance, ne contribue point au bonheur de la société ; il est sans esprit, sans goût, et même plat.

Il faut donc nécessairement que tout homme qui se livre à ces sociétés contracte un caractère de médisance, de causticité et de méchanceté.

On n'estime dans ces sociétés, ni l'honneur, ni la vertu ; on n'y éprouve pour le vice, ni haine, ni indignation;

ce ne sont ni le vice, ni l'injustice qui sont l'objet de la censure que l'on y exerce, mais des défauts et des imperfections, dont sont exempts ceux qui composent l'assemblée. Les censeurs, les médisans, les satyriques, leur découvrent donc subitement en eux-mêmes une excellence ou une perfection opposée aux défauts, aux foiblesses, aux imperfections de l'homme qui prétendoit s'élever au dessus d'eux; ils conçoivent donc subitement un sentiment d'estime et de complaisance pour eux-mêmes, une vaine gloire subite qui produit un éclat de gaieté, et le rire.

Les sociétés formées par le luxe, donnent donc un caractère railleur, plaisant et bouffon, qui ne s'occupe qu'à rendre ridicules les actions et les qualités pour lesquelles un homme s'estime, ou aspire à se faire estimer.

Ainsi, dans ces sociétés, on porte loin le talent de rendre un homme ridicule, et celui qui le possède y devient redoutable, et même recommandable; on voit alors dans les assemblées formées par le luxe, une foule de plaisans, de satyriques, de railleurs, de persifleurs dont l'unique occupation et l'unique mérite est de jeter du ridicule sur tout ce qui peut attirer l'attention ou mériter quelque estime et quelque considération, mais principalement sur les qualités estimables et sur la vertu.

La nation étant toujours assemblée, pour ainsi dire, et partagée en petites sociétés particulières, chacune a ses plaisans. » C'est chez ces nations, comme » le dit la Bruyère, que l'on marche sur » les mauvais plaisans, et qu'il pleut de » cette sorte d'insecte (1). «

Ainsi, dans une nation livrée au luxe, la plaisanterie, la raillerie, deviennent le caractère général des citoyens; on n'y estime que l'esprit qui fait rire par un trait de satyre, de moquerie, de gaieté ou de bouffonnerie : on contracte alors l'habitude et la facilité de rire et de plaisanter de tout, de voir dans tous les objets, des côtés et des rapports ridicules,

---

(1) Les mœurs de ce siecle, ch. 5.

et de tous les exercices de l'esprit, c'est le seul proportionné à la capacité de l'homme de luxe.

Alors il n'y a rien qui paroisse important à cette nation, elle rit du vice, de la vertu, du crime et de ses malheurs mêmes.

Les Sybarites si célèbres par leur luxe, et qui étoient perpétuellement assemblés et partagés en sociétés particulières, formoient le peuple le plus railleur. Les magistrats et tous les ordres des citoyens, rioient de leurs lois, de leurs fonctions, plaisantoient sur leurs obligations, sur leurs devoirs, et se moquoient de ceux qui les remplissoient.

Cette folle et sotte gaieté produisit bientôt chez eux la confusion et le désordre. Pour savoir la cause et le remède de leurs maux, ils consultèrent l'oracle qui leur ordonna d'offrir un sacrifice, et qui leur assura que leurs maux cesseroient s'ils l'offroient sans rire.

On prend toutes les précautions possibles pour exécuter l'ordre de l'oracle; on éloigne du lieu du sacrifice tout ce qui pourroit être une occasion de rire, et l'on n'y admet que les citoyens les plus graves. Un enfant qui s'y étoit glissé furtivement est apperçu pendant le sacrifice; on ordonne de le faire sortir : quoi, dit l'enfant, craignez-vous que je ne mange votre bœuf ?

Ce mot déconcerte la gravité de l'assemblée, on entend de toutes parts rire avec éclat : mais bientôt les Sybarites se rappellent l'ordre de l'oracle, et voient avec désespoir que leurs maux viennent de leur folle gaieté, et que rien ne peut rendre raisonnables des hommes à qui tout paroît plaisant, et pour lesquels il n'y a rien d'important que la jouissance de leurs puérilités (1).

Le plaisant que Xénophon introduit dans son banquet, déclare formellement qu'il n'est pas plus en son pouvoir de parler sérieusement, ou de s'entretenir de sujets intéressans, que de se donner l'immortalité (2).

---

(1) Athenée, l. 12. c. 15
(2) Xénophon in convivio.

Ainsi, au lieu d'un caractère attentif, sérieux et raisonnable que la nature tend à donner à l'homme, pour le conduire à une connoissance exacte de lui-même et des autres objets, afin qu'il sache les apprécier, et qu'il règle sur cette connoissance ses sentimens et ses affections, le luxe donne un caractère goguenard qui dégrade tout et lui-même à ses propres yeux, qui ne lui permet de concevoir que des sentimens puérils et bas, et qui lui fait porter sur tous les objets, des jugemens injustes et faux.

La joie que la plaisanterie excite, les louanges que l'on donne aux traits de la malignité, flattent la vanité du satyrique, du railleur, du plaisant; c'est une espèce d'hommage que l'assemblée rend à la supériorité de son esprit, et quelquefois le moyen le plus sûr pour lui persuader à lui-même qu'il a beaucoup d'esprit. Ainsi dans tous les momens de loisir que le luxe lui laisse, il s'occupe à préparer des satyres, des sarcasmes, des épigrammes; il altère les faits, il en imagine, il en suppose pour avoir l'occasion de dire un bon mot et de faire rire. Comment pourroit-il se refuser à cette supercherie, lui, en qui le luxe ne laisse subsister ni amitié pour les autres hommes, ni amour pour la vérité, ni respect pour la vertu; qui n'est content de lui-même, qui n'a de raison de s'estimer que lorsqu'il excite l'attention de la société dans laquelle il se trouve, et qui ne peut l'exciter qu'en flattant la malignité et en faisant rire?

Le luxe détruit donc dans l'homme ce caractère de bienveillance qui nous fait chercher et découvrir dans les autres tout ce qui peut nous les faire estimer et aimer, qui dissimule et qui pardonne tout ce que l'on peut dissimuler et pardonner sans nuire aux autres, et qui tend à unir tous les hommes par une bienveillance, par une estime et par une indulgence réciproques; il substitue à ce caractère, un caractère de méchanceté, de malignité et d'imposture, qui sème dans toutes les sociétés, la défiance, la discorde, la haine et la vengeance.

Les personnes qui vivent dans le luxe, ont communément une infinité d'aversions particulières, d'inclinations et d'opinions qui leur ont été données par la naissance, par l'éducation, par des circonstances particulières, et elles attachent une grande importance à leurs pratiques, à leurs goûts, à leurs opinions, lors même qu'elles sont puériles, fausses et déraisonnables. Pour être admis dans ces sociétés, pour y être agréable, il faut étudier, ménager, respecter toutes ces fantaisies, les approuver, les adopter ; car le défaut de condescendance seroit aux yeux de ces sociétés, de la rusticité ou de la misanthropie. Les sociétés formées par le luxe donnent donc un caractère de flexibilité ou de foiblesse, qui approuve toutes les actions, qui adopte toutes les opinions, qui se plie à toutes les bizarreries et à tous les caprices.

Ces sociétés ôtent donc à l'ame son énergie et sa force, et font de l'homme, un Caméléon, un Prothée.

Par ce qui a été dit des effets du luxe sur l'esprit humain, il ne permet à l'homme de connoître ni ses devoirs, ni la nécessité de les observer pour être heureux. Il détruit donc le caractère de fermeté que la nature donne à l'homme, et qui le met en état de résister à tout ce qui le porte au vice et au mal.

Par ce que l'on a vu des différens traits du caractère donné par le luxe et par ses effets sur l'esprit et sur le cœur humain, l'homme de luxe n'a ni principes de morale, ni sentimens de vertu, ni conscience; il n'a donc pas le caractère de sérénité, de calme et de force qui tient toutes les inclinations sociales et toutes les affections de l'ame dans l'ordre. Tous les objets qui font sur lui des impressions agréables, allument dans son ame une passion qui s'éteint bientôt pour faire place à une autre. Le luxe donne donc à l'homme un caractère léger, frivole, foible, mais passionné.

Enfin le luxe détruit ou corrompt tous les principes de la religion, il détruit donc dans l'homme le caractère religieux qui devoit le fortifier contre toutes les passions, l'empêcher d'abuser de sa force ou de sa puissance, dans quelque état qu'il fût, et le dédommager de tous les sacrifices qu'il fait à l'amour de son devoir.

A ce caractère religieux, le luxe substitue un caractère irréligieux qui se permet tous les crimes lorsqu'il peut espérer d'échapper à la justice et à la vengeance des hommes, ou un caractère superstitieux qui allie les pratiques de la religion avec le vice, et qui croit pouvoir être impunément vicieux et méchant.

Toutes les différentes parties du caractère que je viens de tracer se trouvent dans tous les hommes de luxe, mais avec des variété qu'il est aisé d'expliquer d'après les principes que j'ai établis.

SECTION V.

Des effets du Luxe par rapport au bonheur de l'Homme.

LE luxe a précédé notre naissance dans les sociétés où nous vivons, il est établi dans tous les états de l'Europe, et regardé comme le vrai système du bonheur. Ceux qui ont écrit en sa faveur ne paroissent pas soupçonner que l'on puisse en douter; tels sont Mandeville, Melon, Hume, etc.

Nous naissons donc enveloppés de préjugés, d'exemples et d'autorités qui nous portent à regarder le luxe comme le vrai système du bonheur; l'on nous en fait contracter l'habitude presque en naissant, et nous nous laissons entraîner au torrent sans avoir réfléchi sur le parti que nous suivons, et sans savoir s'il conduit en effet au bonheur, et s'il procure les plaisirs et les avantages qu'il promet.

Rien n'est cependant plus important que de s'assurer de la vérité du système que l'on adopte sur le bonheur, et par conséquent d'examiner l'influence du luxe sur cet objet.

Recherchons pour cet effet le bonheur que l'homme desire, et voyons si le luxe peut le procurer.

Si l'homme étoit l'arbitre de son sort, il n'éprouveroit ni ennui, ni chagrin, ni douleur; son esprit et son cœur seroient perpétuellement remplis d'idées et de sentimens agréables ; son existence et son état lui plairoient toujours, et il en prolongeroit la durée, autant qu'il le pourroit.

Ainsi, en renfermant ses espérances dans les bornes de cette vie, c'est une erreur funeste que de chercher le bonheur dans des objets que l'on ne peut se procurer qu'avec des peines et des chagrins qui surpassent les plaisirs que l'on en espère ; c'est une erreur funeste que de chercher le bonheur dans ces objets, si, lors même qu'on peut se les procurer sans peine et en jouir sans inquiétude, ils ne peuvent remplir le desir que l'homme a d'être heureux; si, en les regardant comme le principe et la source du bonheur, il tombe dans des maux auxquels la nature ne l'a pas destiné; s'il se retranche toutes les ressources qu'elle lui accorde contre les maux attachés à la condition humaine : or telles sont les erreurs dans lesquelles le luxe conduit, telles sont les suites de ce système de bonheur.

Chapitre I.

Du prix que coûtent à l'homme de luxe, les objets de ses plaisirs.

Chez les nations policées et commerçantes qui ont des arts, et qui s'appliquent à les perfectionner, une multitude de marchands, d'artistes et d'ouvriers, veillent et travaillent sans cesse et sans relâche pour imaginer et pour procurer des commodités, des parures, des bijoux, des étoffes, des meubles, des fruits, des somptuosités, des spectacles de toute espèce; on trouve chez ces nations toutes les productions de la nature et de l'industrie.

Mais aucun de ces objets ne suffit au bonheur de l'homme de luxe, il se dégoûte bientôt de chacun; il faut que sans cesse de nouveaux objets, de nouveaux spectacles se succèdent, et l'on ne peut se procurer cette succession de nouveaux plaisirs, que par une augmentation continuelle de dépense.

Le souverain livré au luxe, multiplie

donc chaque jour les impôts, et chaque jour les réclamations des tribunaux, les gémissemens des peuples, les plaintes des différens ordres des citoyens, se mêlent à ses plaisirs, à ses fêtes, à ses spectacles: il voit dans son palais le faste et les délices ; mais la misère désole ses provinces ; les courtisans louent sa bonté, mais les peuples maudissent son gouvernement ; quelques favoris mercenaires admirent sa sagesse, et son peuple opprimé ne voit en lui qu'un fléau : tels furent les rois de Perse, d'Egypte et des autres contrées où le luxe a régné.

Si la raison conserve encore quelques droits sur l'esprit du souverain qui opprime les peuples pour satisfaire son luxe, s'il reste au fond de son cœur quelqu'étincelle d'humanité, quels sont ses regrets et sa douleur dans les momens où il est obligé d'interrompre ses plaisirs, où n'étant plus dans l'ivresse et dans l'enchantement, il voit à quel prix il achète les objets de son luxe ?

Ce ne sont pas là les seuls maux qu'il ait à redouter ; l'excès des impôts, les vexations, l'oppression, la misère que le luxe entraîne, la corruption qui le suit, rompent tous les liens qui attachent les sujets à leur souverain, et détruisent dans tous les esprits et dans tous les cœurs les principes de la subordination et de la fidélité.

Il est impossible que le souverain ignore ce désordre, ou que, le connoissant, il ne soit pas en proie à l'inquiétude et à la crainte : il voit, comme Denis, le sabre suspendu sur sa tête et soutenu par un fil : s'il ignore, ou s'il méprise la haine et le mécontentement de ses peuples, leurs plaintes et leurs murmures, ils se soulèvent et le dépouillent de son autorité, comme l'histoire de tous les peuples le prouve.

Enfin, quand les maux que cause le souverain livré au luxe, ne produiroient ni remords dans son cœur, ni révolution dans ses états, ni revers dans sa prospérité, au moins il sacrifie à son luxe le nom de père du peuple, et il faut qu'il renonce à l'amour de ses sujets, à leur vénération, à leur estime : les plaisirs du luxe peuvent-ils compenser cette perte, et remplacer la satisfaction dont le spectacle de l'amour, du respect et de la reconnoissance d'un peuple heureux rempliroit son ame?

Le sujet n'achète pas par de moindres sacrifices les objets de son luxe : quelque grand, quelque riche qu'il soit, sa fortune ne suffit pas pour lui procurer tout ce qu'il desire.

Comme il ne peut être heureux que par les jouissances du luxe, et qu'il n'est retenu par aucun principe de justice et de vertu, il emploie pour se procurer de l'argent tous les moyens auxquels la cupidité la plus effrénée a recours : il devient l'associé du marchand, de l'architecte, du traitant, de l'intriguant, du joueur habile, heureux et adroit ; il s'avilit et se dégrade à ses propres yeux ; il sacrifie à son luxe, le sentiment de son élévation et de sa vraie grandeur, il est placé par le public dans la classe de ses associés, et perd la considération due à sa naissance et à son état.

Toujours pressé par le besoin d'acquérir de l'argent, et dépourvu de tout principe de justice et d'humanité, il devient l'oppresseur, le vexateur de tous ceux qui sont dans sa dépendance ou qui ont avec lui des rapports d'intérêt.

En suivant les mouvemens des inclinations sociales, il auroit été heureux par la satisfaction attachée à son indépendance, et à l'usage de son crédit et de sa fortune pour le soulagement et pour la défense du foible, du malheureux; il auroit joüi de la vénération, de l'attachement que la nature inspire à tous les hommes pour celui qui fait cet usage de sa fortune et de son crédit; il ne recueille au contraire que le mépris, l'indignation et la haine, non-seulement de ceux qu'il vexe ou qu'il opprime, mais encore du public, juge incorruptible de son avilissement, et de l'abus indigne qu'il fait de sa fortune et de son crédit.

Le grand, le riche, l'homme puissant que le luxe force de s'associer au négociant, au financier, à l'agioteur, au joueur, etc., est obligé de veiller, de calculer, de travailler comme ses associés; comme eux, il est en proie aux soins, aux inquiétudes, aux chagrins de la cupidité: il sacrifie donc à son luxe, le calme, la tranquillité, la liberté, l'indépendance que sa naissance, sa condition et sa fortune lui assuroient.

Les plaisirs du luxe coûtent bien d'autres peines au particulier, qui pour se les procurer a besoin de faire fortune.

Ceux que le desir de faire fortune attache aux grands, aux hommes puissans et en crédit, ont été comparés aux veilles des grandes fêtes, qui les touchent de près, mais qui sont accompagnées de jeûnes et de mortifications : la différence des temps, des lieux, des conditions, des gouvernemens, n'en mettent point dans leur sort.

Le protecteur quel qu'il soit, étant livré au luxe, est un égoïste, comme je l'ai prouvé, il exige de son protégé un dévouement sans réserve : il faut que le protégé avide, fasse un sacrifice de toutes ses idées, de tous ses goûts, de tous ses sentimens, aux idées, aux goûts, aux sentimens de son protecteur.

Quelque flexibilité que donne la cupidité, il est bien difficile, ou plutôt il est impossible que l'on puisse se métamorphoser de la sorte, s'anéantir pour ainsi dire, et se créer de nouveau, avec les penchans, les idées, les goûts, les inclinations d'un autre homme dont l'état est si différent, et dont l'éducation a été si peu semblable à celle que l'on a reçue ; il faut que le protégé soit perpétuellement en opposition avec lui-même ; qu'il s'immole pour ainsi dire continuellement au desir de plaire à son protecteur ; il est sans cesse dans un état violent qui lui rend son protecteur odieux, et par conséquent ses déférences, ses assiduités, ses complaisances, sa soumission à ses volontés pénibles, ou même insupportables.

Il n'est point de protégé qui ne déplore son sort, et qui dans des momens de désespoir ne se déchaîne contre son protecteur.

L'homme de luxe est non-seulement égoïste ; mais encore capricieux, fantasque, inégal, hautain, orgueilleux ; il humilie son protégé par dignité, il le mortifie par humeur, il le dégrade par politique; il laisse échapper par légéreté le mépris qu'il a pour lui : sans cesse le malheureux protégé sent qu'il ne peut fixer la bienveillance de son protecteur, il voit sans cesse l'édifice de sa fortune chancelant, et prêt à s'écrouler; il est dans des inquiétudes, dans des alarmes, et dans des anxiétés continuelles.

Le protégé qui a sacrifié ses goûts, son honneur, sa liberté, pour plaire à son protecteur, croit avoir acquis des droits exclusifs sur ses graces : tout ce qu'il obtient lui paroît, et avec raison, au dessous de ce qu'il a souffert ; tandis que le protecteur auquel il a caché ses répugnances ou ses sacrifices, croit toujours l'avoir récompensé au-delà de ce qu'il mérite, le protégé n'est jamais content de la justice de son protecteur, ni celui-ci de la reconnoissance du premier.

L'homme qui cherche à se procurer les objets de son luxe par le moyen de son travail et par son industrie, le négociant, l'artiste, l'homme à talens, n'achète pas les objets de son luxe à un moindre prix : le luxe allume dans tous ceux qui s'y livrent une cupidité, qui pour se procurer de l'argent, emploie la ruse, l'artifice, l'imposture, et ne se refuse à aucune injustice, à aucune méchanceté, à aucune perfidie. L'homme de talent, le négociant, l'artiste est environné d'acheteurs, d'amateurs, de concurrens tous animés par la passion du luxe ; il est par conséquent au milieu d'une foule d'ennemis qui en veulent à sa fortune, et qui font sans cesse un effort pour s'en emparer, ou pour le faire échouer : son ame est donc sans cesse en proie à l'inquiétude, à la crainte et à la haîne. Quelques jouissances passagères que le luxe lui procure, peuvent-elles compenser le mal qu'éprouve une ame continuellement tourmentée par l'inquiétude, par la crainte, et par la haîne ?

Voilà ce qu'il en coûte à l'homme de luxe pour se procurer de l'argent. Vous croyez qu'au moins devenu riche, il va jouir du fruit de ses peines et devenir heureux par la possession des objets de son luxe ? vous vous trompez ; il faut qu'il agisse,

agisse, qu'il réfléchisse, qu'il sollicite de nouveau pour se procurer les mets les plus exquis, les étoffes les plus rares, etc. Il faut qu'il travaille pour acquérir tous les objets de curiosité, pour avoir tous les talens à la mode, et pour exceller à tous ces égards.

» Voyez, dit Sénèque, en parlant de
» l'homme de luxe, voyez les peines
» qu'il se donne pour amasser et pour ar-
» ranger des vases de Corinthe et de vieilles
» vaisselles, depuis que la fantaisie de
» deux autres personnes a mis ce goût à
» la mode.

» Voyez quelle importante affaire c'est
» pour lui que sa figure ; il fait sur son
» ajustement de profondes et laborieuses
» méditations ; chacun de ses cheveux est
» l'objet d'une délibération ; il s'irrite,
» si celui qui le frise a la moindre dis-
» traction ; il devient furieux, si l'on coupe
» deux cheveux de trop, si un seul se dé-
» range : il est entre le peigne et le mi-
» roir comme un criminel à la torture ; il
» préféreroit au dérangement de sa fri-
» sure le bouleversement de l'état.

Tome I.   V

» Après les travaux de la toilette, il
» se donne des peines infinies pour ap-
» prendre à chanter une chanson nou-
» velle, pour jouer supérieurement un
» air à la mode.

» Mais au moins, direz-vous, il est
» heureux à table. Vous vous trompez ;
» voyez quelle fatigante attention il
» donne à l'arrangement des mets ; com-
» bien il est occupé de ses convives : car
» c'est par tous ces moyens que l'on mé-
» rite la réputation d'homme élégant,
» de magnifique, et cette réputation
» fait une partie essentielle de son bon-
» heur. Ainsi l'ambition avec ses inquié-
» tudes et ses chagrins le poursuit et ne
» le quitte pas même pendant le repas,
» dans ces momens où le malheureux ou-
» blie ses maux (1). »

Les maux dont on vient de faire le
détail, ne sont pas les plus grands de
ceux au prix desquels on satisfait la passion du luxe.

---

(1) Senec. de brevitate vitæ, c. 12.

Les richesses que l'homme de luxe se procure avec tant de peines, ne peuvent suffire à ses desirs et à ses besoins; il contracte des dettes; ses créanciers se multiplient et l'obsédent: il voit que bientôt il sera dans l'impuissance de se procurer les objets auxquels il attache son bonheur, et sans lesquels il sera très-malheureux: voilà les idées sinistres qui s'offrent à son esprit dans les momens où il interrompt ses plaisirs.

Enfin ses dettes s'accumulent, ses créanciers et les gens de justice s'emparent de sa fortune, il est privé de tout ce qui lui concilioit de la considération; ses ennemis profitent de son désastre pour le poursuivre et pour l'insulter; il tombe dans le mépris, dans l'indigence; avec un cœur vain, avec une ame efféminée, avec un corps affoibli, et qui a contracté l'habitude de la mollesse et des délices; il est au comble du malheur, la mort est le seul remède à ses maux. Ainsi Apicius, après avoir possédé plus de huit millions, se voyant réduit à six cents mille livres, se crut précipité dans la plus affreuse misère, et s'empoisonna (1).

Si l'homme de luxe conserve sa fortune et ne se livre pas à la profusion, c'est parce qu'il est contenu par un sentiment d'avarice; et alors il est alternativement dominé par l'amour du luxe et par l'amour des richesses; il sacrifie donc sans cesse un désir à l'autre, et n'en satisfait jamais aucun; jamais il ne se procure tout ce qu'il souhaite, et se reproche tout ce qu'il se permet : son économie et son luxe le tourmente également.

C'est à ces conditions que la nature accorde des plaisirs à l'homme de luxe : voilà le prix qu'elle a mis aux superfluités dans lesquelles il cherche le bonheur : la nature n'admet à cet égard aucune exception.

Un Lacédémonien, à la vue des peines que se donnoient les Athéniens pour leurs fêtes et pour leurs spectacles, disoit, » que la ville étoit folle de jouer à si » bon escient, c'est-à-dire, de prendre

---

(1) Senec. de consolatione ad Helviam. Casaub. in Athen. l. 12, c. 7.

» tant de peines pour un jeu seule-
» ment (1). «

Si c'est une folie que de se donner beaucoup de soins et de faire beaucoup de dépense pour un jeu seulement, quel nom doit-on donner à celui qui sacrifie pour ce jeu, son honneur, sa fortune, sa liberté, son repos ?

CHAPITRE II.

Des obstacles que la nature a mis au bonheur de l'homme de luxe.

La nature a mis des obstacles insurmontables au bonheur de l'homme de luxe, par l'organisation même du corps humain, par les bornes dans lesquelles elle a renfermé la puissance de l'homme, par l'essence de l'ame dont elle l'a doué. Pour nous en convaincre, rappelons-nous ce qui a été dit de la nature du luxe.

Le luxe est une disposition de l'esprit et du cœur qui fait regarder et rechercher comme nécessaires au bonheur, les

---

(1) Plutar. des questions de table, l. 7, quest. 7.

objets qui produisent des sensations agréables, et que la nature n'a rendus ni nécessaires ni utiles à la vie, à la santé, au bonheur.

L'homme de luxe ne peut donc être heureux, qu'autant qu'il peut se procurer des objets qui produisent sans cesse des sensations agréables; car il veut nécessairement être heureux, et il veut l'être toujours.

Le luxe rend donc malheureux celui qui le regarde comme la source de son bonheur, s'il ne peut éprouver sans cesse des sensations agréables; or l'homme ne peut éprouver sans cesse des sensations agréables.

Pour s'en assurer, il ne faut que réfléchir sur le méchanisme par lequel la nature produit nos sensations, et voir à quelles conditions elle nous en accorde d'agréables.

Quelle que soit la nature de l'ame et de quelque manière qu'elle soit unie au corps, il est certain que l'homme n'éprouve des sensations que par l'entremise des sens qui communiquent au siége du sentiment les impressions des corps étrangers.

Les organes ou les sens qui transmettent ces impressions, sont des fibres très-déliées et très-délicates ; pour que l'impression des corps étrangers sur les organes produise une sensation agréable, il faut que cette impression soit modérée, et que cependant elle fasse naître dans l'ame une perception vive et distincte: un son trop aigu ou trop fort, tend à déchirer ou à rompre l'organe qui le transmet ; l'un et l'autre causent un sentiment douloureux ou désagréable : un bruit confus, tel que celui d'une multitude d'hommes, le mugissement des vagues de la mer, le siflement des vents, n'offrent rien de distinct à l'ame ; il fatigue son attention par sa monotonie ou son uniformité ; il n'augmente ni ses lumières, ni ses perceptions; il est désagréable. Une lumière trop vive, une couleur trop éclatante blesse nos yeux ; l'obscurité nous inquiète.

Soit que naturellement l'ame ait besoin de varier sans cesse et rapidement ses sensations, soit que les sensations les plus agréables fatiguent le principe du sentiment lorsqu'elles sont prolongées, il est certain que l'impression la plus agréable cesse de l'être lorsqu'elle est continuée ou prolongée; il faut donc que l'homme qui cherche le bonheur dans les sensations agréables les varie sans cesse, et que ses sens soient continuellement affectés ou émus par des impressions nouvelles qu'ils transmettent au siége du sentiment.

Voilà le principe de l'inconstance de l'homme de luxe, voilà la cause de la vicissitude continuelle de la mode par rapport aux habits, aux meubles, etc. chez les nations livrées au luxe; les hommes y ont besoin d'une succession non interrompue de sensations nouvelles, pour se dérober à l'ennui, au dégoût, à la satiété.

Mais les desirs de l'homme ne sont pas des puissances créatrices; quelque puissant, quelque grand, quelque riche qu'il soit, il ne fait pas exister, aussitôt qu'il le veut, les objets capables de produire en lui des sensations agréables et nouvelles ; ces objets sont des ouvrages de l'industrie humaine toujours trop lente pour l'homme de luxe.

Il n'a desiré de nouveaux objets que parce qu'il étoit dégoûté de ceux qu'il possédoit ; il est donc à-la-fois en proie à l'activité de ce nouveau besoin, et tourmenté par la satiété, par les sensations importunes que lui causent les objets dont il est environné ; il attend avec la plus vive impatience l'objet qui doit le délivrer de l'état fâcheux où il est ; il dissipe sa fortune pour le posséder ; il compromet sa dignité pour obtenir l'argent avec lequel il l'achette ; il supplie, il conjure l'ouvrier, l'artiste, le marchand, le prêteur, il excuse leurs caprices. Sa fierté et son orgueil s'humilient devant tout ce qui peut contribuer à lui procurer cet objet ; il fait, pour le posséder, tous les sacrifices que l'homme fait pour sortir des plus grand périls, pour se délivrer des plus grands maux, ou pour se procurer un remède contre les plus vives douleurs.

V v

Ce desir rend donc l'homme de luxe aussi malheureux qu'un besoin extrême qui ne seroit pas satisfait, qu'une souffrance cruelle, qu'un chagrin cuisant, qu'une faim dévorante, que la crainte du malheur le plus terrible.

Mais supposons que l'homme de luxe a des ressources contre ces maux, et qu'il peut faire succéder les objets agréables et nouveaux au gré de ses desirs, et avec assez de rapidité pour prévenir le dégoût. Dans cette supposition même, la nature met encore un obstacle insurmontable à son bonheur.

Soit que le siége du sentiment soit composé de fibres délicates qu'une agitation continuelle fatigue ou rend incapables de transmettre l'action des corps étrangers sur les organes, soit que les esprits animaux ou le fluide qui contribue à transmettre cette impression s'épuise, et que l'ame alors ne reçoive que des perceptions confuses et languissantes, il est certain que la variété même des sensations les plus agréables, lorsqu'elle est continuée, déplait à l'ame, l'ennuie, la fatigue, et devient insupportable.

L'homme qui cherche le bonheur dans les sensations agréables, est donc forcé de les interrompre fréquemment, lors même qu'il peut mettre dans les objets de son luxe toute la variété nécessaire pour prévenir le dégoût : or, il est pendant toutes ces interruptions privé des sensations agréables qu'il a rendues nécessaires à son bonheur, et par conséquent il est tourmenté par le desir du bonheur qu'il ne peut satisfaire, et dont rien ne peut ni modérer ni suspendre l'activité.

Les partisans du luxe sont eux-mêmes forcés de reconnoître ces principes. » La
» foiblesse de la nature humaine, dit M.
» Hume, ne peut supporter un cours in-
» terrompu d'affaires ou de plaisirs ; cette
» marche prompte des esprits qui enlève
» l'homme à lui-même et qui cause sa
» satisfaction, les fatigue et les épuise ;
» elle demande quelque intervalle de re-
» pos, qui, bien qu'agréable pour un
» moment, engendre, s'il est trop pro-
» longé, la langueur et la léthargie qui

» détruisent toute jouissance (1). «

La nature ne rétablit pas subitement et au gré de l'homme de luxe, les esprits épuisés ou fatigués; ainsi les intervalles de repos que l'homme de luxe est obligé de mettre dans ses plaisirs, se prolonge nécessairement et engendre la langueur qui le prive de toute jouissance, et lui ôte tout moyen de satisfaire le desir du bonheur qui agit sans cesse.

Enfin la continuité des sensations vives et agréables, lors même qu'on les varie assez pour prévenir le dégoût, produit dans le siége du sentiment une agitation violente qui dure long-temps après que l'impression des corps étrangers a cessé : l'ame éprouve alors une multitude de sensations confuses qui la chagrinent, et auxquelles elle s'efforce inutilement de se soustraire, parce qu'elle ne peut empêcher l'émotion causée dans les fibres et dans le siége du sentiment par les sensations vives, comme elle ne peut empêcher le désordre causé dans l'organi-

---

(1) Hume, Discours sur le luxe.

sation par l'usage excessif des liqueurs fortes et enivrantes.

Ainsi, pendant toutes les interruptions que l'homme de luxe est obligé de mettre dans ses plaisirs, il est tourmenté par ces mêmes impressions dont il attendoit son bonheur. Comme la nature ne rétablit que lentement et peu à peu le calme dans les fibres, organes de la sensibilité, le mal-aise causé par les sensations vives est plus long et plus durable que les plaisirs qu'elles ont procurés.

Ainsi, par la nature et par l'organisation même de l'homme, il est impossible que les objets du luxe puissent satisfaire l'amour du bonheur qui lui est essentiel, et que rien ne peut ni modérer, ni suspendre.

La nature a donc opposé des obstacles insurmontables au bonheur de l'homme de luxe; son organisation, les bornes de sa puissance, la nature même de son ame dans l'état actuel de son union avec le corps, ne lui permettent pas d'être heureux par les objets du luxe.

CHAPITRE III.

Le Luxe conduit l'homme à des maux auxquels il n'est pas destiné, et lui ôte toutes les ressources que la nature lui avoit préparées contre les maux attachés à la condition humaine.

L'homme de luxe veut nécessairement être heureux ; il veut l'être sans cesse, et il ne peut l'être que par des sensations agréables : mais par la nature même de son organisation, il ne peut éprouver continuellement des sensations agréables, et les efforts qu'il fait pour en prolonger la durée, épuisent la sensibilité des organes : la langueur, le dégoût, l'abattement succèdent aux sensations agréables et vives : tous les objets du luxe font sur ses sens fatigués des impressions foibles, languissantes, insipides, et enfin importunes ; il s'efforce de sortir de cette situation fâcheuse, et de faire renaître les sensations qui l'ont rendu heureux.

Mais pour se les procurer dans l'état où il est, il faut qu'il donne aux objets qui agissent sur ses sens une activité qui produit dans l'organe de la sensibilité, une agitation violente pour laquelle la nature ne l'avoit pas formé, et qu'il ne peut par conséquent supporter sans s'altérer, et sans cesser d'être propre aux fonctions auxquelles la nature l'avoit destiné : toute l'économie animale se pervertit dans cet homme, toutes les forces motrices de son corps se détruisent, tous les viscères s'affoiblissent, il languit dans les infirmités et vit en proie à la douleur.

Si, pour prévenir les accidens causés par les excès, l'homme de luxe, au lieu de chercher le bonheur dans les sensations fortes et dans les émotions violentes des sens, le cherche dans les sensations foibles, mais exquises, dans une volupté douce, dans la mollesse ; alors ses organes contractent une délicatesse excessive ; alors un bruit fort, une lumière éclatante, une odeur peu agréable ou trop active porte à son ame des atteintes douloureuses ; il faut que tout ce qui l'environne agisse sur lui si légèrement qu'il le sente à peine : alors les mets les plus délicats sont trop matériels pour son estomac, et les étoffes les plus légères sont pour son corps des fardeaux trop lourds.

Les sens de cet homme si délicat sont sans cesse blessés par la plus légère variation dans la température de l'air; il se soustrait autant qu'il le peut à l'action de tous les élémens, et à tous les mouvemens qui, dans l'institution de la nature, devoient fortifier ses organes et donner au suc nourricier les qualités nécessaires pour entretenir la vie et la santé : la lymphe, le suc nourricier, les esprits animaux ou vitaux, toutes les humeurs de son corps contractent des qualités vicieuses; il languit dans une succession continuelle d'infirmités ; il est consumé par ces maladies si fâcheuses connues sous le nom de maux de nerfs, il est triste et sombre; tout le blesse; la vie est pour lui un fardeau ou un supplice.

Voilà des maux auxquels la nature n'avoit pas destiné l'homme, des maux qui naissent du luxe même, et qui l'empêchent de jouir des objets qu'il regarde comme les sources de son bonheur.

Quand l'homme pourroit éviter tous

les maux que l'on vient de voir que le luxe entraîne à sa suite, il n'évitera pas l'affoiblissement que l'âge produit dans les organes, il n'évitera pas la vieillesse; alors, enfermé et comme emprisonné au dedans de lui-même, il cherche en vain des ressources pour satisfaire le desir du bonheur que le tems et les années n'affoiblissent point.

La nature avoit accordé à l'homme des secours et des remèdes contre tous ces maux : elle lui avoit donné un caractère de tempérance et de sobriété, qui devoit le garantir de tous les excès qui altèrent l'organisation; et j'ai fait voir que le luxe détruit ce caractère de tempérance et de sobriété.

L'homme ne tombe dans les excès qui altèrent son organisation, que pour satisfaire l'amour qu'il a pour le bonheur, et la nature lui avoit donné un moyen de le satisfaire sans le secours des plaisirs des sens : elle a donné à son esprit, la curiosité, le desir de connoître; elle a attaché à la découverte, à la connoissance de la vérité un plaisir et une satisfaction qui lui rendoit agréable la recherche de la vérité, la culture des facultés et des talens de l'esprit ; qui lui rendoit intéressante et précieuse la société de tous ceux qui pouvoient l'éclairer, ou qu'il pouvoit instruire : en suivant l'impulsion de sa curiosité, ou du desir de s'éclairer et de communiquer ses lumières, il n'avoit donc pas besoin de l'excès des plaisirs des sens pour satisfaire le desir du bonheur.

La nature avoit doué l'homme de luxe du don de l'amitié, qui pouvoit, et qui devoit l'unir à ses semblables, et lui rendre agréables tous les momens de sa vie ; elle avoit déposé dans son cœur l'humanité, la bienfaisance qui le portoient à secourir les autres hommes et à s'efforcer de contribuer à leur bonheur : chaque action inspirée par ces inclinations produit naturellement un plaisir qui rend l'homme heureux.

Chacune de ces actions inspire à celui qui en est l'objet un sentiment de reconnoissance, de zèle et de respect qui accroît le bonheur de l'homme qui les a faites.

Chacune de ces actions inspire à ceux qui en sont témoins, pour celui qui les fait, un sentiment d'estime, de vénération et d'attachement que l'on aime à lui témoigner, et dont le témoignage lui est agréable; ainsi le plaisir que la nature attache aux actes d'humanité et de bienfaisance, se multiplie pour ainsi dire et se renouvelle à tous les instans pour satisfaire l'amour du bonheur, et pour rendre les excès des plaisirs des sens inutiles au bonheur.

Les plaisirs attachés aux actes de bienfaisance, subsistent même lorsqu'ils sont ignorés, et qu'ils n'attirent ni l'attention, ni l'estime: la conscience perpétue ces plaisirs; par elle l'homme se rend témoignage d'avoir contribué au bonheur des autres, témoignage qui rend tous les momens de son existence agréables, et qui par conséquent rend inutiles à son bonheur les plaisirs des sens, et à plus forte raison leurs excès.

Enfin la nature conduit l'homme à la connoissance d'un rémunérateur qui a préparé des récompenses à toutes les actions inspirées par les inclinations sociales, lors même qu'elles sont ignorées, et qui dédommage de tous les sacrifices que l'on fait à la vertu.

Le luxe prive l'homme de tous ces secours; il lui ôte l'amour et le desir de la vérité, éteint dans son esprit la capacité d'attion et la sagacité qui la découvre; il anéantit dans son cœur l'humanité, la bienfaisance, l'amitié, la conscience, la croyance d'un rémunérateur de la vertu; il ne laisse à l'homme de ressources pour remplir le desir du bonheur, que l'excès des plaisirs des sens ; et par conséquent il l'entraîne dans tous les maux qui les suivent.

Tous les secours que la nature accorde à l'homme pour le préserver de ces maux, peuvent le garantir de tout ce que la vieillesse a de fâcheux, et que le luxe rend inévitable et insupportable.

Celui qui a senti le plaisir que procure la connoissance de la vérité, qui a l'habitude de réfléchir, qui s'est occupé de l'étude de la nature, de l'histoire, de la morale, des belles lettres, trouve dans tous les temps au dedans de lui-même, un aliment pour son ame : les années en éteignant ses passions, en le privant de ses sens, en le séparant de la société des hommes, n'ont fait en quelque sorte que le détacher de la terre pour le transporter dans la société des purs esprits, et l'approcher de la vérité qu'il aime : il la contemple sans distraction et presque sans nuages ; il voit passer sous ses yeux tous les siècles et tous les temps ; il est dans l'élysée au milieu des génies sublimes qui ont éclairé sa raison ; il vit, il converse avec eux, et ne regrette ni les plaisirs qui le fuient, ni les hommes qui l'abandonnent.

Mais celui qui a cherché le bonheur dans les objets du luxe, s'est privé de la faculté de réfléchir : il n'a été heureux que par les sensations agréables, il n'a point d'idées sur lesquelles son esprit puisse s'exercer : sa mémoire ne conserve que le souvenir des plaisirs dont il a joui ; souvenir cruel qui ne sert qu'à rallumer en lui des desirs qu'il ne peut plus satisfaire, qui sont pour lui le vautour de Prométhée, et dont l'effet le moins funeste est de lui rappeler sa caducité, et pour ainsi dire son anéantissement.

Celui dont l'esprit ne s'est point rempli des connoissances que donnent l'histoire, les sciences, les lettres, mais qui a cherché le bonheur dans la pratique des vertus sociales, qui a mérité l'estime de ses concitoyens par la bienveillance, par la bienfaisance, qui a été heureux par le spectacle du bien qu'il faisoit, jouit de ce bonheur, lors même que les années ont endurci ses organes, et l'ont en quelque sorte séparé de la société : il est encore bienfaisant, et tout ce qui a rapport au bonheur de ses concitoyens et des hommes, l'intéresse : son cœur tendre et sensible est encore ouvert au plaisir de l'amitié ; il la cultive, il en goûte tous les charmes, elle le console de tout ce que les années lui ont ravi.

Mais l'homme de luxe n'a jamais ressenti le plaisir que la nature attache à la bienfaisance, ni les douceurs de l'amitié ; il ne trouve dans lui-même aucun de ces sentimens, il ne connoit de moyen d'être heureux que d'éprouver des sensations agréables.

» Il ne faut pas, dit Plutarque, que
» tu penses que la vieillesse soit repro-
» chée ni blâmée à cause des rides, ni à
» cause des cheveux blancs, ni pour
» l'imbécillité et foiblesse du corps ; mais
» ce qui est en elle plus mauvais et plus
» fâcheux, c'est qu'elle rend l'ame rance
» pour la souvenance des choses qu'elle
» a expérimentées en ce corps, en s'y ar-
» rêtant et affectionnant trop, et qu'elle
» la plie et la courbe, retenant la forme
» et la figure du corps en ce qu'elle a été
» affectionnée (1). «

L'homme de luxe dans sa vieillesse desire donc ardemment les sensations agréables, sans pouvoir s'en procurer ; la vie est un supplice pour lui. Denis, que l'on nomme le transfuge parce qu'il avoit abandonné la doctrine de Zénon pour celle d'Aristippe, se livra à toutes les espèces de voluptés ; mais ces mêmes passions devinrent dans sa vieillesse au-

---

(1) Plutaq. consolation à sa mere.

tant de bourreaux qui lui rendirent la vie odieuse : ne pouvant plus la supporter, il se laissa mourir de faim; et la douleur que cause la faim extrême étoit moins cruelle que les desirs et les passions qu'il ne pouvoit plus satisfaire (1).

Celui qui par la bienfaisance, par des talens utiles, a bien mérité du public et de ses concitoyens, reçoit dans tous les tems, à tous les âges des témoignages de leur estime, de leur attachement : leur vénération augmente à mesure que ses années se multiplient, et les témoignages qu'il en reçoit, le dédommagent de ce que les années lui ôtent ; il ne voit point de changement dans son bonheur, il est en quelque sorte à l'abri des atteintes du temps.

Mais l'homme de luxe n'a été ni utile ni bienfaisant ; il n'a desiré de plaire que par des talens frivoles, et n'a fait d'efforts que pour prolonger sa jeunesse, ou plutôt son enfance ; il n'a voulu se faire considérer que par sa magnificence

---

(1) Diog. Laert. l. 7, n. 166. Athénée, l. 10, c. 10.

et par son faste; il a excité la haine et l'envie de tous les hommes vains et fastueux comme lui, le mépris et l'indignation de toutes les personnes éclairées et vertueuses; il est devenu l'objet des railleries et du dédain de tous les citoyens, il est continuellement dans un état d'humiliation et de souffrance.

Eh! quelle consolation la vieillesse peut-elle espérer avec des hommes livrés au luxe? Le vieillard, vénérable pour l'homme sans luxe, n'est-il pas ridicule, méprisable, importun au milieu des hommes de luxe? Les vieillards, honorés à Sparte comme des législateurs, n'étoient-ils pas l'objet de la dérision et du mépris chez les Athéniens (1)?

L'homme bienfaisant et juste qui a cherché le bonheur dans les vertus sociales et patriotiques, trouve dans l'approbation de soi-même, une satisfaction qui, dans tous les temps, lui rend l'existence agréable; il est heureux, lors même que les hommes l'oublient, parce qu'il jouit

---

(1) Cic. de Senect. n. 63. Val. Max. l. 4, c. 5.

du témoignage de sa conscience qui suffit pour le rendre content de son existence, et par conséquent il est heureux.

Mais l'homme de luxe qui ne s'est jamais estimé que par des talens frivoles, et par des agrémens que les années lui enlèvent, ne peut réfléchir sur lui-même sans voir qu'il est dépouillé de tout ce qui lui rendoit l'existence agréable : s'étant tout permis pour se procurer des plaisirs et de l'argent, il ne voit dans le tableau de sa vie que des perfidies, des noirceurs, un brigandage affreux ; il se voit poursuivi par la haine et par l'indignation publique.

Enfin le vieillard vertueux et religieux sait que la vieillesse l'approche du terme où il doit recevoir sa récompense, et commencer à jouir d'une félicité qui ne sera plus sujette aux vissicitudes qui altèrent le bonheur de cette vie : son espérance est un bonheur anticipé, qui s'accroît à mesure que les incommodités de la vieillesse augmentent.

Mais le luxe éteint dans l'homme ce sentiment consolateur, cette espérance béatifique, si je peux m'exprimer de la sorte : le luxe ne lui offre pour perspective que l'abîme du néant; voilà le seul consolateur qu'il laisse à la vieillesse.

Voilà le système de bonheur si vanté de nos jours, et qui séduit toute l'Europe dans un siècle auquel on donne le titre de siècle des lumières et de la Philosophie.

FIN DU TOME PREMIER.

TABLE DES CHAPITRES DU TOME I.

Plan et Division de l'ouvrage, *page* 1

PREMIÈRE PARTIE.

Du Luxe considéré dans l'Homme, 8

Section I. De la nature du Luxe, 10

Chapitre I. De l'origine des contestations qui se sont élevées sur l'utilité du luxe, et des opinions qui ont partagé les philosophes et les politiques sur ce sujet et sur la nature du Luxe, *ibid.*

Chapitre II. De l'idée que les apologistes du Luxe donnent de sa nature, 16

Chapitre III. De l'idée que les ennemis du Luxe donnent de sa nature, 41

Chapitre IV. De la nécessité de rechercher de nouveau la nature du Luxe, et de la méthode qu'il semble que l'on doit suivre dans cette recherche, 57

Chapitre V. De l'origine du Luxe, 61

Chapitre VI. De la nature du Luxe, 78

Section II. Des effets essentiels du Luxe sur le cœur humain, 85

CHAPITRE I. Le Luxe étouffe dans l'homme la sensibilité destinée par la nature à l'unir à ses semblables, et sans laquelle il ne peut y avoir de société humaine sur la terre. 88

CHAPITRE II. Le Luxe donne à l'homme des besoins, des inclinations et des habitudes qui anéantissent en lui toutes les inclinations et toutes les vertus sociales. 103

CHAPITRE III. Le Luxe rend l'homme injuste, inhumain et capable de tous les crimes, 126

CHAPITRE IV. Le Luxe a produit chez les Romains tous les effets que je lui ai attribués dans les chapitres précédens. 136

CHAPITRE V. De quelques difficultés qui combattent ce que j'ai dit des effets du Luxe sur le cœur humain. 166

 Article I. *Des raisons par lesquelles les apologistes du Luxe combattent ce que j'ai dit de la cupidité qu'il allume*, 169

 Article II. *Examen de ce que disent les apologistes du Luxe pour prouver qu'il rend les guerres moins cruelles*, 175

 Article III. *Examen d'une difficulté contre les effets que j'attribue au Luxe, tirée de l'état actuel des nations de l'Europe et de leurs mœurs*, 185

SECTION III. Des effets du Luxe sur l'esprit humain, 5

CHAPITRE I. Le Luxe tend à étouffer tous les dons naturels de l'esprit, 196

CHAPITRE II. Lorsque le Luxe ne détruit pas l'activité de l'esprit, il l'empêche de se porter vers des connoissances utiles ou importantes, et la dirige vers des connoissances et vers des talens frivoles, 213

CHAPITRE III. Le Luxe porte l'activité de l'esprit vers des connoissances et vers des talens dangereux et funestes, 227

CHAPITRE IV. Le Luxe tend à anéantir les sciences et les arts. 231

CHAPITRE V. Continuation du même sujet, ou des effets du Luxe par rapport aux belles-lettres et aux beaux-arts, 243

CHAPITRE VI. L'histoire atteste tous les effets que j'attribue au Luxe par rapport aux sciences et aux lettres, 264

CHAPITRE VII. De quelques préjugés contraires à ce que j'ai dit des effets du Luxe par rapport aux facultés de l'esprit, aux talens et aux arts, 290

CHAPITRE VIII. Le Luxe tend à détruire dans l'esprit de l'homme, tous les principes qui peuvent le conduire à la vertu ou l'y ramener s'il s'en est écarté, et le détourner du vice ou l'en corriger s'il s'y est abandonné, 319

Article I. *L'esprit humain est susceptible des principes qui, par leur nature, portent l'homme à la vertu, et qui l'y rappellent s'il s'en est écarté, qui tendent à le détourner du vice et à l'en corriger s'il s'y est abandonné,* 323

Article II. *Le Luxe tend, par sa nature, à anéantir tous les principes dont on vient d'exposer les effets,* 327

Article III. *L'histoire atteste tout ce que l'on a dit des effets du luxe par rapport à la religion et à la morale,* 346

§. I. *Des effets du Luxe par rapport à la morale et à la religion chez les Grecs,* 346

§. II. *Des effets du Luxe par rapport à la morale et à la religion chez les Romains,* 361

§. III *Des effets du Luxe par rapport à la morale et à la religion en Angleterre,* 367

§. IV. *Des effets du Luxe par rapport à la morale et à la religion en France,* 388

SECTION IV. Des effets du Luxe par rapport au caractère, 409

CHAPITRE I. Du caractère de l'homme de la nature, ou du caractère que la nature imprime à l'homme, 412

CHAPITRE II. Du caractère que le Luxe donne à l'homme, 423

SECTION V. Des effets du Luxe par rapport au bonheur de l'homme, 445

CHAPITRE I. Du prix que coûtent à l'homme de Luxe les objets de ses plaisirs, 448

CHAPITRE II. Des obstacles que la nature a mis au bonheur de l'homme de Luxe, 461

CHAPITRE III. Le Luxe conduit l'homme à des maux auxquels ils n'est pas destiné, et lui ôte toutes les ressources que la nature lui avoit préparées contre les maux attachés à la condition humaine, 470

FIN DE LA TABLE DU TOME I.

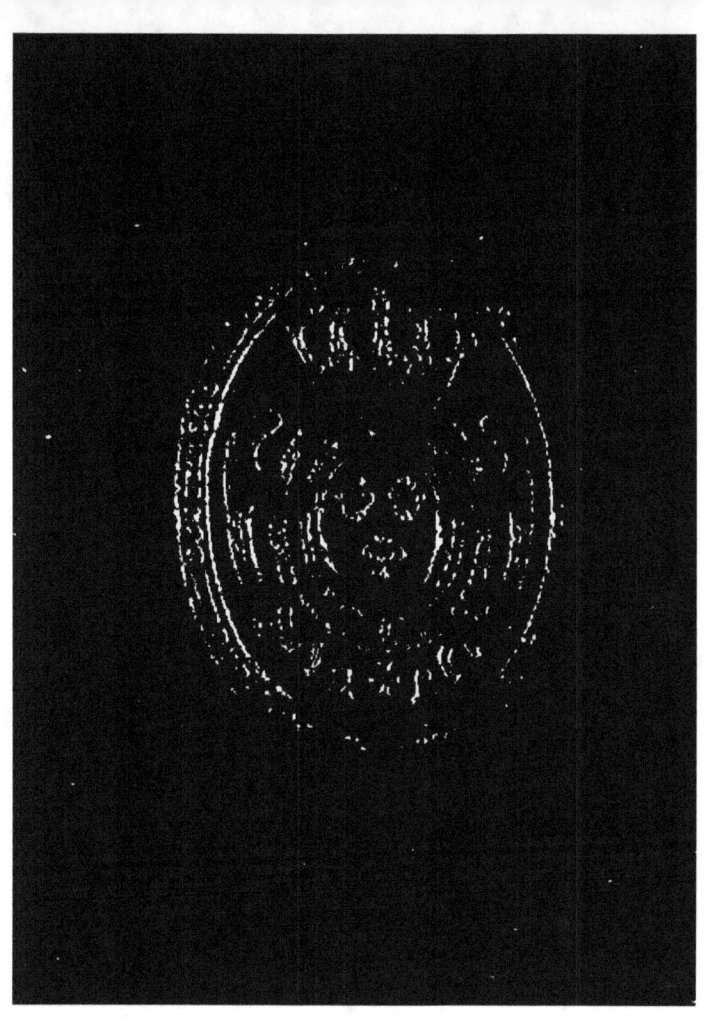

www.ingramcontent.com/pod-product-compliance
Lightning Source LLC
Chambersburg PA
CBHW060232230426
43664CB00011B/1626